高职高专**汽车检测与维修技术**专业系列规划教材

U0694308

汽车发动机结构 与维修

（第二版）

主　编　邓长勇　黄超群

副主编　魏显坤　刘　丽　孙永科

主　审　雷胜鹏

重庆大学出版社

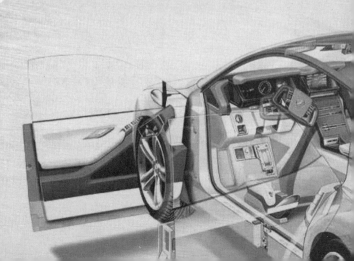

内容提要

本书系统地介绍了发动机各部分的结构、原理及相关零部件的检修,内容涵盖了发动机的两大机构与五大系统及柴油机燃油供给系统等知识。全书共35个学习任务,每个任务设置了若干个学习情境。在学习情境中,学生能够掌握发动机构造与部件维修的相关知识。每个模块还设有实践训练,通过实践训练,学生可以掌握一定的认知与检修技能,并为后续相关汽车电气及电控课程的学习和自学打下坚实的基础。由于目前发动机相关技术比较成熟,机械故障率较低,因此此书对第一版内容进行了简化,同时为了更切合本书主题,将发动机电气与电控检测维修的内容也进行了删减,有进一步需求的读者可查阅其他发动机电气与电控类书籍。

本书可作为高职高专汽车检测与维修专业的发动机相关课程的专业教材,也可作为汽车服务技术与营销、汽车制造与装配技术、汽车电子技术等专业的相关课程教材和工程技术人员的参考用书。

图书在版编目(CIP)数据

汽车发动机结构与维修/邓长勇,黄超群主编. --2版. -- 重庆:重庆大学出版社,2019.4
高职高专汽车检测与维修技术专业系列教材
ISBN 978-7-5624-6926-1

Ⅰ.①汽… Ⅱ.①邓… ②黄… Ⅲ.①汽车—发动机—构造—高等职业教育—教材②汽车—发动机—车辆修理—高等职业教育—教材 Ⅳ.①U472.43

中国版本图书馆 CIP 数据核字(2018)第 278069 号

汽车发动机结构与维修
(第二版)

主　编　邓长勇　黄超群
副主编　魏显坤　刘　丽　孙永科
主　审　雷胜鹏

策划编辑:曾显跃

责任编辑:姜　凤　　版式设计:曾显跃
责任校对:谢　芳　　责任印制:张　策

＊

重庆大学出版社出版发行
出版人:易树平
社址:重庆市沙坪坝区大学城西路 21 号
邮编:401331
电话:(023) 88617190　88617185(中小学)
传真:(023) 88617186　88617166
网址:http://www.cqup.com.cn
邮箱:fxk@ cqup.com.cn(营销中心)
全国新华书店经销
重庆华林天美印务有限公司印刷

＊

开本:787mm×1092mm　1/16　印张:16.5　字数:414 千
2019 年 4 月第 2 版　　2019 年 4 月第 4 次印刷
印数:4 101—6 100
ISBN 978-7-5624-6926-1　定价:42.00 元

第二版前言

我国汽车保有量和产销量跃居世界第一之后,经过近十年的发展,汽车技术及售后市场的竞争力获得较大提升,我国的汽车材料、汽车装配技术也获得了显著提升,发动机故障率已显著下降,尤其是机械故障呈直线下降趋势,当前以电器、电控故障为主。我国汽车维修市场对机械维修、电控诊断等综合类人才需求激增。

目前,国家正在大力推行专业链服务产业链,教学贴近实际,协同育人的职业教育人才培养模式改革,解决这一问题需改变传统的教学模式。逐步推行以学生为主体、以就业为导向,建立教学学习任务、情境化教学模式的改革。

在习近平新时代中国特色社会主义思想指导下,落实"新工科"建设要求,本书修订面向发动机机械结构、机械维修真实工作任务,根据汽车服务岗位能力要求,删除了市场上不常见的技术知识,同时也简化了发动机控制检测与维修的相关内容。本书可用于各类职业教育汽车售后岗位的人才培养,可根据不同目标,学习不同深度的内容,也可作为技术人员的参考用书。

本书由重庆工商职业学院、北汽银翔汽车有限公司、重庆机电职业技术学院、重庆应用职业技术学院共同修订。本书第二版由邓长勇、黄超群、魏显坤修订,全书由雷胜鹏担任主审。

本书在修订过程中得到了汽车维修行业众多同行的支持及建议,在此表示衷心的感谢。本书在修订过程中,参阅了大量的文献资料和专著。在此,向本书所参考、借鉴资料的原作者致以衷心的谢意。

鉴于编者水平有限,书中难免有不妥和疏漏之处,敬请广大读者批评指正。

编 者
2018 年 12 月

第一版前言

我国汽车行业经过几十年的发展,汽车保有量和产销量跃居世界第一,但从汽车核心竞争力和汽车售后服务市场的技术含量来说,我国和发达国家相比还有一定的差距。我国汽车维修市场人才结构也参差不齐,对汽车维修知识的掌握还不到位,培养大量的高级汽车维修技能人才是高职汽车检测与维修技术专业的当务之急。

目前,国家高职教育正在大力推行以岗位能力为核心、以就业为导向的高级技能型人才的培养。怎样培养出优秀的人才,解决这个问题,需改变传统的教学模式、方法及手段。逐步推行以学生为主体、以就业为导向,建立教学学习任务、情境化的教学模式。

所谓情境化教学,就是模拟实际的工作情境和工作任务来设置学习任务,围绕完成这项工作所需掌握的知识和技能,对学生进行培训。这样,学生在学校就能学到真正实用的知识和技能,上岗后马上就能适应工作环境、胜任工作任务。

本书紧紧围绕汽车检测与维修的需求,以就业为导向、以岗位能力为中心,旨在编写理实一体化的教材。本书具有以下特点:

①教材编写理念:以学生为主体,教师为辅助,准确地把知识和技能传授给学生。坚持理论知识够用,基本技能训练扎实,职业技能熟练的编写思路,注重汽车维修及售后服务岗位群的岗位知识和技能要求,使学生在学完之后能够完成基本的职业技能,掌握发动机的结构与维修知识及维修技能。

②教材结构体系:根据职业教育的要求,按项目进行模块化教学,将理论与实践相结合。

③教材内容组织:将基本知识与目前常见的车型相融合,加入了现代汽车新结构、新技术、新方法和新标准,引导学生在"做"中"学"。利用案例的方法激发学生在"学"中"做"的兴趣。

1

本书由重庆工商职业学院、力帆风顺售后服务公司、重庆机电职业技术学院及重庆应用职业技术学院、河南机电高等专科学校共同编写。本书编写过程完全按照汽车维修规范，由具有实际维修经验的教师和力帆汽车售后服务人员共同完成。其中重庆工商职业学院的邓长勇、黄超群担任主编，邓长勇负责本书的大纲统稿工作并编写了第一、三、五模块，重庆工商职业学院的黄超群编写了第二、七模块，重庆机电职业技术学院的孙永科编写了第四、六模块，河南机电高等专科学校的王强编写了第八模块，重庆工商职业学院的徐杰编写了第九模块，全书由力帆风顺售后服务部长雷胜鹏高级工程师担任主审。

　　本书在编写过程中得到了汽车维修行业众多同行的支持，并提出了好的建议，在此表示衷心的感谢！本书在编写过程中，参阅了大量的文献资料和专著，借鉴了不少宝贵的资料。在此，向本书所参考、借鉴资料的原作者致以衷心的谢意。

　　鉴于编者水平有限，书中难免存在不妥或错误之处，敬请广大读者批评指正。

编　者

2012 年 5 月

目录

模块一
发动机总论

汽车发动机是汽车的动力源,是汽车的核心部分。在汽车的故障维修中,发动机的检修占了很大的比重。因此应了解发动机的结构及组成,掌握发动机的编号,熟悉发动机的基本结构,为后面学习打下基础。

知识要点

- 发动机的分类和组成;
- 发动机的总体结构和发动机型号编制规则;
- 发动机的基本工作原理和主要性能指标。

学习目标

- 掌握发动机的总体结构;
- 了解发动机型号的编制规则;
- 理解和掌握发动机常用的术语;
- 掌握四冲程发动机的工作原理;
- 了解新型发动机的结构与原理。

案例导入

世界汽车之最

100 多年的汽车历史里,有着许多鲜为人知的小故事。第一个开车的是女人,她的名字叫贝塔·奔驰,是汽车先锋人卡尔·奔驰的妻子。她和两个儿子于 1888 年,偷偷地把卡尔·奔驰发明的车子从德国的曼海姆开到普福尔茨海姆城。她的目的在于向大众公开她丈夫多年来研究的新发明。其结果证明,这辆车子改变了整个汽车工业的历史。福特的 T 型车可以称得上是这个世界里的成功汽车,也是汽车史上第一辆可以在生产线上大量装配,让人人都买得起的四轮工具。这个简单且值得信赖和经济化的车型,诞生于 1908 年的美国市场。

世界上最贵的车是法国独立车厂生产的"布加迪威航",这款车由一位美国人拥有。估计这辆车的成本在 100 万美元左右。美国加州帕尔玛的超级巨型客车公司设计了一辆长约 50 ft（1 ft = 0.304 8 m），内有一个 12 ft 长的游泳池、鱼缸、四组电话机、一个微波炉和一个洗涤槽的汽车。

第一个最快卖到 100 万辆的"富翁"是福特汽车的"野马"，它在出厂后的第 23 月又 23 天卖出了第 100 万辆车。

第一次的赛车活动开始于 1894 年 6 月 11 日的法国巴黎。

第一个汽车展会开始于 1899 年的德国柏林，有 10 万名参观者前往 2 300 mi²（1 mi = 1.609 344 km）的展示场，观赏 134 辆汽车。

最早发明充气轮胎的是苏格兰人鲁医詹·博·邓禄普，发明于 1888 年。第一个在汽车上使用充气轮胎的人是法国的米其林兄弟。米其林在 1888 年脚踏车上设计了充气式轮胎。米其林在 1894 年将充气式轮胎装在公共马车上，给轮胎技术带来了新的革命。

最早试制成功汽油汽车的是澳大利亚籍的德国人齐格菲·马克思。1875 年他试制成功了汽油汽车，这辆车现保存在维也纳博物馆。

国外主要的汽车公司有美国的通用、福特、克莱斯勒；日本的丰田、日产、三菱；英国的英格利兰；德国的大众、戴姆勒-奔驰；法国的标致、雷诺；意大利的菲亚特。

在美国加利福尼亚州的一个展览会上，展出了一辆长达 8.99 m 的轿车。据说是世界上最长的轿车。车内除有一切的设备外，还安装了电话、彩电、一套 8 只扬声器的立体声系统，并备有冰箱、餐柜、录音机、摄影机和保险箱，适用于长途旅行。

本模块首先掌握汽车的结构与原理，然后进一步掌握汽车发动机的各个部件的维修。

学习任务 1　发动机的总体认知

情境 1　发动机的组成

发动机是一台由多种机构和系统组成的复杂机器。现代汽车发动机的结构形式很多，发动机的具体构造也多种多样，但由于其基本工作原理一致，从总体功能来看，基本结构大同小异，都是由两大机构和五大系统组成，即曲柄连杆机构、配气机构、燃料供给系统、冷却系统、润滑系统、启动系统、点火系统（柴油机没有）。这里以典型的发动机结构实例来加以说明，如图 1.1 所示。

(1)曲柄连杆机构

曲柄连杆机构由机体组、活塞连杆组、曲轴飞轮组 3 部分组成。其作用是将燃料燃烧产生的热能转变为活塞往复运动的机械能，再通过连杆将活塞的往复运动转变为曲轴的旋转运动而对外输出动力，如图 1.2 所示。在做功行程中，活塞承受燃气压力在汽缸内作直线运动，通过连杆转换成曲轴的旋转运动，并通过曲轴对外输出动力；进而在进气、压缩和排气行程中，飞轮释放能量，又把曲轴的旋转运动转化成活塞的直线运动。

(2)配气机构

配气机构由气门组及气门传动组组成。其作用是使可燃混合气及时充入汽缸并及时将废气从汽缸中排出。如图 1.3 所示，配气机构多采用顶置气门式配气机构，气门传动组根据发动机的工作顺序和工作过程,定时驱动气门组定时开启和关闭进气门和排气门,使可燃混合气或空气进入汽缸,并将废气从汽缸内排出,实现换气过程。

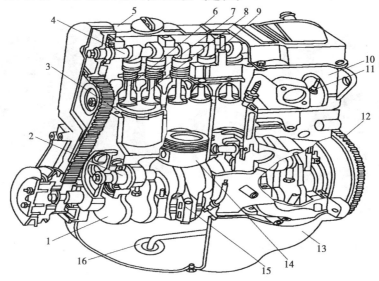

图 1.1　典型发动机结构图

1—曲轴;2—中间轴；3—汽缸体;4—凸轮轴;5—凸轮轴罩盖;6—排气门;7—气门弹簧;8—进气门;9—气门挺杆;10—汽缸;11—火花塞;12—飞轮;13—油底壳;14—活塞;15—连杆总成;16—集滤器

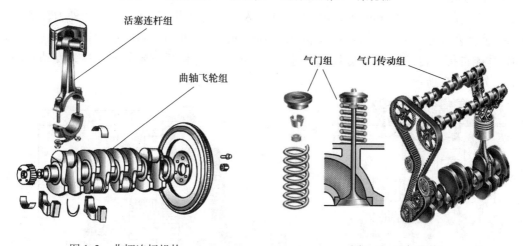

图 1.2　曲柄连杆机构　　　　　　　图 1.3　配气机构

(3)燃料供给系统

汽油机燃料供给系统和柴油机燃料供给系统由于使用的燃料和燃烧过程不同,在结构上有很大的差别。汽油机燃料供给系统的作用是根据发动机的要求,配制出一定量和浓度的混合气体,供给汽缸,并将燃烧后的废气从汽缸内排出到大气中去,柴油机燃油供给系统的作用是把柴油和空气分别供入汽缸,在燃烧室内形成混合气体并被压缩达到着火点燃烧后,将废气排出,如图 1.4 所示。

(4)冷却系统

冷却系统有水冷却系统和风冷却系统两种,现代汽车一般都采用水冷却系统。其作用是将受热机件的热量散到大气中去,从而保证发动机正常工作。水冷发动机的冷却系统通常由冷却水套、水泵、风扇、水箱、节温器等组成,如图1.5所示。

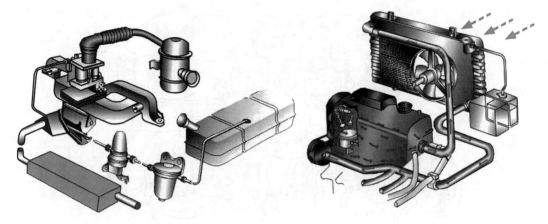

图1.4　燃料供给系统　　　　　　　　　图1.5　冷却系统

(5)润滑系统

润滑系统的作用是将润滑油送至各个摩擦表面,以减少机件的磨损,并清洗、冷却摩擦表面,延长发动机的使用寿命。润滑系统通常由润滑油道、机油泵、机油滤清器和阀门等组成,如图1.6所示。

(6)启动系统

启动系统的作用是将静止的发动机启动并转入自行运转状态,这需要先用外力转动发动机曲轴,使活塞往复运动,汽缸内的可燃混合气体膨胀做功,推动活塞向下运转,使曲轴旋转,发动机才能自行运转,工作循环才能自动进行。完成启动过程所需要的装置称为发动机的启动系统,如图1.7所示。

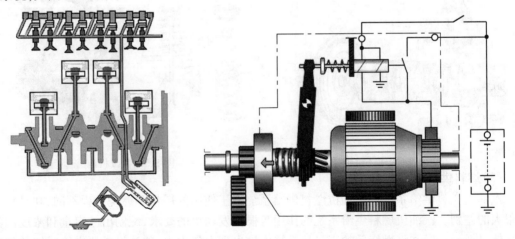

图1.6　润滑系统　　　　　　　　　　图1.7　启动系统

(7)点火系统

点火系统是汽油发动机独有的,按控制方式的不同又可分为传统点火系统和电子控制点火系统两种,其作用是按规定时刻向汽缸内提供电火花以点燃汽缸中的可燃混合气体。柴油发动机由于其混合气是自行着火燃烧,故没有点火系统。

情境 2　发动机的分类

发动机是汽车的心脏,为汽车的行走提供动力。汽车的动力性、经济性、环保性主要由发动机来决定。简单地说,发动机就是一个能量转换机构,即将汽油(柴油)或天然气的热能,通过在密封汽缸内燃烧气体,使其膨胀,推动活塞做功,将热能转变为机械能。

(1)按活塞运动方式分类

活塞式内燃机可分为往复活塞式和旋转活塞式两种,如图 1.8 所示。往复活塞在汽缸内作往复直线运动,旋转活塞在汽缸内作旋转运动。

(a)往复活塞式发动机　　　　(b)旋转活塞式发动机

图 1.8　按活塞运动方式分类的发动机

(2)按进气系统分类

内燃机按进气系统是否采用增压方式可分为自然吸气(非增压)式发动机和强制进气(增压式)式发动机,如图 1.9 所示。若进气是在接近大气状态下进行的,则为非增压内燃机或自然吸气式内燃机;若利用增压器将进气压力增高,进气密度增大,则为增压内燃机。增压可提高内燃机功率。

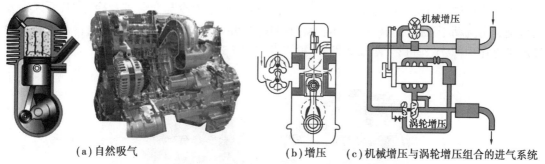

(a)自然吸气　　　　(b)增压　　　(c)机械增压与涡轮增压组合的进气系统

图 1.9　按进气系统分类的发动机

(3)按汽缸排列方式分类

内燃机按汽缸排列方式的不同可分为单列式、双列式和三列式 3 种,如图 1.10 所示。单列式发动机的各个汽缸排成一列,一般是垂直布置的,但为了降低高度,有时也把汽缸布置成倾斜的甚至水平的。双列式发动机把汽缸排成两列,两列之间的夹角小于 180°(一般为 90°)称为 V 形发动机;若两列之间的夹角为 180°则称为对置式发动机。三列式发动机把汽缸排成三列,称为 W 形发动机。

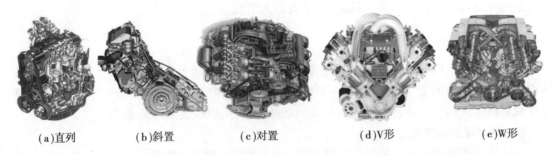

(a)直列　　(b)斜置　　(c)对置　　(d)V形　　(e)W形

图 1.10　按汽缸排列方式分类的发动机

(4) 按汽缸数目分类

内燃机按汽缸数目的不同可分为单缸发动机和多缸发动机。仅有一个汽缸的发动机,称为单缸发动机;有两个以上汽缸的发动机,称为多缸发动机,如双缸、三缸、四缸、五缸、六缸、八缸、十二缸、十六缸等。现代车用发动机多采用三缸、四缸、六缸、八缸发动机,如图 1.11 所示。

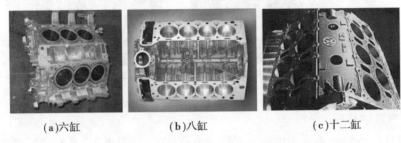

(a)六缸　　　　(b)八缸　　　　(c)十二缸

图 1.11　按汽缸数目分类的发动机

(5) 按冷却方式分类

内燃机按冷却方式的不同可分为水冷发动机和风冷发动机,如图 1.12 所示。水冷发动机是利用在汽缸体和汽缸盖冷却水套中进行循环的冷却液作为冷却介质进行冷却的;而风冷发动机是利用流动于汽缸体与汽缸盖外表面散热片之间的空气作为冷却介质进行冷却的。水冷发动机冷却均匀,工作可靠,冷却效果好,被广泛应用于现代车用发动机。

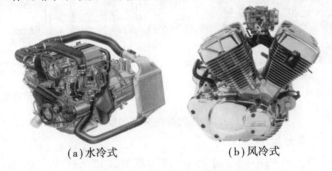

(a)水冷式　　　　(b)风冷式

图 1.12　按冷却方式分类的发动机

(6) 按行程分类

内燃机按完成一个工作循环所需的冲程数,可分为四冲程内燃机和二冲程内燃机,如图 1.13 所示。把曲轴转两圈(720°),活塞在汽缸内上下往复运动 4 个冲程,完成一个工作循环的内燃机,称为四冲程内燃机;而把曲轴转一圈(360°),活塞在汽缸内上下往复运动两个冲程,完成一个工作循环的内燃机,称为二冲程内燃机。目前,汽车发动机广泛使用四冲程内燃机。

（a）四冲程内燃机　　　　　　（b）二冲程内燃机

图 1.13　按行程分类的发动机

按气门机构分类:侧置气门（SV）发动机、侧置凸轮轴（OHV）发动机、顶置凸轮轴（OHC）发动机、可变气门（VTEC）发动机和非凡（Desmo）气门机构发动机。

（7）按所用燃料分类

内燃机按所用燃料的不同可分为汽油发动机、柴油发动机、CNG 发动机、LPG 发动机、双燃料发动机,如图 1.14 所示。使用汽油为燃料的内燃机称为汽油机;使用柴油为燃料的内燃机称为柴油机。汽油机与柴油机相比各有特点:汽油机转速高,质量小,噪声小,启动容易,制造成本低;柴油机压缩比大,热效率高,经济性能和排放性能都比汽油机好。

（a）汽油发动机　　（b）柴油发动机　　（c）CNG发动机　　（d）LPG发动机　　（e）双燃料发动机

图 1.14　按所用燃料分类的发动机

情境 3　发动机的编号

为了便于内燃机的生产管理和使用,我国对内燃机名称和型号编制方法重新审定并颁布了国家标准《内燃机产品名称和型号编制规则》（GB/T 725—1991）。其标准规定:内燃机名称按所采用的主要燃料来命名,内燃机型号由阿拉伯数字和汉语拼音字母组成。其排列顺序和意义规定,如图 1.15 所示。

（1）首部

首部由产品系列号、换代标识符号和地方及企业代号组成,它由制造厂根据需要自选相应的字母来表示,但需要主管部门或主管标准化机构核准。

（2）中部

中部由缸数符号、冲程符号、汽缸排列形式符号和缸径符号组成。

（3）后部

后部由结构特征符号和用途特征符号组成,用字母表示。

(4)尾部

尾部由区分符号组成。同一系列产品因改进等原因需要区分时,由制造厂选用适当的符号来表示。

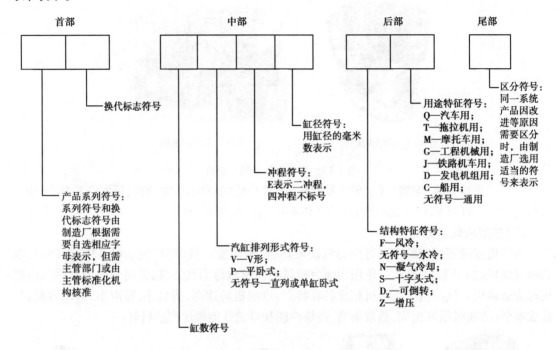

图 1.15 发动机编号图表

EQ6100-1:表示东风汽车工业公司生产,六缸,四冲程,直列,缸径 100 mm,水冷,通用型,第一种类型产品。

1E65F:表示单缸,二冲程,缸径 65 mm,风冷,通用型。

CA6110:表示第一汽车集团公司生产,六缸,四冲程,直列,缸径 110 mm,水冷,通用型。

12V135ZG:表示十二缸,V 形,四冲程,缸径 135 mm,水冷,增压,工程机械用。

【扩展知识1.1】

康明斯发动机编号及其含义

康明斯柴油机的型号由以下6个部分组成。

1	2	3	4	5	6

1.柴油机系列:用字母 B、C、N、V、K 等表示发动机系列。其中对 B、C 系列须加上汽缸数,如 4B、6C。

2.吸气方式:用字母组表示。T—增压;TA—增压并中冷;TT—两极增压;TTA—两极增压并中冷。无字母组则为自然吸气。

3.工作总容量(总排量):柴油机工作总容积用数字表示,单位为 L。

4.应用符号:用字母表示柴油机的用途。A—农业;B—公共汽车;C—工程;F—消防;G—发电机组;G0—连续发电机组;GS—备用发电机组;L—机车;N—船舶;P—发电站。

5.额定功率:用数字表示。

6.特殊符号:用字母表示特殊汽车的特征。

NTA-855-C360:N 为发动机系列;T 为涡轮增压;A 为中冷;855 为总排量 855 in^3(14 L);C 为工程机械用;360 即最大额定功率,约为 265 kW。

学习任务2　发动机的工作原理

情境1　发动机的基本术语

(1)上止点(TDC)

上止点是指活塞离曲轴旋转中心最远处,通常指活塞的最高位置,如图1.16所示。

(2)下止点(BDC)

下止点是指活塞离曲轴旋转中心最近处,通常指活塞的最低位置,如图1.16所示。

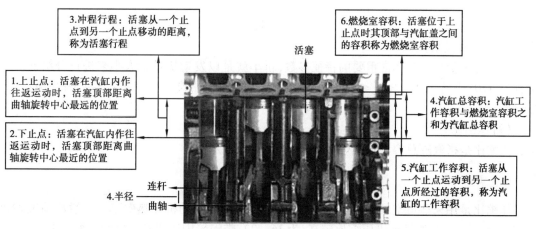

图1.16　发动机基本术语定义

(3)活塞行程 S

活塞行程是指上、下止点间的距离,用 S 表示,单位:mm。活塞由一个止点运动到另一个止点的过程,称为一个冲程,如图1.17所示。

(4)曲柄半径 R

曲柄半径是指与连杆大头相连接的曲柄销的中心线到曲轴回转中心线的距离,用 R 表示,单位:mm。显然,曲轴每转一周,活塞移动两个冲程,即

$$S = 2R$$

(5)汽缸工作容积 V_h

汽缸工作容积是指活塞从一个止点移动到另一个止点所扫过的容积,用 V_h 表示,单位:L。其计算公式为

$$V_h = \frac{\pi D^2}{4 \times 10^6} S$$

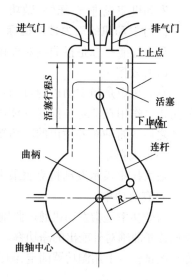

图1.17　发动机机构简化示意图

9

式中　V_h——汽缸工作容积,L;

　　　　D——汽缸直径,mm;

　　　　S——活塞行程,mm。

(6)燃烧室容积 V_c

燃烧室容积是指活塞位于上止点时,活塞顶上方的汽缸空间容积,用 V_c 表示,单位:L。

(7)汽缸总容积 V_a

汽缸总容积是指活塞位于下止点时,活塞顶上方的汽缸空间容积,用 V_a 表示,单位:L。其计算公式为

$$V_a = V_c + V_h$$

(8)发动机排量 V_L

发动机排量是指发动机所有汽缸工作容积之和,用 V_L 表示,单位:L。对多缸发动机,其计算公式为

$$V_L = V_h i$$

式中　i——发动机汽缸数。

发动机排量是一个非常重要的特征参数,轿车就是以发动机排量大小来进行分级的。微型:$V_L \leqslant 1.0$;普通级:$1.0 < V_L \leqslant 1.6$;中级:$1.6 < V_L \leqslant 2.5$;中高级:$2.5 < V_L \leqslant 4.0$;高级:$V_L > 4.0$。

(9)压缩比 ε

压缩比是指汽缸总容积与燃烧室容积之比,用 ε 表示。

$$\varepsilon = \frac{V_a}{V_c} = \frac{V_h + V_c}{V_c} = 1 + \frac{V_h}{V_c}$$

压缩比是用来衡量空气或混合气被压缩的程度,影响发动机的热效率。一般汽油发动机压缩比为 6~10;柴油发动机压缩比较高,为 16~22;带涡轮增压器发动机的压缩比更高一些。

(10)工作循环

发动机完成进气、压缩、做功、排气 4 个过程,称为一个工作循环。

(11)发动机的动力性能指标

动力性能指标是指曲轴对外做功的指标,包括有效扭矩、最大扭矩、有效功率和最大功率。

1)有效扭矩

有效扭矩是指发动机通过曲轴或飞轮对外输出的扭矩,通常用 M_e 表示,单位:N·m。有效扭矩是作用在活塞顶部的气体压力通过连杆传给曲轴产生扭矩,并克服摩擦力、驱动附件等损耗之后从曲轴对外输出的净扭矩。

2)最大扭矩

最大扭矩表示发动机克服最大阻力的能力,它是有效扭矩的最大值。

3)有效功率

有效功率是指发动机通过曲轴或飞轮对外输出的功率,通常用 P_e 表示,单位:kW。有效功率同样是曲轴对外输出的净功率。它等于有效扭矩和曲轴转速的乘积。发动机的有效功率可在专用的试验台上用测功器测定,测出有效扭矩和曲轴转速,然后用下列公式计算出有效功率。

$$P_e = \frac{M_e \cdot n}{9\,550}$$

式中 P_e——有效功率,kW;

$\quad\quad M_e$——有效扭矩,N·m;

$\quad\quad n$——曲轴转速,r/min。

4)最大功率

最大功率是发动机的最大工作能力,是有效功率的最大值。

【扩展知识1.2】

汽车主要技术参数

一、汽车主要尺寸参数

汽车主要尺寸参数包括轴距、轮距、外廓尺寸、前悬、后悬等。

1.轴距 L

轴距是指车轴之间的距离。对双轴汽车,轴距就是前后轴之间的距离;对三轴汽车,轴距是指前轴与中轴之间的距离和前轴与后轴之间的距离的平均值。

汽车轴距短,总长就短,质量就小,最小转弯半径和纵向通过半径也小,机动灵活,一般普通轿车及轻型货车轴距较短。但轴距过短会导致车厢长度不足或后悬过长,汽车行驶时纵向震动过大,汽车加速、制动或上坡时轴荷转移过大而导致其制动性和操纵稳定性变坏,以及方向节传动的夹角过大等。所以一般货车、中高级轿车轴距较长。

2.前、后轮轮距 B_1、B_2

汽车轮距对总宽、总质量、横向稳定性和机动性都有较大的影响。轮距越大,则悬架的角度越大,汽车的横向稳定性越好。但轮距过大,会使汽车的总宽和总质量过大。

3.汽车的外廓尺寸

汽车的外廓尺寸指总长 S、总宽 B 和总高 H。我国对公路车辆的限制尺寸:总高不大于4 m,总宽(不包括后视镜)不大于2.5 m,左右后视镜等突出部分的侧向尺寸总共不大于250 mm;总长对载货汽车及越野汽车不大于12 m,牵引汽车带半挂车不大于16 m,汽车拖带挂车不大于20 m,挂车不大于8 m,大客车不大于12 m,铰接式大客车不大于18 m。

4.汽车的前悬和后悬 L_F、L_R

汽车前悬是指汽车前端至前轮中心之悬置部分。前悬处要布置发动机、弹簧前支架、车身前部、保险杠和转向器等,要有足够的纵向布置空间。前悬也不宜过长,以免使汽车的接近角过小而影响通过性。

汽车后悬是指汽车后端至汽车后轮中心之悬置部分。后悬长度主要与货厢长度、轴距及轴荷分配有关。后悬也不宜过长,以免使汽车的离去角过小而引起上、下坡时刮地,同时转弯也不灵活。

二、汽车的质量参数

汽车的质量参数主要包括汽车的装载质量、整备质量、总质量、整备质量利用系数和轴荷分配等。

1.汽车的装载质量

乘用车:以座位数计算,包括驾驶员座位在内最多不超过9个。

商用车中的客车:以载客量计。

商用车中的载货汽车是指在路况较好的路面上行驶时所装载货物质量的最大限额以 t 计。超载将导致车辆早期损坏,制动距离变长,甚至造成交通事故。

2. 汽车的整备质量

汽车的整备质量是指汽车在加满燃料、润滑油、工作液(如制动液)及发动机冷却液并装备(随车工具及备胎等)齐全后(未载人)载货时的总质量。整备质量越小的汽车,燃油消耗越少,经济性越好。

3. 汽车的总质量

汽车的总质量是指已整备完好、装备齐全并按规定载满客、货时的汽车质量。

4. 汽车的整备质量利用系数

汽车的整备质量利用系数是指载货汽车的装载量与其整备质量之比。它表明单位汽车整备质量所承受的汽车装载质量。此系数越大,则表明该车型的材料利用率及设计与工艺水平越高。

5. 汽车的轴荷分配

汽车的轴荷分配是指汽车空载和满载时的整车质量,分配到各个车轴上的百分比。它对汽车的牵引性、通过性、制动性、操纵性和稳定性等主要性能以及轮胎的寿命,都有很大的影响。

三、汽车主要性能指标

汽车主要性能指标包含汽车的动力性能(最高车速、加速时间、爬坡性能)、经济性能(汽车的燃料消耗量)、制动性能(汽车的制动距离)、通过性能(最小转弯半径、汽车的最小离地间隙、接近角、离去角、纵向通过角)、操纵稳定性和汽车有害气体排放等。

1. 汽车的最高车速

汽车的最高车速是指在路况较好的路面(混凝土或沥青)上和规定装载质量条件下汽车所能达到的最高车速(km/h),它是汽车的一个重要动力指标。目前普通轿车最高车速一般为150~200 km/h。

2. 汽车的加速时间

汽车的加速时间是指汽车加速到一定车速所需要的时间。常用原地起步加速时间与超车加速时间表示。它也是汽车动力性能的重要指标。轿车常用0~100 km/h的换挡加速时间来评价,如普通轿车为10~15 s。

3. 汽车的爬坡性能

汽车的爬坡性能是指汽车满载在路况较好的路面等速行驶的最大爬坡度。一般要求在30%(即16.7°)左右。越野车要求更高,一般在60%(即31°)左右。

4. 汽车的燃料消耗量

汽车的燃料消耗量通常以百千米油耗衡量,即汽车在良好的水平硬路面以一定载荷(轿车半载、货车满载)及最高挡等速行驶时的百千米燃料消耗量,单位为L/100 km。它是汽车的燃料经济性最常用的评价指标。

5. 最小转弯半径

当转向盘转到极限位置、汽车以最低稳定车速转向行驶时,外侧转向轮的中心平面在支承平面上滚过的轨迹圆半径 R。它表征了汽车能够通过狭窄弯曲地面的能力。最小转弯半径越小,汽车的机动性越好。轿车的最小转弯半径一般为轴距的2~2.5倍。

6. 汽车的制动距离

汽车的制动距离是指在良好的试验跑道上,在规定的车速下紧急制动(紧急制动时踏板力对货车要求不大于700 N,轿车要求不大于500 N)时,由踩下制动踏板起到完全停车时的距离。我国通常以30 km/h和50 km/h车速下的最小制动距离来评价汽车的制动效能。如普通轿车以30 km/h车速下的最小制动距离为5.5~6.5 m,中型载货车为6.5~8.0 m。

7.汽车的最小离地间隙

汽车的最小离地间隙是指汽车满载、静止时,平直地面与汽车上的中间区域最低点之间的距离h。它反映了汽车无碰撞地通过地面凸起的能力。

8.接近角γ₁

接近角是指汽车满载、静止时,前端突出点向前轮所引切线与地面间的夹角。γ₁越大,越不易发生汽车前端触及地面,通过性越好。

9.离去角γ₂

离去角是指汽车满载、静止时,后端突出点向后轮所引切线与地面间的夹角。γ₂越大,越不易发生汽车后端触及地面,通过性越好。

10.纵向通过角β

纵向通过角是指汽车在满载、静止时,垂直于汽车纵向中心平面,分别与前后车轮轮胎相切,相交并与车轮底盘刚性部件(除车轮)接触的两个平面形成的最小锐角。它决定了车辆所能通过的最陡坡道。β越大,汽车通过性越好。

11.汽车有害气体排放

汽车有害气体排放主要有一氧化碳(CO)、碳氢化合物(C_xH_y)、氮氧化物(NO_x)、二氧化硫(SO_2)、醛类和微粒(含碳烟)等。

情境2 发动机的工作原理

(1)四冲程汽油机的工作原理

四冲程汽油机的工作原理:将空气与汽油按一定比例混合成良好的混合气,在进气行程被吸入汽缸,经压缩点火燃烧而变为热能,燃烧后的气体所产生的高温高压,作用于活塞顶部,推动活塞作直线运动,同时通过连杆、曲轴飞轮机构而变为旋转的机械能,对外输出做功。

四冲程汽油机结构如图1.18所示。在四冲程的工作过程中,曲轴转两周,而发动机完成了四行程的一个循环:进气、压缩、做功、排气,在活塞的4个行程中,仅一个行程是做功的,其他3个行程都不做功。

1)进气行程

活塞由曲轴带动从上止点向下止点运动,此时,进气门开启,排气门关闭。在活塞向下移动的过程中,汽缸内容积逐渐增大,形成一定真空度,于是空气和燃油的可燃混合气通过进气门被吸入汽缸,直至活塞到达下止点时,进气门关闭,停止进气。

由于进气系统存在进气阻力,进气终了时汽缸内气体的压力低于大气压力(0.075~0.09 MPa)。由于汽缸壁、活塞等高温件及上一循环留下的高温残余废气的加热,气体温度升高到370~400 K,如图1.19(a)所示。

2)压缩行程

为使可燃混合气迅速燃烧,达到改善发动机动力性和经济性的目的,必须在燃烧前对可燃混合气进行压缩,以提高可燃混合气的温度和压力。因此,在进气行程结束时立即进入压缩行程,活塞在曲轴的带动下,下止点向上止点运动,由于进、排气门均关闭,汽缸内容积逐渐减小,可燃混合气压力、温度逐渐升高。

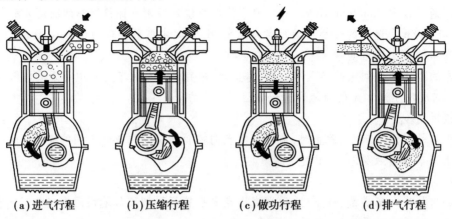

　　(a)进气行程　　　　(b)压缩行程　　　　(c)做功行程　　　　(d)排气行程

图1.18　四冲程汽油机结构图

压缩终了时,汽缸内的压力为0.6~1.2 MPa,温度为600~700 K,如图1.19(b)所示。

3)做功行程

在压缩行程末,火花塞产生电火花点燃混合气并迅速燃烧,使气体的温度、压力迅速升高而膨胀,从而推动活塞从上止点向下止点运动,通过连杆使曲轴旋转做功,至活塞到达下止点时做功结束。

在做功行程中,开始阶段汽缸内气体压力、温度急剧上升,瞬间压力可达3~5 MPa,瞬时温度可达2 200~2 800 K。随着活塞下行,汽缸容积增大,汽缸内压力、温度逐渐下降,做功终了时,压力为0.3~0.5 MPa,温度为1 300~1 600 K,如图1.19(c)所示。

4)排气行程

为使循环能够连续进行,须将燃烧产生的废气排出。在做功行程终了时,排气门打开,进气门关闭,曲轴通过连杆推动活塞从下止点向上止点运动,废气在自身剩余压力和活塞推动下,被排出汽缸,至活塞到达上止点时,排气门关闭,排气结束。

排气行程终了时,由于燃烧室容积的存在,汽缸内还存有少量废气,气体压力也因排气系统存在排气阻力而略高于大气压力。此时,压力为0.105~0.115 MPa,温度为900~1 200 K,如图1.19(d)所示。

(2)四冲程柴油机工作原理

柴油机每个工作循环都经历进气、压缩、做功、排气。喷油泵和喷油器是柴油机燃料供给系中最为重要的部件,单缸四冲程柴油机结构如图1.20所示。燃料是柴油,其黏度比汽油大,不易蒸发,而自燃温度低,所以点火方式是压燃式。进气和压缩行程中都是纯空气,其压缩比比汽油机高得多(一般为16~22)。压缩终了时,汽缸内的空气压力可达3.5~4.5 MPa,同时温度大大超过了柴油自燃温度,故柴油喷入汽缸后,迅速燃烧。

单缸四冲程柴油机不同于汽油机的是,进入汽缸的是纯空气,其他与汽油机进气冲程相似。由于进气阻力小,上一循环残留在汽缸内废气温度较低等原因,进气冲程终了的压力为80~95 kPa,温度为320~350 K,如图1.21(a)所示。

将进入汽缸的空气压缩,由于柴油机的压缩比大,压缩终了的压力和温度都比汽油机高,压力可达3 000~5 000 kPa,温度为800~1 000 K,如图1.21(b)所示。

在压缩冲程终了时,喷油泵将高压柴油经喷油器呈雾状喷入汽缸内的高温空气中,并迅速

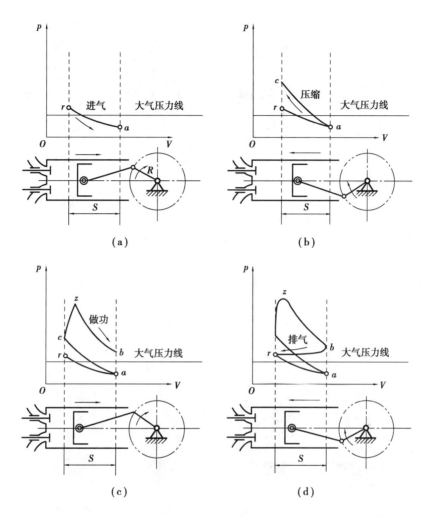

图1.19　发动机热交换循环示意图

与空气形成可燃混合气。因汽缸内的温度远远高于柴油的自燃温度(约500 K),柴油立即自行着火燃烧,且在后一段时间内边喷油边燃烧,汽缸内温度、压力急剧升高,推动活塞下行做功。燃烧的瞬时压力可达5 000～10 000 kPa。瞬时温度可达1 800～2 200 K。做功冲程终了时,压力为200～400 kPa,温度为1 200～1 500 K,如图1.21(c)所示。

与汽油机排气冲程基本相同,排气终了汽缸内压力为105～125 kPa,温度为800～1 000 K,如图1.21(d)所示。

图1.20　单缸四冲程柴油机结构图

由上述四冲程汽油机和柴油机的工作循环可知,两种发动机的工作循环既有共同点,又有差别,归纳如下:

①两种发动机中,每完成一个工作循环,曲轴转两周(720°),每完成一个行程曲轴转半周(180°),进气行程是进气门开启,排气行程是排气门开启,其余两个行程进、排气门均关闭。

②无论是汽油机还是柴油机,在4个行程中,只有做功行程产生动力,其余3个行程是为做功行程作准备的辅助行程,都要消耗一部分能量。

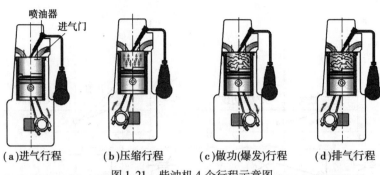

图1.21　柴油机4个行程示意图

③两种发动机运转的第一循环,都必须靠外力使曲轴旋转完成进气和压缩行程,做功行程开始后,做功能量储存在飞轮内,以维持循环继续进行。

④汽油机的混合气是在汽缸外部形成的,进气行程中吸入汽缸的是可燃混合气;柴油机的混合气是在汽缸内部形成的,进气行程中吸入汽缸的是纯空气。

⑤汽油机在压缩终了时,靠火花塞强制点火燃烧,而柴油机则靠混合气自燃着火燃烧。

（3）二冲程汽油机的工作原理

二冲程汽油机是指曲轴转一圈（360°）,活塞往复运动两次完成一个工作循环的发动机,其工作循环也包括进气、压缩、做功和排气4个过程,二冲程汽油机在结构上与四冲程汽油机的不同之处在于没有了进、排气门,取而代之的是进气孔、排气孔和换气孔,如图1.22所示。

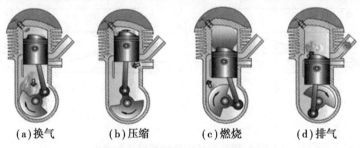

图1.22　二冲程汽油机的工作原理

1）第一行程

活塞从下止点向上止点运动,行程开始前不久,进气孔和排气孔均已开启,利用从扫气泵流出的空气使汽缸换气。当活塞继续向上运动进气孔被关闭,排气孔也关闭,空气受到压缩,当活塞接近上止点时,喷油器将高压柴油以雾状喷入燃烧室,燃油和空气混合后燃烧,使汽缸内压力增大,如图1.22所示。

2）第二行程

活塞从上止点向下止点运动,开始时气体膨胀,推动活塞向下运动,对外做功,当活塞下行到大约2/3行程时,排气门开启,排出废气,汽缸内压力降低,进气孔开启,进行换气,换气一直延续到活塞向上运动1/3行程时,进气孔关闭结束,如图1.22所示。

由上述工作原理可知,第一行程时,活塞上方进行换气、压缩,活塞下方进行进气;第二行程时,活塞上方进行做功、换气,活塞下方预压混合气。换气过程跨越两个行程。

学习任务3　其他发动机简介

一、转子发动机

转子发动机又称为米勒循环发动机,如图1.23所示。它采用三角转子旋转运动来控制压缩和排放,与传统的活塞往复式发动机的直线运动迥然不同。这种发动机由德国人菲加士·汪克尔发明,在总结前人研究成果的基础上,解决了一些关键性的技术问题,成功研制了第一台转子发动机。

转子发动机的运动特点:三角转子的中心绕输出轴中心公转的同时,三角转子本身又绕其中心自转。在三角转子转动时,以三角转子中心为中心的内齿圈和以输出轴中心为中心的齿轮啮合,齿轮固定在缸体上不转动,内齿圈与齿轮的齿数之比为3∶2。上述运动关系使得三角转子顶点的运动轨迹(即汽缸壁的形状)似"8"字形。三角转子把汽缸分成3个独立空间,3个空间各自先后完成进气、压

图1.23　转子发动机结构示意图

缩、做功和排气,三角转子自转一周,发动机点火做功3次。由于以上运动关系,输出轴的转速是转子自转速度的3倍,这与往复运动式发动机的活塞与曲轴1∶1的运动关系完全不同。

二、涡扇发动机

涡扇发动机全称为涡轮风扇发动机(Turbofan),是飞机发动机的一种,由涡轮喷气发动机(Turbojet)发展而成。涡扇发动机与涡轮喷气比较,主要特点是首级压缩机的面积大很多,同时被作为空气螺旋桨(扇),将部分吸入的空气通过喷射引擎的外围向后推。发动机核心部位空气经过的部分称为内涵道,仅有风扇空气经过的核心机外侧部分称为外涵道。涡扇引擎最适合飞行速度为400~1 000 km时使用,因此,现在多数的飞机引擎都采用涡扇作为动力来源,如图1.24所示。

涡桨发动机的推力有限,同时影响飞机提高飞行速度。因此,必须提高喷气发动机的效率。发动机的效率包括热效率和推进效率两个部分。提高燃气在涡轮前的温度和压气机的增压比,就可以提高热效率。因为高温、高密度的气体包含的能量要大。但是,在飞行速度不变的条件下,提高涡轮前温度,自然会使排气速度加大。而流速快的气体在排出时动能损失大,因此,片面地加大热功率,即加大涡轮前温度,会导致推进效率的下降。要全面提高发动机效率,必须解决热效率和推进效率这一对矛盾。

涡轮风扇发动机的妙处,就在于既提高涡轮前温度,又不增加排气速度。涡扇发动机的结构,实际上就是涡轮喷气发动机的前方再增加几级涡轮,这些涡轮带动一定数量的风扇。风扇吸入的气流,一部分如普通喷气发动机一样,送进压气机(术语称"内涵道");另一部分则直接

从涡扇发动机壳外围向外排出("外涵道")。因此,涡扇发动机的燃气能量,被分派到了风扇和燃烧室分别产生的两种排气气流上。这时,为提高热效率而提高涡轮前温度,可以通过适当的涡轮结构和增大风扇直径,使更多的燃气能量经风扇传递到外涵道,从而避免大幅增加排气速度。这样,热效率和推进效率取得了平衡,发动机的效率得到了极大的提高。效率高就意味着油耗低,飞机航程变得更远。

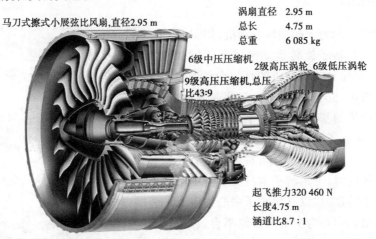

马刀式擦式小展弦比风扇,直径2.95 m

涡扇直径　2.95 m
总长　　　4.75 m
总重　　　6 085 kg

6级中压压缩机

2级高压涡轮　6级低压涡轮

9级高压压缩机,总压比43:9

起飞推力320 460 N
长度4.75 m
涵道比8.7:1

图1.24　涡扇发动机

三、涡轮发动机

涡轮发动机(Turbine Engine,或常简称为 Turbine)是一种利用旋转的机件自穿过它的流体中汲取动能的发动机形式,是内燃机的一种。常用作飞机与大型的船舶或车辆的发动机,如图1.25所示。

涡轮发动机按照发动机燃料燃烧所需的氧化剂的来源不同,可分为火箭发动机和空气喷气发动机。火箭发动机自带氧化剂。火箭发动机根据氧化剂和燃烧剂的形态不同,又可分为液体火箭发动机和固体火箭发动机。

所有的涡轮发动机都具备压缩机(Compressor)、燃烧室(Combustion)、涡轮机(Turbine,也就是涡轮发动机之名的来源)三大部分。压缩机通常还分成低压压缩机(低压段)和高压压缩机(高压段),低压段有时也兼具进气风扇增加进气量的作用,进入的气流在压缩机内被压缩成高密度、高压、低速的气流,以增加发动机的效率。气流进入燃烧室后,由供油喷嘴喷射出燃料,在燃烧室内与气流混合并燃烧。燃烧后产生的高热废气,推动涡轮机使其旋转,然后带着剩余的能量,经由喷嘴或排气管排出,至于会有多少的能量被用来推动涡轮,则视涡轮发动机的种类与设计而定,涡轮机和压缩机一样,分成高压段与低压段。

虽然涡轮发动机可能有许多不同的运作原理,但最简单的涡轮形式可以只包含一个"转子(Rotor)",例如,一个带有中心轴的扇叶,将此扇叶放置在流体中

图1.25　涡轮发动机

（如空气或水），流体通过时，对扇叶施加的力量会带动整个转子开始转动，进而得以从中心轴输出轴向的扭力。风车与水车这类装置，可以说是人类最早发明的涡轮发动机原型。

根据不同的分类方式，涡轮发动机也可分成不同的形式。例如，以燃烧室与转子的位置是否在一起来区别，就存在属于外燃机一类的燃气涡轮发动机（Gas Turbine）与属于内燃机的涡轮风扇发动机（Turbofan）。

如果将涡轮发动机反过来运作，则会变成一种输入外力后，可以将流体带动的设备，如压缩机（compressor）与泵（pump）。

有些涡轮发动机本身具有多组扇叶，其中部分用于自流体吸取动力，部分用于推动流体，二者不能混为一谈。例如在大部分的涡轮扇叶发动机与涡轮螺旋桨发动机中，位于燃烧室之前的扇叶，实际是用于加压进气的，因此应被视为一种压缩机。真正的涡轮机部分是位于燃烧室后方的风扇，被燃烧后的排气推动产生动力，再通过传动轴，将力输送至主扇叶（涡轮风扇发动机）或螺旋桨（涡轮旋桨发动机）处，推动其运转。

【扩展知识1.3】

常见的几种1.6L排量发动机

1. 三菱4G18

使用车型：比亚迪F3、华晨骏捷、骏捷FRV、众泰2008、飞碟UFO、海马海福星、东南菱帅、哈飞赛豹、赛马。

三菱4G18是国内应用最广泛的1.6L排量发动机，它采用SOHC结构，最大功率为74 kW，最大扭矩为134 N·m，动力在同排量发动机中处于中游水平，调校比较注重低速扭矩输出。这台发动机技术和动力都不算出色，之所以被众多厂家使用，主要是因为它成熟可靠，并且是在该排量上为数不多的外销型号。

2. 大众EA211

使用车型：大众高尔夫、捷达、朗逸、桑塔纳、POLO、斯柯达明锐、昕锐。

EA211发动机是大众主流发动机，最大功率为81 kW，最大扭矩为155 N·m，采用了MPI多点电喷、铝制缸体以及模块化缸盖罩壳等外壳技术。与此前的EA111相比质量更小，并且在动力参数小幅提升的同时进一步提高了燃油经济性，输出功率达到了81 kW。

3. 通用Ecotec系列1.6L DVVT

使用车型：别克英朗、雪佛兰科鲁兹掀背版、爱唯欧。

Ecotec发动机的前身由欧宝及其下属机构研发生产。到2000年，通用汽车集合全球优秀工程技术力量，如其下属动力部门和霍顿公司、欧宝研发机构等，完成了四缸"全球引擎"系列的大规模研发，并将其命名为Ecotec发动机，由通用汽车全球各大动力总成厂进行生产，其中搭载在英朗上的1.6L DVVT发动机，最大功率和最大扭矩分别达到了86 kW和150 N·m，从数值上看非常强劲。

4. 福特CAF479Q1

CAF479Q1为福特小排量自然吸气的主流发动机，搭载在福睿斯、翼博、嘉年华等车型上，最大功率为81 kW，峰值扭矩为140 N·m。

5. PSA EC5

使用车型：标致208、301、308，雪铁龙C2、C3XR等。

这款代号EC5的1.6L自然吸气发动机广泛搭载在PSA旗下的中低端车型上，其最大功率为 86 kW,峰值扭矩为 150 N·m。

6. 日产 HR16DE

使用车型:轩逸、骐达、蓝鸟。

此款发动机为日产小排量动力的主力,其最大功率为 93 kW,峰值扭矩则达到了 154 N·m。

7. 丰田 1ZR-FE

使用车型:卡罗拉系列。

此款发动机最大功率为 90 kW,峰值扭矩为 154 N·m,无论是动力,还是油耗都与大众的 EA211 相当。

8. 长安 JL478QE

使用车型:长安悦翔、逸动。

长安 Bluecore 动力序列,其最大功率为 92 kW,峰值扭矩为 160 N·m。

实践训练 1 发动机的结构认知

一、目的及要求

①认识往复活塞式发动机的整体结构。
②认识两大机构和五大系统的组成、主要部件的名称及安装位置。
③掌握发动机各部分运动关系及工作原理。

二、实训设备

①汽车发动机及拆装台。
②汽车示教台。
③相关教具、录像片及教学挂图。

三、实训内容

①在发动机上确认两大机构和五大系统的具体位置。
②对发动机进行总体拆卸与装配,并掌握其工作原理。

四、实训步骤

①观察发动机的运行,理解并掌握发动机的工作过程及原理。
②观察发动机的模型,认识各个部分,并掌握各个部分的装配关系。
③观察各部分的零件结构及相互之间的运动关系。
④3~5 人一组,把全班分成若干组,完成以上内容,就有异议的问题讨论并请教教师协助解决。

五、实训考核

①认识发动机各部件名称、安装位置及工作原理。

②能回答教师给出的问题。

③能按照规范操作完成实践内容。

④填写作业单及实训报告。

⑤回答实践思考题。

习题与思考

1. 填空题

(1)1886 年 1 月 29 日,德国人_____发明了世界上第一辆汽车,取得专利立案,人们将这一天作为世界第一辆汽车的诞生日。

(2)四冲程发动机一个工作循环必须经过_____行程、_____行程、_____行程和_____行程,才能将热能转化为机械能。

(3)汽车通常由_____、_____、_____、_____4 部分组成。

(4)汽油发动机通常由两大机构五大系统组成,分别为_____机构、_____机构、点火系统、_____系统、_____系统、_____系统和_____系统。

2. 简答题

(1)简述发动机的工作原理。

(2)分析发动机工作循环中各过程的特点。

(3)BJ492Q 型发动机排量为 2.445 L,求其曲轴半径?

(4)排量为 2 520 mL 的六缸发动机,其燃烧室容积为 60 mL,求其压缩比是多少?

(5)试述你对当今发动机发展的看法。

模块二
曲柄连杆机构

==

　　曲柄连杆机构是发动机的主要动力部分,通过它可实现能量的转变以及力的传递,它是发动机的重要组成部分。学习本模块的内容,为以后学习发动机维修和故障排除打下基础。

==

知识要点

- 机体组的作用及组成;
- 活塞连杆组的作用及组成;
- 曲轴飞轮组的作用及组成。

学习目标

- 理解曲柄连杆机构的作用及组成;
- 了解曲柄连杆机构的受力分析;
- 掌握机体组、活塞连杆组、曲轴飞轮组主要零件的构造和装配连接关系;
- 掌握机体组、活塞连杆组、曲轴飞轮组主要零件的检测和维修方法;
- 学会曲柄连杆机构的装配与调整。

案例导入

四冲程内燃机发明人——奥托

　　尼古拉·奥古斯特·奥托是德国近代著名机械工程师,四冲程内燃机的发明者和推广者。1854 年,就在奥托 22 岁时,一篇当时被炒得沸沸扬扬的蒸汽机的批评文章引起了他的注意。也就是从这一年起,奥托对蒸汽机的改造产生了浓厚的兴趣。蒸汽机制造中的一系列不足,使他立志要发明一种可以取代老式蒸汽机的新型动力设备。从此,奥托走上了一条改变他的命运,也改变了人类历史命运的光明大道。

　　1860 年,法国工程师莱诺尔制造了一台以煤气为燃料的内燃机。这种新型煤气内燃机造型小巧,比起老式的蒸汽机,它的使用方法简单而安全。但美中不足的是,由于没有在内燃机的机箱内对空气进行必要的压缩,所以它产生的热效率并不高。但是,这毕竟走出了老式蒸汽机的模式,开启了内燃机研制工作的第一步。之后,1862年,法国工程师罗夏提出,内燃机的动力方式应当采取四冲程方式,即在8个行程内完成一个进气、压缩、燃烧膨胀和排气的工作循环,并取得了这一内燃机设计方式的发明权专利。这可是一个非常富有创意的想法,如果付诸实际运用,将大大提高内燃机的工作热能效率,从而弥补莱诺尔内燃机的不足。但是,罗夏只是提出了这一想法,并没有真正把这一想法变成现实,没有制造出一台样机。从而他的这种想法在很长时间里不为人们所知,他本人也与成功女神失之交臂。

成功女神所垂青的往往是那些坚韧不拔、努力不懈的人。虽然奥托对罗夏的想法不甚了解,但此前许多人的探索,给在内燃机研制道路上一度彷徨不前的奥托指明了前进的方向。他在周围环境和条件都不是很好的情况下,独自钻研,反复研究,最终也提出了内燃机动力方式的四冲程思想。具体来说,这一原理是在煤气进入汽缸之前,先与空气混合成一种可燃性的混合气体,然后进入汽缸,在汽缸内进行空气压缩,使其在这种提高了压力的空气中进行燃烧,使汽缸内的温度升高,而后膨胀了的空气逐步减压到初始状态时的大气压力,并推动气阀运动,由气阀运动产生的能量推动机车的运动,最后,汽缸排出所有的气体。这是对四冲程内燃机原理和特征的第一次简单而清楚的概括,因此,人们把内燃机的四冲程循环亲切地简称为“奥托循环”。

由于以上对内燃机四冲程循环原理的设计详细且实际操作性强,因此,奥托在完成了对这一原理的初步设计后,仅仅花费了很少的时间,就设计和制造出了世界上第一台四冲程循环内燃机样机。这台内燃机性能可靠,热效率高,运行噪声小,在燃料消耗等许多方面都比莱诺尔式内燃机好很多。所以,尽管这种最初型号的内燃机在外观上还存在着一些缺陷,但一经面世,立即赢得了人们对它的高度评价。奥托的内燃机热效率比以往的四冲程循环发动机的热效率提高了两倍(约14%),其热效率更是莱诺尔式发动机的4倍。可以说,奥托的发动机具有非常实用的价值。

学习任务4 曲柄连杆机构的认知

情境1 曲柄连杆机构的功用、工作条件及组成

(1)曲柄连杆机构的功用

曲柄连杆机构是内燃机实现工作循环,完成能量转换的传动机构,用来传递力和改变运动方式。工作中,曲柄连杆机构在做功行程中把活塞的往复运动转变成曲轴的旋转运动,对外输出动力,而在其他3个行程中,即进气、压缩、排气行程中又把曲轴的旋转运动转变成活塞的往复直线运动。总的来说,曲柄连杆机构是发动机借以产生并传递动力的机构。通过它把燃料燃烧后发出的热能转变为机械能。

(2)曲柄连杆机构的工作条件

发动机工作时,曲柄连杆机构直接与高温高压气体接触,曲轴的旋转速度又很高,活塞往复运动的线速度相当大,同时与可燃混合气和燃烧废气接触,曲柄连杆机构还受到化学腐蚀作用,且润滑困难。可见,曲柄连杆机构的工作条件相当恶劣,它要承受高温、高压、高速和化学腐蚀作用。

(3) 曲柄连杆机构的组成

曲柄连杆机构的主要零件可分为机体组、活塞连杆组和曲轴飞轮组 3 种,如图 2.1 所示。

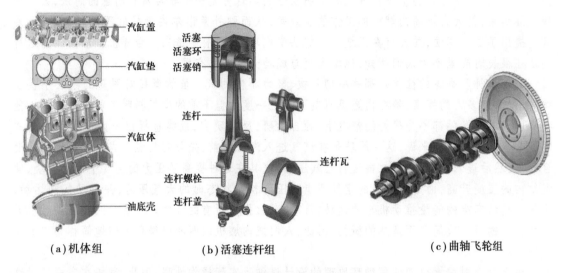

（a）机体组　　　　　（b）活塞连杆组　　　　　（c）曲轴飞轮组

图 2.1　曲柄连杆机构的组成

①机体组:由汽缸体、汽缸盖、汽缸垫、油底壳等组成。

②活塞连杆组:由活塞环、活塞、活塞销、连杆、连杆盖、连杆瓦、连杆螺栓等组成。

③曲轴飞轮组:由曲轴、曲轴皮带轮或链轮、曲轴正时齿轮、飞轮总成、滚针轴承等组成。

情境 2　曲柄连杆机构的受力分析

当内燃机工作时,在曲柄连杆机构中作用着以下诸力:

①汽缸中的气体压力;

②运动质量的惯性力;

③外界负荷对发动机的阻力;

④相对运动件表面的摩擦力等。

因以上各力中摩擦力比其他力小得多,故在进行受力分析时一般不予考虑。

(1) 气体作用力 F_p

在每个工作循环中,气体作用力在 4 个行程中始终存在,但只有做功行程中的气体力是发动机对外做功的原动力。气体作用力通过活塞、活塞销、连杆、曲柄销传到主轴承。气体作用力同时也作用于汽缸盖上,并通过汽缸盖螺栓传给机体。作用于活塞上和汽缸盖上的气体力大小相等、方向相反,在机体中相互抵消而不传至机体外的支承上,使机体受到拉伸,图 2.2 为气体压力作用示意图。

气体作用力 F_p 分解为 F_{p1} 和 F_{p2},其中 F_{p2} 称为侧压力,它使活塞的一个侧面压向汽缸壁,造成该侧磨损严重;F_{p1} 经连杆传给曲柄销,分解为 F_R 和 F_S,F_R 使曲轴主轴颈与主轴承间产生压紧力;F_S 除了使主轴颈各主轴承之间产生压紧力外,还对曲轴形成转矩,推动曲轴旋转。

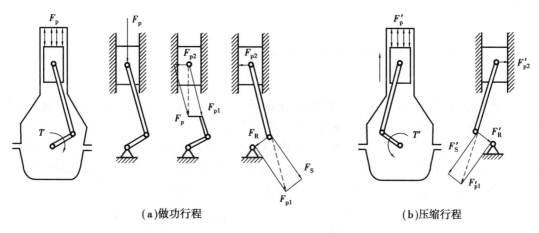

（a）做功行程　　　　　　　　　（b）压缩行程

图 2.2　气体压力作用情况示意图

（2）往复惯性力 F_j

曲柄连杆机构可视为由往复运动质量和旋转运动质量组成的当量系统。往复运动质量包括活塞组零件质量和连杆小头集中质量，它沿汽缸轴线作往复变速直线运动，产生往复惯性力；旋转运动质量包括曲柄质量和连杆大头集中质量，它绕曲轴轴线旋转，产生旋转惯性力，也称离心力。往复惯性力和旋转惯性力通过主轴承和机体传给发动机支承。

活塞在上半行程时，惯性力都向上；下半行程时，惯性力都向下。在上下止点活塞运动方向改变，速度为零，加速度最大，惯性力也最大；在行程中部附近，活塞运动速度最大，加速度为零，惯性力也等于零。

（3）离心惯性力 F_c

旋转机件的圆周运动产生离心惯性力，方向背离曲轴中心向外。离心力加速轴承与轴颈的磨损，也引起发动机震动而传到机体外。

图 2.3 为往复惯性力和离心力的示意图。

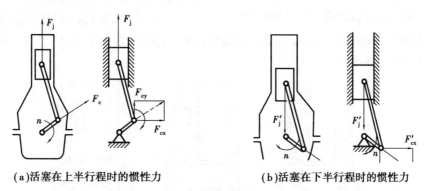

（a）活塞在上半行程时的惯性力　　　　（b）活塞在下半行程时的惯性力

图 2.3　往复惯性力和离心力作用示意图

（4）摩擦力 F_f

摩擦力指相互运动件之间的摩擦力，它是造成配合表面磨损的根源。

学习任务 5 机体组的结构与维修

现代汽车发动机机体组主要由机体、汽缸盖、汽缸盖罩、汽缸衬垫、主轴承盖以及油底壳等组成。镶汽缸套的发动机，机体组还包括干式或湿式汽缸套。

机体组是发动机的支架，是曲柄连杆机构、配气机构和发动机各系统主要零部件的装配基体。汽缸盖用来封闭汽缸顶部，并与活塞顶和汽缸壁一起形成燃烧室。另外，汽缸盖和机体内的水套和油道以及油底壳又分别是冷却系统和润滑系统的组成部分。

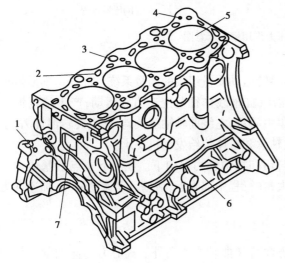

图 2.4 汽缸体

1,4—机油道；2—冷却水通路；3—油、气通道；
5—汽缸；6—上曲轴箱；7—冷却水通路

情境 1 汽缸体与曲轴箱

(1)汽缸体

水冷发动机的汽缸体和上曲轴箱常铸成一体，称为汽缸体-曲轴箱，也可称为汽缸体。汽缸体一般用灰铸铁铸成，汽缸体上部的圆柱形空腔称为汽缸，下半部为支承曲轴的曲轴箱，其内腔为曲轴运动的空间。在汽缸体内部铸有许多加强筋，冷却水套和润滑油道等，如图 2.4 所示。

汽缸体有不同的类型，可按照下列原则进行划分：

①根据汽缸体与油底壳安装平面的位置不同，通常把汽缸体分为一般式、龙门式、隧道式 3 种形式，如图 2.5 所示。

A.一般式汽缸体：特点是油底壳安装平面和曲轴旋转中心在同一高度。其优点是机体小，质量小，结构紧凑，便于加工，曲轴拆装方便；缺点是刚度和强度较差。

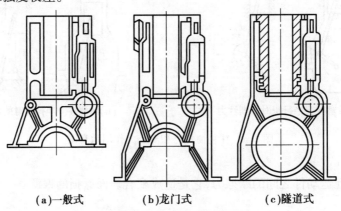

(a)一般式   (b)龙门式   (c)隧道式

图 2.5 汽缸体分类简图

B.龙门式汽缸体：特点是油底壳安装平面低于曲轴的旋转中心。其优点是强度和刚度都好,能承受较大的机械负荷;缺点是工艺性较差,结构笨重,加工较困难。

C.隧道式汽缸体:这种形式的汽缸体曲轴的主轴承孔为整体式,采用滚动轴承,主轴承孔较大,曲轴从汽缸体后部装入。其优点是结构紧凑、刚度和强度好;缺点是加工精度要求高,工艺性较差,曲轴拆装不方便。

②按发动机的冷却方式不同,可分为水冷式和风冷式两种形式。为了能使汽缸内表面在高温下正常工作,必须对汽缸和汽缸盖进行适当的冷却。冷却方法有两种:一种是水冷(图2.6);另一种是风冷(图2.7)。水冷发动机的汽缸周围和汽缸盖中都加工有冷却水套,并且汽缸体和汽缸盖冷却水套相通,冷却水在水套内不断循环,带走发动机产生的部分热量,对汽缸和汽缸盖起冷却作用。

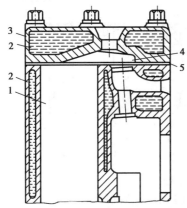

图2.6 水冷式汽缸体和汽缸盖
1—汽缸体;2—水套;3—汽缸盖;
4—燃烧室;5—汽缸垫

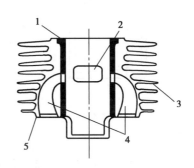

图2.7 风冷式汽缸体和汽缸盖
1—汽缸套;2—排气孔;3—散热片;
4—扫气孔;5—汽缸体

③按汽缸的排列方式不同,可分为直列式、V形式和对置式,如图2.8所示。

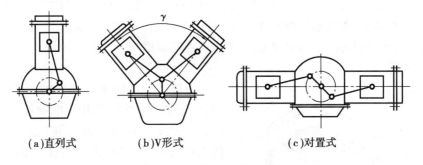

(a)直列式　　　　(b)V形式　　　　(c)对置式

图2.8 汽缸的排列方式

A.直列式:发动机的各个汽缸排成一列,一般是垂直布置的。直列式汽缸体结构简单,加工容易,但发动机长度和高度较大。一般六缸以下发动机多采用直列式。例如捷达轿车、富康轿车、红旗轿车所使用的发动机,均采用这种直列式汽缸体。有的汽车为了降低发动机的高度,把发动机倾斜一个角度。

B.V形式:汽缸排成两列,左右两列汽缸中心线的夹角 $\gamma < 180°$,称为V形式发动机,V形式发动机与直列式发动机相比,缩短了机体的长度和高度,增加了汽缸体的刚度,减轻了发动机的质量,但加大了发动机的宽度,且形状较复杂,加工困难,一般用于八缸以上的发动机,六

缸发动机也采用了这种形式的汽缸体。

C.对置式:汽缸排成两列,左右两列汽缸在同一水平面上,即左右两列汽缸中心线的夹角为180°,称为对置式。它的特点是高度小,总体布置方便,有利于风冷。

④按汽缸的布置分类。汽缸直接镗在汽缸体上称为整体式汽缸。其强度和刚度都好,能承受较大的载荷,这种汽缸对材料要求高,成本高。如果将汽缸制成单独的圆筒形零件(即汽缸套),然后再装到汽缸体内。这样,汽缸套采用耐磨的优质材料制成,汽缸体可用价格较低的一般材料制造,从而降低了制造成本。同时,汽缸套可从汽缸体中取出,因而便于修理和更换,并可大大延长汽缸体的使用寿命。汽缸套有干式汽缸套和湿式汽缸套两种,如图2.9所示。

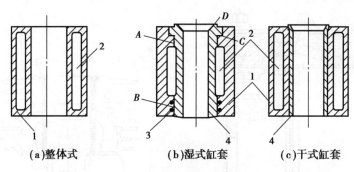

图2.9　汽缸套的结构
1—汽缸体;2—冷却水套;3—阻水圈;4—汽缸套

干式汽缸套的特点是汽缸套装入汽缸体后,其外壁不直接与冷却水接触,而和汽缸体的壁面直接接触,壁较薄,一般为1~3 mm。它具有整体式汽缸体的优点,强度和刚度都较好,但加工比较复杂,内、外表面都需要进行精加工,拆装不方便,散热不良。

湿式汽缸套的特点是汽缸套装入汽缸体后,其外壁直接与冷却水接触,汽缸套仅在上、下各有一圆环地带和汽缸体接触,壁厚一般为5~9 mm。其散热良好,冷却均匀,加工容易,通常只需要精加工内表面,而与水接触的外表面不需要加工,拆装方便。缺点是强度、刚度都不如干式汽缸套好,而且容易产生漏水现象,应采取一些防漏措施。

(2)曲轴箱

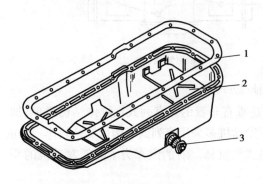

图2.10　油底壳
1—衬垫;2—稳油挡板;3—放油螺塞

汽缸体下部用来安装曲轴的部位称为曲轴箱,曲轴箱分上曲轴箱和下曲轴箱。上曲轴箱与汽缸体铸成一体,下曲轴箱用来储存润滑油,并封闭上曲轴箱,故又称为油底壳,如图2.10所示。油底壳受力很小,一般采用薄钢板冲压而成,其形状取决于发动机的总体布置和机油的容量。油底壳内装有稳油挡板,以防止汽车颠动时油面波动过大。油底壳底部还装有放油螺塞,通常放油螺塞上装有永久磁铁,以吸附润滑油中的金属屑,减少发动机的磨损。在上、下曲轴箱接合面之间装有衬垫,防止润滑油泄漏。

（3）汽缸体的检修

汽缸体常见损伤形式为裂纹、变形、磨损。

1）汽缸体裂纹的检修

在使用中,有时碰到机体(尤其是汽缸体、汽缸盖)出现裂纹,其原因如下:

①制造缺陷。如砂眼、缩松、气孔等,还有时效不好,有应力集中区等质量缺陷引起的机体裂纹。

②使用不当。如在发动机高温缺水状态下,突然加入大量冷水;在严冬季节早晨启动时,加入大量高温水;先启动发动机,温度升高后才加冷水;在冬季未使用防冻液,停车时间较长,未将冷却水放净,造成冷却水结冰胀裂缸体。

③保养修理不当。没有按规定拧紧主螺栓和副螺栓;换用的自制水堵过盈量太大;因无专用维修工具,在机身翻转时碰裂等。

汽缸体产生明显的裂纹可直接观察,对细微裂纹和内部裂纹,一般是采用水压试验法:在 0.3 ~ 0.4 MPa 的压力下,保持约 5 min,如发现汽缸体有水珠渗出,则说明该处有裂纹。如有裂纹,应修复或者更换。

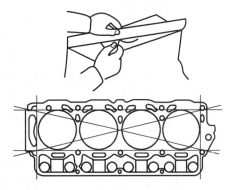

2）汽缸体翘曲变形的检修

由于装配时汽缸盖螺栓拧紧力矩不均匀,有紧有松;拆卸或组装缸盖时,没有按顺序旋紧或旋松螺栓;高温下拆卸汽缸等都会造成汽缸体上平面翘曲变形。汽缸体翘曲变形多用直尺和塞尺进行检测,如图 2.11 所示。塞入塞尺的最大厚度值就是平面度误差。

图 2.11　汽缸体翘曲变形的检测

汽缸体上平面的平面度,如果超过表 2.1 中的范围时,应予以修复。

表 2.1　汽缸体上平面与汽缸盖下平面的平面度

测量范围 /mm	汽缸长度 /mm	铸　铁		铝合金	
		汽缸体上平面/mm	汽缸盖下平面/mm	汽缸体上平面/mm	汽缸盖下平面/mm
任意 50 × 50		0.05	0.025	0.05	0.025
整个平面	≤600	0.15	0.10	0.15	0.15
	>600	0.25	—	0.35	—

3）汽缸的检修

汽缸经长期使用后,被磨损到一定程度,发动机动力就会显著下降,润滑油的消耗急剧增加,使发动机的经济性变得较差。汽缸的磨损程度是确定发动机是否需要大修的主要依据。

①汽缸磨损的特点。在正常磨损情况下,汽缸磨损的特点是不均匀磨损。

A.汽缸轴向截面的磨损:汽缸沿工作表面在活塞环运动区域内,呈上大下小的不规则锥形磨损。磨损的最大部位,是活塞在上止点位置时与第一道活塞环相对应的汽缸壁,而活塞环接触不到的表面几乎没有磨损而形成了明显的"缸肩"。

B.汽缸径向截面的磨损:汽缸沿圆周方向的磨损也是不均匀的,形成不规则的椭圆形。

其最大磨损部位往往随汽缸结构、使用条件不同而异,一般是前后或左右方向磨损最大。

②汽缸磨损的原因。

A.汽缸表面轴向磨损成上大下小的原因,主要是发动机工作时,汽缸上部压力大,温度高,润滑油膜容易被破坏,因此磨损较汽缸下部大。

B.汽缸径向磨损成不规则的椭圆形,与发动机的工作条件、结构、修理装配质量等因素有关。

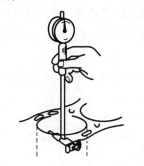

C.发动机长期在较低的机温下工作,磨损尤为剧烈。机温过低,润滑差,燃烧不完全,产生积碳多,加速了汽缸的磨损。又因机温低,汽缸里易产生酸性物质,从而腐蚀汽缸,产生麻点剥落,引起汽缸的早期磨损。

③汽缸磨损的测量。测量汽缸的磨损程度的目的是确定发动机是否需要进行大修,以确定修理尺寸的级别。

通常用量缸表对汽缸的磨损进行测量,测量方法如下:

A.根据汽缸的直径,选用长度适当的接杆装在量缸表下端,使整个测杆长度与被测汽缸的尺寸相适应。

B.校正量缸表的尺寸。将千分尺调到汽缸的标准尺寸,再将量缸表通过千分尺校正到汽缸的标准尺寸(使测量杆有2 mm左右的压缩量),旋转表盘使表针对准零位线。

C.测量汽缸上、中、下3个位置的纵向和横向上的汽缸直径,如图2.12所示。将调整好的汽缸量表放入汽缸上口内,分别在A、B、C 3个位置的横向和轴向测量汽缸孔径,并将测得的值逐一记录下来。

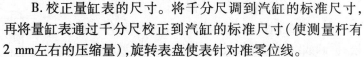

①推力方向

前 ②轴向

A —— 10 mm

B —— 中间

C —— 10 mm

图2.12 测量汽缸磨损量

D.计算汽缸的圆度误差和圆柱度误差。

圆度误差:同一横截面上磨损的不均匀性。用同一横截面上不同方向测得的最大与最小直径差值之半作为圆度误差。

圆柱度误差:沿汽缸轴线的轴向截面上磨损的不均匀性。数值是被测汽缸表面任意方向所测得的最大与最小直径差值之半。

【扩展知识2.1】

减少汽缸套磨损的措施

(1)正确启动和起步

发动机冷车启动时,由于温度低,机油黏度大,流动性差,使机油泵供油不足,同时,原汽缸壁上的机油在停车后沿汽缸壁下流,因此在启动的瞬间得不到正常工作时那样良好的润滑,致使启动时汽缸壁磨损大大增加。初次启动时,应先使发动机空转几圈,待摩擦表面得到润滑后再启动。启动后应怠速运转升温,严禁猛踩加速踏板,待机油温度达到40 ℃时再起步;起步应坚持挂低速挡,并循序每一挡位行驶一段里程,直到油温正常,方可转为正常行驶。

(2)正确选用润滑油

要严格按季节和发动机性能要求选用最佳黏度值的润滑油,不可随意购用劣质润滑油,并经常检查和保持润滑油的数量与质量。

（3）加强滤清器的保养

使空气滤清器、机油滤清器和燃油滤清器保持良好的工作状态，对减轻汽缸套的磨损至关重要。加强对"三滤"的保养，是防止机械杂质进入汽缸，减少汽缸磨损，延长发动机使用寿命的一项重要措施，在农村和多风沙地区尤为重要。有的驾驶员为了节约燃料而不装空气滤清器是绝对错误的。

（4）保持发动机正常工作温度

发动机正常工作温度应为 80~90 ℃。温度过低，不能保持良好的润滑，会增大汽缸壁的磨损，汽缸内的水蒸气易凝结成水珠，溶解废气中的酸性气体分子，生成酸性物质，使汽缸壁受到腐蚀磨损。试验表明，当汽缸壁温度由 90 ℃ 降到 50 ℃ 时，汽缸磨损量为 90 ℃ 时的 4 倍。温度过高，会使汽缸强度降低而加剧磨损，甚至可能使活塞过度膨胀而造成"胀缸"事故。

（5）提高保修质量

在使用过程中，发现问题及时予以排除，随时更换或维修损坏和变形的配件。安装汽缸套时要严格按技术要求检验和装配。在保修换环作业中，要选用弹力适当的活塞环，弹力过小，使燃气蹿入曲轴箱吹落汽缸壁上的机油，增大汽缸壁磨损；弹力过大，直接加剧汽缸壁的磨损，或因汽缸壁上的油膜遭到破坏而加剧其磨损。

曲轴连杆轴颈和主轴颈不平行，发动机因烧瓦等原因，会使曲轴因受到剧烈冲击而变形，若不及时校正而继续使用，同样会加速汽缸套磨损。

情境2　汽缸盖

（1）汽缸盖的结构

汽缸盖安装在汽缸体的上面，从上部密封汽缸并构成燃烧室，其结构如图 2.13 所示。它经常与高温、高压燃气相接触，因此能承受很大的热负荷和机械负荷。水冷发动机的汽缸盖内部置有冷却水套，缸盖下端面的冷却水孔与缸体的冷却水孔相通。利用循环水来冷却燃烧室等高温部分。缸盖上还装有进、排气门座，气门导管孔，用于安装进、排气门，还有进气通道和排气通道等。汽油机的汽缸盖上加工有安装火花塞的孔，而柴油机的汽缸盖上加工有安装喷油器的孔。顶置凸轮轴式发动机的汽缸盖上还加工有凸轮轴轴承孔，用以安装凸轮轴。

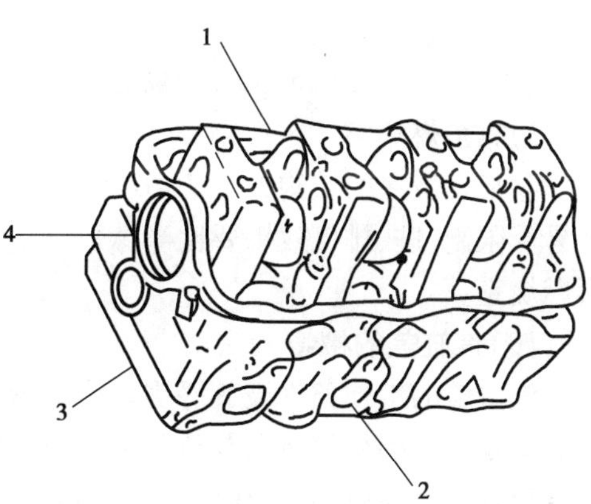

图 2.13　汽缸盖结构
1—进气歧管接合面；2—排气歧管接合面；
3—汽缸盖下平面；4—凸轮轴前油封安装孔

汽缸盖一般采用灰铸铁或合金铸铁铸成，由于铝合金的导热性好，有利于提高压缩比，因此近年来铝合金汽缸盖被采用得越来越多。

（2）汽油机燃烧室

汽缸盖是燃烧室的组成部分，燃烧室的形状对发动机的工作影响很大，由于汽油机和柴油机的燃烧方式不同，其汽缸盖上组成燃烧室的部分差别较大。汽油机的燃烧室主要在汽缸盖上，而柴油机的燃烧室主要在活塞顶部的凹坑。这里只介绍汽油机的燃烧室，而柴油机的燃烧室放在柴油供给系统里介绍。

汽油机燃烧室常见的有以下几种形式：

1）半球形燃烧室

半球形燃烧室结构紧凑，火花塞布置在燃烧室中央，如图2.14所示。这种布置形式火焰行程短，故燃烧速率高，散热少，热效率高。这种燃烧室结构上也允许气门双行排列，进气口直径较大，故充气效率较高，虽然使配气机构变得较复杂，但有利于排气净化，在轿车发动机上被广泛地应用。

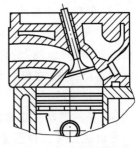

图2.14　半球形燃烧室

2）楔形燃烧室

楔形燃烧室结构简单、紧凑，散热面积小，热损失也小，能保证混合气在压缩行程中形成良好的涡流运动，有利于提高混合气的混合质量，进气阻力小，提高了充气效率。气门排成一列，使配气机构简单，但火花塞置于楔形燃烧室高处，火焰传播距离长些，切诺基轿车发动机便是采用这种形式的燃烧室，如图2.15所示。

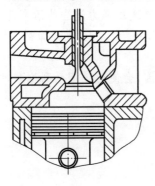

图2.15　楔形燃烧室

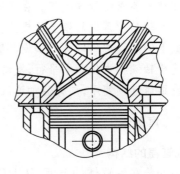

图2.16　盆形燃烧室

3）盆形燃烧室

盆形燃烧室的结构如图2.16所示。其特点是汽缸盖工艺性好，制造成本低，但因气门直径易受限制，进、排气效果要比半球形燃烧室差。捷达轿车发动机、奥迪轿车发动机均采用盆形燃烧室。

（3）汽缸盖的检修

汽缸盖的工作条件极其恶劣。汽缸盖底面为触火面，直接与高温、高压燃气接触，承受较高的周期变化的机械负荷与热负荷、燃气腐蚀与冲刷，产生很大的机械应力与热应力。冷却面承受机械应力与腐蚀。汽缸盖螺栓预紧力使汽缸盖受到压应力，在汽缸盖截面变化处还会产生应力集中。

汽缸盖常见的损伤形式为裂纹、变形、磨损。

1）汽缸盖裂纹的检修

汽缸盖最容易产生裂纹的部位是进、排气门间的隔梁处。因为该处在发动机工作时最热，受热面要膨胀，但受周围金属的制约而产生压缩应力和应变，若超过材料的弹性极限，并保持一定的时间，金属将因蠕变而造成塑性变形。如温度降低，周围金属便收缩，使原来产生塑性变形的部位又产生拉应力，若拉应力超过材料本身的强度极限就立即产生裂纹。将汽缸盖水孔密封，只留有一个口，将汽缸盖放入水槽，然后从所留口通0.4 MPa的压缩气体，什么地方有气泡冒出，则说明该处有裂纹。

一般而言,在与缸体结合平面、贯穿气门导管孔、气门座圈孔、喷油器孔等处有裂纹及冷却水套壁难以接近修理部位出现裂纹时,汽缸盖不能修复应报废。

通常在修复之前,必须掌握缸盖材质成分、裂纹部分、形状、长短和壁厚等,以便确定用哪种焊接方法、施焊步骤、焊条类型、坡口开法和所需设备等。需要注意的是,在进行焊接之前,首先要用汽油将裂纹处清洗干净(焊修时可不将气门座圈拆掉),然后开坡口,并焊接。焊好后用手提砂轮磨平。焊后用水压试验法检查是否有渗漏,若有渗漏应再次补焊。

2)汽缸盖螺纹孔损坏的检修

汽缸盖螺纹孔损坏一般用直观目视法检查,螺纹孔损坏最常见的是滑扣。火花塞螺纹孔损坏多于1牙,其他螺纹孔螺纹损坏多于2牙时,均需修复。

3)汽缸盖翘曲变形的检修

引起汽缸盖翘曲的原因有很多,除热负荷和热应力的因素外,由于拆卸或紧固汽缸盖螺栓顺序不当,因此也会引起汽缸盖变形。汽缸盖翘曲变形多用直尺和塞尺进行检测,如图2.17所示。检查7个方位的平面度。检查时,用手电筒或低压照明灯作光源,照射刀口尺刃口或光轴素线的一侧,用塞尺在各漏光处塞检。对中凸平面,检测时应将两端间隙调成等值后再进行测量。其平面度极限值为0.05 mm。如果检测值超过极限值,则应修磨汽缸盖下平面。否则会引起发动机漏水、漏气甚至冲坏汽缸垫等故障。其修理方法如下:

①砂纸研磨法:将400号砂纸放在平板上,用汽缸盖下平面摩擦砂纸,磨去其下平面的凸起部分。

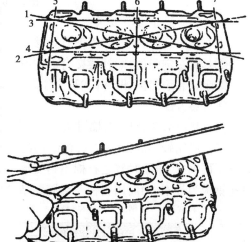

图2.17　汽缸盖下平面的平面度检查
1,2—对角线;3,4—横向;5,6,7—纵向

②磨削或铣削法:如汽缸盖平面度误差较大,可用磨削或铣削的方法修整,但磨削或铣削量不得超过0.25 mm,否则,应更换汽缸盖。以免燃烧室容积变化引起发动机压缩比变化,导致发动机工作不正常。

③冷压校正法:整个汽缸盖如翘曲变形,可进行冷压校正。

④锉磨法:如果螺孔附近部分的凸起,可用油石推磨或用细锉刀锉平。

⑤研磨法:用刀口尺和塞尺检查汽缸盖进、排气歧管座的平面度,其检查方法与汽缸盖下平面度的检查相同,如图2.18和图2.19所示。两者平面度的极限值均为0.10 mm。如果平面度超过极限值,则应修磨平面。平面如经修磨仍不合格时,则应更换汽缸盖。

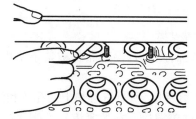
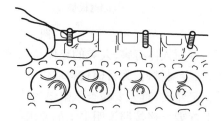

图2.18　检查进气歧管座的平面度　　图2.19　检查排气歧管座的平面度

情境 3 汽缸垫

汽缸垫装在汽缸盖和汽缸体之间,其功能是保证汽缸盖与汽缸体接触面的密封,防止漏气、漏水和漏油,如图 2.20 所示。

图 2.20 汽缸垫实物

汽缸垫应满足以下要求:

①在高温、高压燃气作用下有足够的强度,不易损坏。

②具有一定弹性,能补偿接合面的不平度,以保证密封。

③耐热和耐腐蚀,即在高温、高压燃气或有压力的机油和冷却水的作用下不烧损或变质。

④拆装方便。

汽缸垫可分为金属-石棉衬垫、金属-复合材料衬垫和全金属衬垫等。

目前应用较多的是铜皮-石棉结构的汽缸垫,如图 2.21 所示,由于铜皮-石棉汽缸垫翻边处有 3 层铜皮,压紧时较之石棉不易变形。有的发动机还采用以石棉为中心编织的钢丝网,或以孔钢板为骨架、两面用石棉及橡胶黏结剂压制而成的汽缸垫。

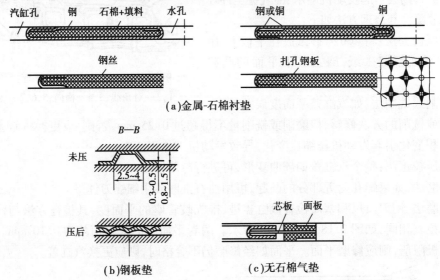

(a)金属-石棉衬垫

(b)钢板垫

(c)无石棉气垫

图 2.21 汽缸垫结构

由于石棉对人体有害,人类的环保意识越来越强,因此石棉产品将被禁止使用,石棉也将退出市场,被金属材料、无石棉材料取代。

安装汽缸垫时,首先要检查汽缸垫的质量和完好程度,所有汽缸垫上的孔要和汽缸体上的孔对齐。其次要严格按照说明书上的要求拧紧汽缸盖螺栓。在拧紧汽缸盖螺栓时,必须按中央对称地向四周扩展的顺序,分 2～3 次进行。最后拧紧到规定的力矩。

学习任务6 活塞连杆组的结构与维修

活塞连杆组由活塞、活塞环、活塞销、连杆、连杆轴瓦等组成,如图2.22所示。

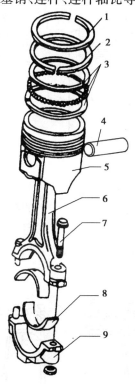

图2.22 活塞连杆组分解图
1—第一道气环;2—第二道气环;3—组合油环;4—活塞销;5—活塞;
6—连杆;7—连杆螺栓;8—连杆轴承;9—连杆轴承盖

情境1 活塞

(1)活塞的功用

活塞的功用是承受气体压力,并通过活塞销传给连杆驱使曲轴旋转。活塞顶部是燃烧室的组成部分。

(2)活塞的工作条件

活塞在高温、高压、高速、润滑不良的条件下工作。活塞直接与高温气体接触,瞬时温度可达2 500 K以上。因此,受热严重,而散热条件较差,所以活塞工作时温度很高,顶部高达600~700 K,且温度分布很不均匀;活塞顶部承受气体压力很大,特别是做功行程压力最大,汽油机高达3~5 MPa,柴油机高达6~9 MPa,这就使得活塞产生冲击,并承受侧压力的作用;活塞在汽缸内以很高的速度(8~12 m/s)作往复运动,且速度在不断地变化,这就产生了很大的惯性力,使活塞受到很大的附加载荷。活塞在这种恶劣的条件下工作,会产生变形并加速磨损,还会产生附加载荷和热应力,同时受到燃气的化学腐蚀作用。

（3）活塞的要求

①要有足够的刚度和强度,传力可靠。

②导热性能好,要耐高压、耐高温和耐磨损。

③质量小,重力小,尽可能地减小往复惯性力。

（4）活塞的材料

铝合金材料基本上满足上述要求,因此,活塞一般都采用高强度铝合金,但在一些低速柴油机上采用高级铸铁或耐热钢。

（5）活塞的构造

一般来说,活塞可分为活塞顶部、活塞头部和活塞裙部,如图2.23所示。

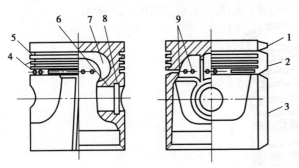

图2.23 活塞

1—顶部;2—头部;3—裙部;4—环岸;5—环槽;
6—销座;7—加强筋;8—卡环槽;9—工艺孔

1）活塞顶部

活塞顶部承受气体压力,它是燃烧室的组成部分,其形状、位置、大小都与燃烧室的具体形式有关,都是为了满足可燃混合气形成和燃烧的要求,其顶部形状可分为4大类:平顶活塞、凸顶活塞、凹顶活塞和成形顶活塞,如图2.24所示。

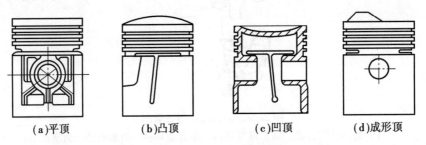

（a）平顶   （b）凸顶   （c）凹顶   （d）成形顶

图2.24 活塞顶部形状

平顶活塞顶部是一个平面,结构简单,制造容易,受热面积小,顶部应力分布较为均匀,一般用在汽油机上,柴油机很少采用。

凸顶活塞顶部凸起呈球顶形,其顶部强度高,起导向作用,有利于改善换气过程,二冲程汽油机常采用凸顶活塞。

凹顶活塞顶部呈凹陷形,凹坑的形状和位置必须有利于可燃混合气的燃烧,有双涡流凹坑、球形凹坑、U形凹坑等。

2）活塞头部

活塞头部是指第一道活塞环槽到活塞销孔以上的部分。它有数道环槽,用以安装活塞环,起密封作用,又称为防漏部。柴油机压缩比高,一般有四道环槽,上部三道安装气环,下部安装油环。汽油机一般有三道环槽,其中有两道气环槽和一道油环槽,在油环槽底面上钻有许多径向小孔,使被油环从汽缸壁上刮下的机油,经过这些小孔流回油底壳。第一道环槽工作条件最恶劣,一般应离顶部较远。

活塞顶部吸收的热量主要是经过防漏部通过活塞环传给汽缸壁,再由冷却水传出去。总之,活塞头部的作用除了用来安装活塞环外,还有密封作用和传热作用,与活塞环一起密封汽缸,防止可燃混合气漏入曲轴箱内,同时还将 70% ~ 80% 的热量通过活塞环传给汽缸壁。

3)活塞裙部

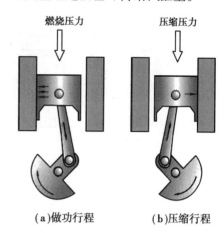

活塞裙部是指从油环槽下端面起至活塞最下端的部分,包括装活塞销的销座孔。活塞裙部对活塞在汽缸内的往复运动起导向作用,并承受侧压力。裙部的长短取决于侧压力的大小和活塞直径。所谓侧压力是指在压缩行程和做功行程中,作用在活塞顶部的气体压力的水平分力使活塞压向汽缸壁。压缩行程和做功行程气体的侧压力方向正好相反,由于燃烧压力大大高于压缩压力,所以,做功行程中的侧压力也大大高于压缩行程中的侧压力,如图 2.25 所示。活塞裙部承受侧压力的两个侧面称为推力面,它们处于与活塞销轴线相垂直的方向上。

图 2.25 活塞裙部受力图

活塞裙部的结构特点如下:

①预先做成椭圆形,如图 2.26 所示。为了使裙部两侧承受气体压力并与汽缸保持小而安全的间隙,要求活塞在工作时具有正确的圆柱形。但是,由于活塞裙部的厚度很不均匀,活塞销座孔部分的金属较厚,受热膨胀量大,沿活塞销座轴线方向的变形量大于其他方向。另外,裙部承受气体侧压力的作用,导致沿活塞销轴向变形量较垂直变形大。这样,如果活塞冷态时裙部为圆形,那么工作时活塞就会变成一个椭圆,使活塞与汽缸之间圆周间隙不相等,造成活塞在汽缸内卡住,发动机就无法正常工作。因此,在加工时预先把活塞裙部做成椭圆形状。椭圆的长轴方向与销座垂直,短轴方向沿销座方向。这样活塞工作时就趋近正圆。

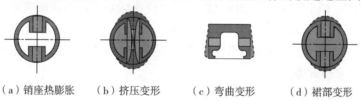

(a)销座热膨胀　(b)挤压变形　(c)弯曲变形　(d)裙部变形

图 2.26 活塞裙部变形图

②预先做成阶梯形、锥形,如图 2.27 所示。活塞沿高度方向的温度很不均匀,活塞的温度是上部高、下部低,膨胀量也相应是上部大、下部小。为了使工作时活塞上下直径趋于相等,即为圆柱形,就必须预先把活塞制成上小下大的阶梯形、锥形。

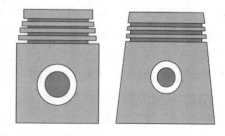

③活塞裙部开槽,如图 2.28 所示。为了减小活塞裙部的受热量,通常在裙部开横向的隔热槽,为了补偿裙部受热后的变形量,裙部开有纵向的膨胀槽。槽的形

图 2.27 活塞裙部结构图

状有 T 形或 Π 形槽。横槽一般开在最下一道环槽的下面、裙部上边缘销座的两侧(也有开在油环槽之中的),以减小头部热量向裙部传递,故称为隔热槽。竖槽会使裙部具有一定的弹性,从而使活塞装配时与汽缸间具有尽可能小的间隙,而在热态时又具有补偿作用,不致造成

活塞在汽缸中卡死,故将竖槽称为膨胀槽。裙部开竖槽后,会使其开槽的一侧刚度变小,在装配时应使其位于做功行程中承受侧压力较小的一侧。柴油机活塞受力大,裙部一般不开槽。

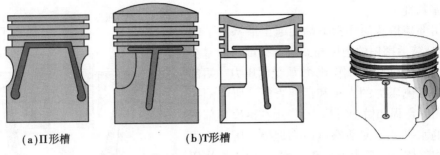

(a)Ⅱ形槽   (b)T形槽

图 2.28　活塞裙部开槽

图 2.29　拖板活塞

④有些活塞为了减小质量,在裙部开孔或将裙部不受侧压力的两边切去一部分,以减小惯性力,减小销座附近的热变形量,形成拖板式活塞或短活塞,如图 2.29 所示。拖板式结构裙部弹性好,质量小,活塞与汽缸的配合间隙较小,适用于高速发动机。

⑤有的汽油机上,活塞销孔中心线是偏离活塞中心线平面的,向做功行程中受主侧压力的一方偏移了 1～2 mm。这种结构可使活塞在压缩行程到做功行程中,较为柔和地从压向汽缸的一面过渡到压向汽缸的另一面,以减小敲缸的声音。在安装时,这种活塞销偏置的方向不能装反,否则换向敲击力会增大,使裙部受损。

(6)活塞的检修

1)清除活塞环槽内的积碳

如果积碳将活塞环嵌在活塞环槽内不能转动,不能用刮刀、一字旋具等工具硬撬,可将活塞总成浸泡在煤油中,待其软化后再进行清除和拆卸。

需要注意的是,不可在拆下发动机汽缸盖时顺便将活塞顶部的积碳清除,否则将会对发动机造成极坏的后果。因为清除的积碳会落入活塞顶部与汽缸的间隙之间,堆积在第一道活塞环上,形成磨料,一部分会进入环槽,卡住活塞环,这样,轻则加速汽缸与活塞环及环槽的磨损,重则造成拉缸、活塞顶缸等故障。

2)检查活塞的磨损

活塞的损伤主要是磨损,包括活塞环槽的磨损、活塞裙部的磨损和活塞销座孔的磨损。

①活塞环槽的磨损:活塞上最大的磨损部位,其中第一道环槽的磨损最严重。其主要原因是混合气体的压力作用使活塞环对环槽产生很高的单向压力,同时由于活塞作高速往复运动,使活塞环对环槽的冲击很大;由于混合气的高温作用,使活塞头部工作温度偏高,而且越靠近活塞顶部其温度和气体压力越高。所以第一道环槽的磨损最为严重,以下各环槽的磨损逐渐减轻。环槽磨损主要是下平面,而上平面磨损较少,使环槽磨损成内小外大的梯形,如图 2.30 所示,第一道活塞环为梯形环。

环槽磨损严重,会导致汽缸漏气和机油蹿入汽缸,因此,环槽磨损超过极限,应更换活塞。通常活塞环槽的磨损极限为气环环槽应不大于 0.20 mm,油环环槽应不大于 0.15 mm。

活塞环槽的磨损检查:将一新活塞环放入环槽,如图 2.31 所示。用塞尺测量环的侧隙,若侧隙过大,说明环槽磨损,应更换或选用新活塞。

②活塞裙部的磨损:通常在承受侧向力的一侧发生磨损和擦伤,当活塞裙部与缸壁间隙过

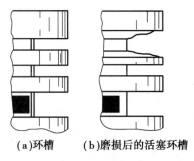

(a)环槽　　(b)磨损后的活塞环槽

图2.30　活塞环槽的磨损

图2.31　活塞环槽磨损的检测

大时,发动机工作易出现敲缸,并出现严重的蹿油现象,此时应检查其圆柱度与圆度误差。

　　用千分尺在距活塞裙部下边缘约10 mm处与活塞销垂直方向测量活塞裙部直径,如图2.32所示。测得的数值与标准尺寸的最大偏差量不得超过0.4 mm。超过规定值时,在发动机大修时应更换全部活塞。

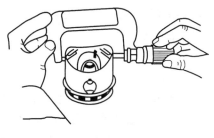

图2.32　测量活塞裙部尺寸

　　③活塞销座孔的磨损。活塞在工作中,由于气体压力和惯性力的作用,使活塞销座孔形成椭圆形磨损,其最大磨损部位是座孔的上下方向,使活塞与销的配合松旷,出现不正常的响声。

　　3)活塞的选配

　　①活塞的选配应按汽缸的修理尺寸来确定。通常加大尺寸数值标注在活塞顶上。

　　②在同一系列的发动机中,其活塞的结构不一定相同,因此在选购活塞时,必须根据发动机的类型选用对应类型的活塞。在同一台发动机上,应选用同一厂牌、同一组或同一产品代号的活塞;同一机型必须使用同一产品代号的活塞,保证活塞直径差和质量差不超过原厂规定的范围。否则,会引起发动机燃烧不良,经济性和动力性下降等故障。

　　因此,在选配活塞时,必须根据发动机的类型选用对应型号的活塞。

情境2　活塞环

　　活塞环是具有弹性的开口环,有气环和油环之分,如图2.33所示。

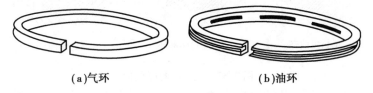

(a)气环　　　　　　　　　(b)油环

图2.33　活塞环

(1)活塞环的功用

　　气环是保证汽缸与活塞间的密封性,防止漏气,并且要把活塞顶部吸收的大部分热量传给汽缸壁,由冷却水带走。其中密封作用是主要的,因为密封是传热的前提。如果密封性不好,高温燃气将直接从汽缸表面流入曲轴箱。这样不但由于环面和汽缸壁面贴合不严而不能很好地散热,而且由于外圆表面吸收附加热量而导致活塞和气环烧坏;油环起布油和刮油的作用,下行时刮除汽缸壁上多余的机油,上行时在汽缸壁上铺涂一层均匀的油膜。这样既可以防止机油蹿入汽缸燃烧掉,又可以减少活塞、活塞环与汽缸壁的摩擦阻力,此外,油环还能起到封气的辅助作用。

(2)活塞环的工作条件

活塞环在高温、高压、高速和润滑极其困难的条件下工作,尤其是第一道环最为困难,长期以来,活塞环一直是发动机上使用寿命最短的零件。活塞环工作时受到汽缸中高温、高压燃气的作用,温度很高(特别是第一道环温度可高达 600 K),活塞环在汽缸内随活塞一起作高速运动,加上高温下机油可能变质,使环的润滑条件变坏,难以保证良好的润滑,因而磨损严重。另外,由于汽缸壁的锥度和椭圆度,活塞环随活塞往复运动时,沿径向会产生一张一缩运动,使环受到交变应力而容易折断。因此,要求活塞环弹性好、强度高、耐磨损。目前广泛采用的活塞环材料是合金铸铁(在优质灰铸铁中加入少量铜、铬、钼等合金元素),第一道环镀铬,其余环一般镀锡或磷化。

(3)活塞环的结构

1)气环

气环开有切口,具有弹性,在自由状态下外径大于汽缸直径,它与活塞一起装入汽缸后,外表面紧贴在汽缸壁上,形成第一密封面,被封闭的气体不能通过环周与汽缸之间,便进入了环与环槽的空隙,一方面把环压到环槽端面形成第二密封面,同时,作用在环背的气体压力又大大加强了第一密封面的密封作用,如图2.34所示。气环密封效果一般与气环数量有关,汽油机一般采用2道气环,柴油机一般多采用3道气环。

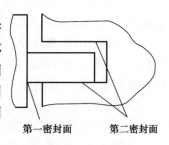

第一密封面　　　第二密封面

图 2.34　气环密封作用

气环的断面形状很多,最常见的有矩形环、锥面环、扭曲环、梯形环和桶面环,如图2.35所示。

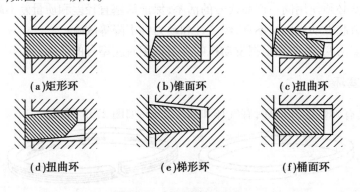

(a)矩形环　　　(b)锥面环　　　(c)扭曲环

(d)扭曲环　　　(e)梯形环　　　(f)桶面环

图 2.35　气环的断面形状

①矩形环。断面为矩形,其结构简单,制造方便,易于生产,应用较广。但是矩形环随活塞往复运动时,会把汽缸壁面上的机油不断送入汽缸中。这种现象称为"气环的泵油作用",如图2.36所示。

活塞下行时,由于环与汽缸壁的摩擦阻力及环的惯性,环被压靠在环槽的上端面上,汽缸壁面上的油被刮入下边隙和内边隙;活塞上行时,环又被压靠在环槽的下端面。结果第一道环背隙里的机油就进入燃烧室,蹿入燃烧室的机油,会在燃烧室内形成积碳,造成机油的消耗量增加,另外上蹿的机油也可能在环槽内形成积碳,使环在环槽内卡死而失去密封作用,划伤汽缸壁,甚至使环折断,可见泵油作用是很有害的,必须设法消除。为了消除或减少有害的泵油作用,除了在气环的下面装有油环外,广泛采用了非矩形断面的扭曲环。

②锥面环。其断面呈锥形,在外圆工作面上加工一个很小的锥面(0.5°~1.5°),减小了环与汽缸壁的接触面,提高了表面接触压力,有利于磨合和密封。活塞下行时,便于刮油;活塞上行时,由于锥面的"油楔"作用,能在油膜上"飘浮"过去,减小磨损,安装时,不能装反,否则会引起机油上蹿。

③扭曲环。在矩形环的内圆上边缘或外圆下边缘切去一部分,使断面呈不对称形状,在环的内圆部分切槽或倒角的称内切环,在环的外圆部分切槽或倒角的称

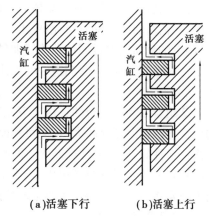

(a)活塞下行　　(b)活塞上行

图 2.36　矩形断面气环的泵油作用

外切环。装入汽缸后,由于断面不对称,产生不平衡力的作用,使活塞环发生扭曲变形。活塞上行时,扭曲环在残余油膜上浮,可以减小摩擦和磨损。活塞下行时,则有刮油效果,避免机油烧掉。同时,由于扭曲环在环槽中上、下跳动的行程缩短,可以减少"泵油"的副作用。目前被广泛应用于第 2 道活塞环槽上,安装时必须注意断面形状和方向,内切口朝上,外切口朝下,不能装反。

④梯形环。断面呈梯形,工作时,梯形环在压缩行程和做功行程随着活塞受侧压力的方向不同而不断地改变位置,这样会把沉积在环槽中的积碳挤出去,避免了环被粘在环槽中而折断,也可延长环的使用寿命。其主要缺点是加工困难,精度要求高。

⑤桶面环。其外圆为凸圆弧形,是近年来兴起的一种新型结构。当桶面环上下运动时,均能与汽缸壁形成楔形空间,使机油容易进入摩擦面,减小磨损。桶面环与汽缸呈圆弧接触,对汽缸表面的适应性和对活塞偏摆的适应性都较好,有利于密封,但凸圆弧表面加工较困难。

2)油环

油环有普通油环和组合油环两种,如图 2.37 所示。

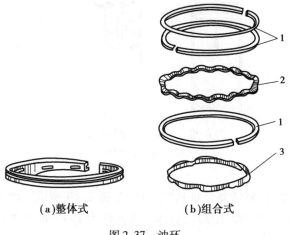

(a)整体式　　　　(b)组合式

图 2.37　油环

1—刮油片;2—轴向衬环;3—径向衬环

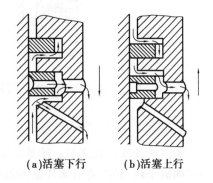

(a)活塞下行　　(b)活塞上行

图 2.38　油环的刮油作用

①普通油环。其又称为整体式油环。环的外圆柱面中间加工有凹槽,槽中钻有小孔或开切槽,当活塞向下运动时,将缸壁上多余的机油刮下,通过小孔或切槽流回曲轴箱;当活塞上行时,刮下的机油仍通过回油孔流回曲轴箱。有些普通环还在其外侧上边制有倒角,使环在随活塞上行时形成油楔,可起润滑油的作用,下行刮油能力强,减少了润滑油的上蹿,如图2.38(a)所示。

②组合油环。组合油环由上下刮油片与中间的衬簧组成。刮油片用镀铬钢片制成,衬簧的周边比汽缸内圆周略大一些,可将刮油片紧紧压向汽缸壁。这种油环的接触压力高,对汽缸壁面适应性好,而且回油通路大,质量小,刮油效果明显。如图2.38(b)所示的组合环由3个刮油钢片和两个弹性衬环组成,具有上述组合环的优点。近年来,汽车发动机上越来越多地采用了组合式油环。其缺点主要是制造成本高。

(4)活塞环的检修

1)活塞环的间隙测量

活塞环的间隙有端隙、侧隙和背隙,如图2.39所示。

活塞环端隙又称为开口间隙,是指活塞环随活塞装入汽缸后,环在上止点时环的两端头的间隙或活塞环在标准环规内两端头的间隙,此间隙是为了防止活塞环受热膨胀卡死在汽缸内而设置的。

活塞环侧隙是指环的厚度与活塞上相应环槽宽度的差值。

活塞环背隙是指活塞与活塞环装入汽缸后,活塞环内圆柱面与活塞环槽间的间隙。

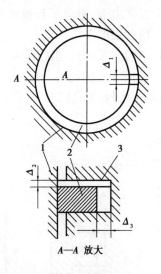
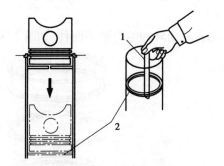

图2.39 活塞环三隙
1—汽缸;2—活塞环;3—活塞;
Δ_1—端隙;Δ_2—侧隙;Δ_3—背隙

图2.40 活塞环端隙的测量
1—塞尺;2—活塞环

①活塞环端隙的测量。测量活塞环端隙时,将活塞环推进汽缸内,如图2.40所示。如果为发动机小修,必须将活塞环推到超过活塞环行程处,距离汽缸体上表面约为100 mm处进行测量。表2.2为AJR发动机的活塞环开口间隙。

表 2.2　活塞环开口间隙和侧隙标准值

间　　隙	活塞环名称	新活塞环开口间隙和侧隙/mm	磨损极限值/mm
活塞环开口间隙	第一道气环	0.20~0.40	0.80
	第二道气环	0.20~0.40	0.80
	油环	0.25~0.45	0.80
活塞环侧隙	第一道气环	0.06~0.09	0.20
	第二道气环	0.06~0.09	0.20
	油环	0.03~0.06	0.15

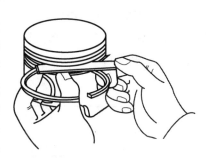

活塞环的开口间隙,对汽缸密封性有直接影响。过大会使汽缸密封性能变差,过小会使活塞环在工作中受热膨胀卡在汽缸内,引起活塞环被折断甚至造成"拉缸"。环开口间隙小,可用细平锉锉削开口。一次不要锉去太多,应边锉边放入汽缸内检查,直到开口间隙合适为止。活塞环的开口间隙可按经验公式计算,如铸铁活塞环的开口间隙为 $\Delta_1 = 0.003D$;铝质活塞环的开口间隙为 $\Delta_1 = 0.0025D$,D 为汽缸直径。

图 2.41　活塞环侧隙的测量

②活塞环侧隙的测量。它可用塞尺进行测量,如图 2.41 所示。表 2.2 为 AJR 发动机的活塞环间隙和侧隙的标准值,如果实际测量中超过该值,则需要更换活塞环或进一步进行汽缸修理。

活塞环装入环槽后,应与槽有一定的侧隙,使环能在环槽内运动。若侧隙过小会使环不能在槽内活动,产生积碳后易被粘住,使环的密封性变差;若侧隙过大,发动机工作时活塞环在环槽内上下蹿动,使环槽和环磨损加快。侧隙的大小可用厚薄规测量。侧隙过小时,可在玻璃上铺上细砂布进行研磨,侧隙过大则不能使用。

③活塞环的弹力检查。活塞环在径向上需要一定的弹力。一般要求该弹力为 11.8~15.7 N,这样才能保证活塞环与汽缸壁严密接合,以使其有良好的密封性能,环的弹力大小可用弹力测量仪测定。若没有测量仪这种专用测量工具,可用新环与旧环进行比照来判断活塞环弹力下降的情况。对弹力显著下降的活塞环应予报废,需更换相应规格的新活塞环。

④活塞环的漏光检查。活塞环的开口间隙、侧间隙合格后,应进行漏光检查,检验活塞环与缸壁的贴合情况,具体方法:将活塞环水平放入汽缸内,用略小于汽缸直径的硬纸板放在环上,并在汽缸下用灯泡照射,观察环与汽缸壁间的漏光缝隙的范围。活塞环漏光缝隙的宽度不得超过 0.3 mm;外圆漏光弧度所对的圆心角不应大于 45°,同一道环上漏光圆心角的总和不应超过 60°,活塞环开口处左右 30° 内不允许漏光。

情境 3　活塞销

(1)活塞销的功用
活塞销的功用是连接活塞和连杆小头,并把活塞承受的气体压力传给连杆。

（2）活塞销的工作条件

活塞销在高温下周期地承受很大的冲击载荷，其本身又作摆转运动，而且处于润滑条件极差的情况下工作，因此，要求活塞销具有足够的强度和刚度，表面韧性好，耐磨性好，质量小。所以活塞销一般都做成空心圆柱体，采用低碳钢和低碳合金钢制成，外表面经渗碳淬火处理以提高硬度，精加工后进行磨光，具有较高的尺寸精度和表面光洁度。

（3）活塞销的结构

活塞销的内孔有圆柱形、两段截锥与一段圆柱组合、两段截锥形3种形状，如图2.42所示。

圆柱形孔结构简单，加工容易，但从受力角度分析，中间部分应力最大，两端较小，所以这种结构质量较大，往复惯性力大；为了减小质量，减小往复惯性力，将活塞销做成两段截锥形孔，接近等强度梁，但孔的加工较复杂；组合形孔的结构介于二者之间。

（4）活塞销的连接方式

活塞销与活塞销座孔及连杆小头衬套孔的连接配合有两种方式，即"全浮式"安装和"半浮式"安装，如图2.43所示。

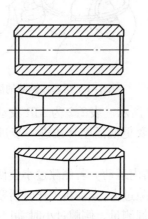

图2.42　活塞销的内孔形状

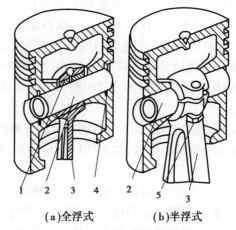

（a）全浮式　　（b）半浮式

图2.43　活塞销的连接方式
1—连杆衬套;2—活塞销;3—连杆;
4—活塞销卡环;5—紧固螺栓

①"全浮式"安装。当发动机工作时，活塞销、连杆小头和活塞销座都有相对运动，这样，活塞销能在连杆衬套和活塞销座中自由摆动，使磨损均匀。为了防止全浮式活塞销轴向蹿动刮伤汽缸壁，在活塞销两端装有挡圈，进行轴向定位。由于活塞是铝活塞，而活塞销采用钢材料，铝比钢热膨胀量大。为了保证高温工作时活塞销与活塞销座孔为过渡配合。装配时，先把铝活塞加热到一定程度，然后再把活塞销装入，这种安装方式应用较广。

②"半浮式"安装。其特点是活塞中部与连杆小头采用紧固螺栓连接，活塞销只能在两端销座内作自由摆动，与连杆小头没有相对运动。活塞销不会作轴向蹿动，不需要锁片，小轿车上应用较多。

（5）活塞销的选配

生产厂家生产的活塞销座孔和活塞销均以标准修理尺寸按直径分组，并以不同颜色区分，使用时，应选用相同颜色的活塞与活塞销进行装配。

情境 4　连杆组

(1) 连杆的功用

连杆的功用是连接活塞与曲轴。连杆小头通过活塞销与活塞相连,连杆大头与曲轴的连杆轴颈相连。并把活塞承受的气体压力传给曲轴,使得活塞的往复运动转变成曲轴的旋转运动。

(2) 连杆应具备的性能及材料

连杆工作时,承受活塞顶部气体压力和惯性力的作用,而这些力的大小和方向都是周期性变化的。因此,连杆受到的是压缩、拉伸和弯曲等交变载荷。这就要求连杆强度高,刚度大,质量小。连杆一般都采用中碳钢或合金钢经模锻或辊锻,然后经机加工和热处理而成。

(3) 连杆的结构

连杆分为 3 个部分,即连杆小头、连杆杆身和连杆大头(包括连杆盖),如图 2.44 所示。

1) 连杆小头

连杆小头与活塞销相连。全浮式活塞销,由于在工作时小头孔与活塞销之间有相对运动,所以常常在连杆小头孔中压入减摩的青铜衬套。为了润滑活塞销与衬套,在小头和衬套上铣有油槽或钻有油孔收集发动机运转时飞溅上来的润滑油并用以润滑。有的发动机连杆小头采用压力润滑,在连杆杆身内钻有纵向的压力油通道。采用半浮式活塞销是与连杆小头紧密配合的,所以小头孔内不需要衬套,也不需要润滑。

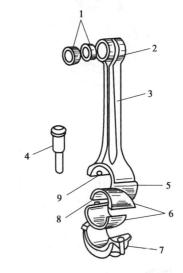

图 2.44　连杆的结构
1—连杆衬套;2—连杆小头;3—连杆杆身;
4—连杆螺栓;5—连杆大头;
6—连杆轴瓦;7—连杆盖;
8—轴瓦上的凸键;9—凹槽

2) 连杆杆身

连杆杆身通常做成"I"字形断面,抗弯强度好,质量小,大圆弧过渡,且上小下大,采用压力润滑的连杆,杆身中部都制有连通大、小头的油道。

3) 连杆大头

连杆大头与曲轴的连杆轴颈相连,大头有整体式和分开式两种。一般都采用分开式。分开式又分为平切口和斜切口两种,如图 2.45 所示。

①平切口。切分面与连杆杆身轴线垂直,汽油机多采用这种连杆。因为,一般汽油机连杆大头的横向尺寸都小于汽缸直径,可以方便地通过汽缸进行拆装,故常采用平切口连杆。

②斜切口。切分面与连杆杆身轴线成 30°~60° 夹角。柴油机多采用这种连杆。因为,柴油机压缩比大,受力较大,曲轴的连杆轴颈较粗,相应的连杆大头尺寸往往超过了汽缸的直径,为了使连杆大头能通过汽缸,便于拆装,一般都采用斜切口,最常见的是 45° 夹角。

把连杆大头分开可取下的部分称为连杆盖,连杆与连杆盖配对加工,加工后,在它们同一侧打上配对记号,安装时不得互相调换或变更方向。为此,在结构上采取定位措施。平切口连杆盖与连杆的定位多采用连杆螺栓定位,利用连杆螺栓中部精加工的圆柱凸台或光圆柱部分与经过精加工的螺栓孔来保证的。斜切口连杆常用的定位方法有锯齿定位、圆销定位、套筒定位和止口定位。

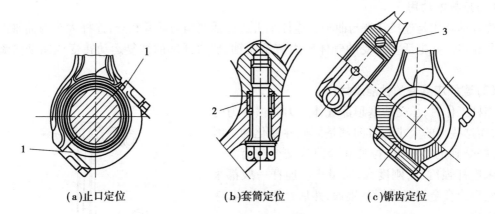

（a）止口定位　　　　　（b）套筒定位　　　　　（c）锯齿定位

图2.45　连杆大头切口形式
1—止切口；2—套筒；3—圆销

③连杆盖。连杆盖和连杆大头用连杆螺栓连在一起,连杆螺栓在工作中承受很大的冲击力,若折断或松脱,将造成严重事故。为此,连杆螺栓都采用优质合金钢,并采用精加工和热处理特制而成。安装连杆盖拧紧连杆螺栓螺母时,要用扭力扳手分2～3次交替均匀地拧紧到规定的扭矩,拧紧后还应可靠地锁紧。连杆螺栓损坏后绝不能用其他螺栓来代替。

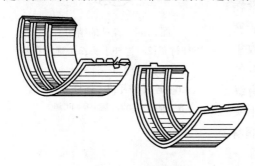

图2.46　连杆轴瓦

④连杆轴瓦。为了减小摩擦阻力和曲轴连杆轴颈的磨损,连杆大头孔内装有瓦片式滑动轴承,简称连杆轴瓦。轴瓦分上、下两个半片,如图2.46所示。目前多采用薄壁钢背轴瓦,在其内表面浇铸有耐磨合金层。耐磨合金层具有质软,容易保持油膜,磨合性好,摩擦阻力小,不易磨损等特点。耐磨合金常采用的有巴氏合金、铜铝合金、高锡铝合金。连杆轴瓦的背面有很高的光洁度。半个轴瓦在自由状态下不是半圆形,当它们装入连杆大头孔内时,又有过盈,故能均匀地紧贴在大头孔壁上,具有很好的承受载荷和导热能力,从而提高工作可靠性和延长使用寿命。

连杆轴瓦上制有定位凸键,供安装时嵌入连杆大头和连杆盖的定位槽中,以防轴瓦前后移动或转动,有的轴瓦上还制有油孔,安装时应与连杆上相应的油孔对齐。

V形发动机左右两侧对应两个汽缸的连杆是装在曲轴的一个连杆轴颈上的,称为叉形连杆,如图2.47所示。

（4）连杆的检修

1）连杆外观的检修

①连杆体、轴承盖等不得有裂纹和损伤。

②轴承盖与轴承座接触紧密,接合面无损伤,定位槽完整无损。

③用塞尺检查连杆大头两端面与曲柄臂间隙应符合规定,否则应更换。

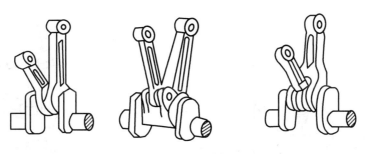

图2.47　叉形连杆

④检查连杆螺栓及螺母。如螺纹有两牙以上损伤,螺纹有裂纹或者明显的缺陷、螺栓拉长变形,或螺栓、螺母相互配合间隙过大、有明显松旷,应更换。

2)连杆变形的检验

①连杆弯曲和扭曲变形的检查。连杆弯曲、扭曲变形应在连杆衬套修复后,用连杆检验器进行检验,如图2.48所示。

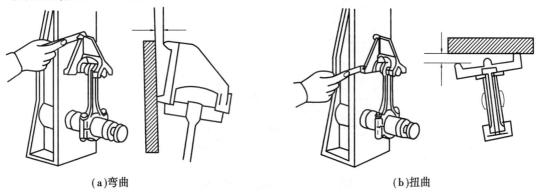

（a)弯曲　　　　　　　　　　　　　　　　（b)扭曲

图2.48　连杆弯曲、扭曲变形的检验

A.将连杆大头的轴承盖装好(不装轴承),按规定扭力扭紧螺母,并将活塞销装入已选配好的连杆衬套内。

B.将连杆大头装在检验器横轴上(此时连杆大头内孔的圆度、圆柱度应符合要求),拧动调整螺钉,使定心块向外扩张,把连杆固定在检验器上。

C.将小角铁下移,使底平面与活塞销接触,扭紧固定螺钉,观察小角铁与活塞销接触情况,即可检查出连杆弯曲的方向和程度,如图2.48(a)所示,要求连杆大小头中心线的平行度,每100 mm长度内公差值为0.05 mm。

D.在检查弯曲的基础上,观察接触情况,即可查出连杆扭曲的方向和程度,如图2.48(b)所示,要求连杆大小头中心线的平行度每100 nm长度内公差值为0.05 mm。

②连杆弯曲、扭曲变形的校正。若连杆弯曲或扭曲变形超过规定,可用连杆校正器进行冷压校正。对弯曲的连杆,可用压床或校正器上的校弯工具压直,如图2.49所示。对扭曲的连杆可夹在台钳上,用校正器上的校扭工具校正,如图2.50所示。没有校正工具时,用长柄扳钳、管子钳也可校正。连杆的校正通常在常温、冷压下进行,卸除负荷后,连杆有恢复原状的趋势。因此,在校正弯扭变形较大的连杆后,最好进行时效处理。此时可将校正后的连杆加热300 ℃左右,并保温一定时间。校正弯扭变形小的连杆时,只需在校正负荷下保持一定时间即可。当连杆弯扭并存时,一般先校正扭曲,后校正弯曲。

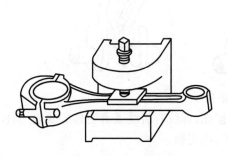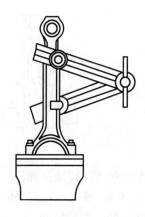

图2.49　连杆弯曲的校正　　　　　　图2.50　连杆扭曲的校正

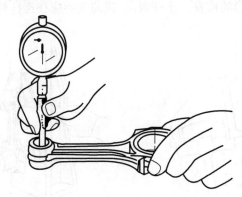

图2.51　连杆小头孔径的检查

3）连杆小头孔径的检查

用内径千分表检查连杆小头孔径，如图2.51所示。测出的连杆小头孔径与活塞销直径计算出它们之间的间隙，若计算间隙超过规定的极限值，或者连杆小端孔有严重的磨损或损伤，均应更换连杆。

4）连杆大头的检修

①连杆大头孔轴承的外观检查。连杆大头孔轴承的外观检查主要是检查轴承是否有熔损、凹坑、烧损或剥落的痕迹，如轴承有损伤，必须予以更换。

②连杆轴承径向和轴向间隙。将连杆轴瓦被测面的机油清洗干净，防止塑料间隙规溶于机油中。

把一小段塑料间隙规横置于连杆盖中轴瓦的全宽上，拧紧连杆螺母至61 N·m（CA488型）或20 N·m（EA113型和EA825型）。不要进一步拧紧，也不要转动曲轴。

卸下连杆盖，用量尺与压扁的塑料间隙规的宽度比较，如图2.52所示。量尺条纹上的数值应为连杆径向间隙值。

③连杆大头轴向间隙，可用塞尺检测，如图2.53所示。

（5）连杆的选配

①连杆应尽量成组更换；需要单只更换时，必须保证连杆质量差不大于3 g。

②连杆、连杆螺栓及螺母的结构要与发动机的型号相适应。

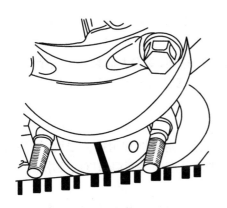

图 2.52　连杆轴承径向间隙测量

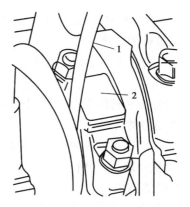

图 2.53　连杆轴承轴向间隙测量
1—塞尺;2—连杆盖

学习任务7　曲轴飞轮组的结构与维修

曲轴飞轮组主要由曲轴、飞轮和一些附件组成,如图 2.54 所示。

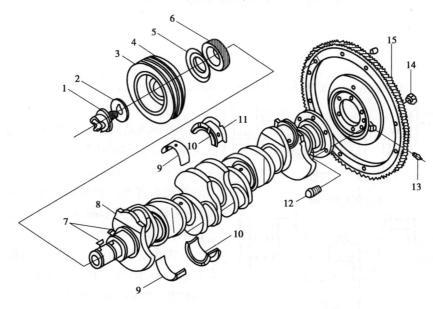

图 2.54　曲轴飞轮组
1—启动爪;2—启动爪锁紧垫圈;3—扭转减震器;4—带轮;5—挡油片;
6—正时齿轮;7—半键;8—曲轴;9,10—曲轴轴瓦;11—止推片;
12—飞轮螺栓;13—润滑脂嘴;14—螺母;15—飞轮

情境1　曲轴

(1)曲轴的功用

曲轴是发动机最重要的机件之一。它与连杆配合将作用在活塞上的气体压力变为旋转的动力,传给底盘的传动机构。同时,驱动配气机构和其他辅助装置,如风扇、水泵、发电机等。

(2)应具备的性能

工作时,曲轴承受气体压力,惯性力及惯性力矩的作用,受力大而且受力复杂,并且承受交变负荷的冲击作用。同时,曲轴又是高速旋转件,因此,要求曲轴具有足够的刚度和强度,具有良好的承受冲击载荷的能力,耐磨损且润滑良好。

(3)曲轴的材料

曲轴一般用中碳钢或中碳合金钢模锻而成。为提高耐磨性和耐疲劳强度,轴颈表面经高频淬火或氮化处理,并经精磨加工,以达到较高的表面硬度和表面粗糙度的要求。

(4)曲轴的结构

曲轴一般由主轴颈、连杆轴颈、曲柄、平衡块、前端和后端等组成,如图2.55所示。一个主轴颈、一个连杆轴颈和一个曲柄组成了一个曲拐,曲轴的曲拐数目等于汽缸数(直列式发动机);V形发动机曲轴的曲拐数等于汽缸数的一半。

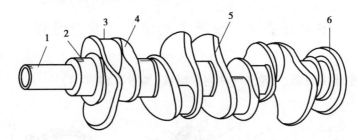

图2.55 曲轴
1—前端;2—主轴颈;3—连杆轴颈;4—曲柄;5—平衡重;6—后端凸缘

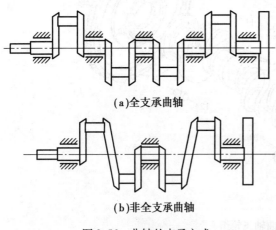

(a)全支承曲轴

(b)非全支承曲轴

图2.56 曲轴的支承方式

1)主轴颈

主轴颈是曲轴的支承部分,通过主轴承支承在曲轴箱的主轴承座中。主轴承的数目不仅与发动机汽缸数目有关,还取决于曲轴的支承方式。曲轴的支承方式一般有两种:一种是全支承曲轴,另一种是非全支承曲轴,如图2.56所示。

①全支承曲轴。其主轴颈数比汽缸数目多一个,即每一个连杆轴颈两边都有一个主轴颈,如六缸发动机全支承曲轴有7个主轴颈。四缸发动机全支承曲轴有5个主轴颈,这种支承,曲轴的强度和刚度都比较好,

并且减轻了主轴承载荷,减小了磨损。柴油机和大部分汽油机多采用这种形式。

②非全支承曲轴。非全支承曲轴的主轴颈数比汽缸数目少或与汽缸数目相等。这种支承方式称为非全支承曲轴,虽然这种支承的主轴承载荷较大,但缩短了曲轴的总长度,使发动机的总体长度有所减小。有些汽油机,承受载荷较小可以采用这种曲轴形式。

2)连杆轴颈

曲轴的连杆轴颈是曲轴与连杆的连接部分,通过曲柄与主轴颈相连,在连接处用圆弧过

渡,以减少应力集中。直列发动机的连杆轴颈数目和汽缸数相等。V 形发动机的连杆轴颈数等于汽缸数的一半。

3)曲柄

曲柄是主轴颈和连杆轴颈的连接部分,断面为椭圆形,为了平衡惯性力,曲柄处铸有(或紧固有)平衡重块。平衡重块用来平衡发动机不平衡的离心力矩,有时还用来平衡一部分往复惯性力,从而使曲轴旋转平稳。

4)曲轴前端

曲轴前端装有正时齿轮,驱动风扇和水泵的皮带轮以及启动爪等。为了防止机油沿曲轴轴颈外漏,在曲轴前端装有一个甩油盘,在齿轮室盖上装有油封。

5)曲轴后端

曲轴后端用来安装飞轮,在后轴颈与飞轮凸缘之间制成挡油凸缘与回油螺纹,以阻止机油向后蹿漏。

(5)多缸发动机曲拐的布置

曲轴的形状和曲拐相对位置(即曲拐的布置)取决于汽缸数、汽缸排列和发动机的发火顺序。安排多缸发动机的发火顺序,应注意使连续做功的两缸相距尽可能远,以减轻主轴承的载荷,同时避免可能发生的进气重叠现象。做功间隔应力求均匀,也就是说发动机在完成一个工作循环的曲轴转角内,每个汽缸都应发火做功一次,而且各缸发火的时间间隔以曲轴转角表示,称为发火间隔角。四冲程发动机完成一个工作循环曲轴转两圈,其转角为 720°,在曲轴转角 720°内发动机的每个汽缸应点火做功一次。且点火间隔角是均匀的,因此,四冲程发动机的点火间隔角为 720°/i(i 为汽缸数目),即曲轴每转 720°/i,就应有一缸做功,以保证发动机运转平稳。

1)四缸四冲程发动机的发火顺序和曲拐布置

四缸四冲程发动机的发火间隔角为 720°/4 = 180°,曲轴每转半周(180°)做功一次,四个缸的做功行程是交替进行的,并在 720°内完成,因此,可使曲轴获得均匀的转速,工作平稳柔和,曲拐的布置如图 2.57 所示。

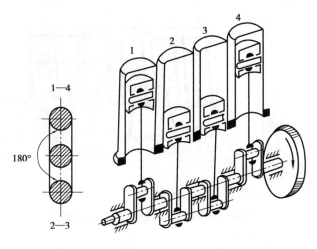

图 2.57　四缸四冲程发动机的曲拐布置

对每一个汽缸来说,其工作过程和单缸机的工作过程完全相同,只不过是要求它按照一定的顺序工作,即为发动机的工作顺序,也称发动机的发火顺序。可见,多缸发动机的工作顺序(发火顺序)就是各缸完成同名行程的次序。四缸发动机4个曲拐布置在同一平面内。1、4汽缸在上止点,2、3汽缸在下止点,互相错开180°,其发火顺序的排列只有两种可能,即为1—3—4—2或为1—2—4—3,两种工作顺序的发动机工作循环表分别见表2.3和表2.4。

表2.3 发火顺序为1—3—4—2工作循环表

曲轴转角/(°)	第一缸	第二缸	第三缸	第四缸
0~180	做功	排气	压缩	进气
180~360	排气	进气	做功	压缩
360~540	进气	压缩	排气	做功
540~720	压缩	做功	进气	排气

表2.4 发火顺序为1—2—4—3工作循环表

曲轴转角/(°)	第一缸	第二缸	第三缸	第四缸
0~180	做功	压缩	排气	进气
180~360	排气	做功	进气	压缩
360~540	进气	排气	压缩	做功
540~720	压缩	进气	做功	排气

2)四冲程直列六缸发动机的发火顺序和曲拐布置

四冲程直列六缸发动机的发火间隔角为720°/6 = 120°,6个曲拐分别布置在3个平面内,如图2.58所示。一种发火顺序是1—5—3—6—2—4,国产汽车的六缸直列发动机都用这种,其工作循环表见表2.5。另一种发火顺序是1—4—2—6—3—5。

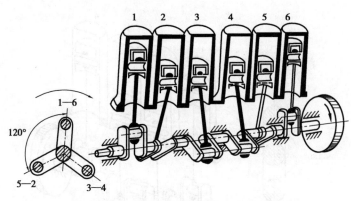

图2.58 四冲程直列六缸发动机的曲拐布置

表 2.5　发火顺序为 1—5—3—6—2—4 发动机工作循环表

曲轴转角/(°)		第一缸	第二缸	第三缸	第四缸	第五缸	第六缸
0~180	60			进气	做功	压缩	
	120	做功	排气				进气
	180			压缩	排气		
180~360	240		进气			做功	
	300	排气					压缩
	360			做功	进气		
360~540	420		压缩			排气	
	480	进气					做功
	540			排气	压缩		
540~720	600		做功			进气	
	660	压缩					排气
	720		排气	进气	做功	压缩	

3）四冲程 V 形八缸发动机的发火顺序和曲拐布置

四冲程 V 形八缸发动机的发火间隔角为 720°/8 = 90°，V 形发动机左右两列中对应的一对连杆共用一个曲拐，所以 V 形八缸发动机只有 4 个曲拐，如图 2.59 所示。曲拐布置可以与四缸发动机相同，4 个曲拐布置在同一平面内，也可以布置在两个互相错开 90°的平面内，使发动机得到更好的平衡。发火顺序为 1—8—4—3—6—5—7—2，其工作循环表见表 2.6。

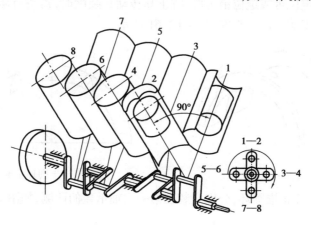

图 2.59　四冲程 V 形八缸发动机的曲拐布置

表2.6　发火顺序为1—8—4—3—6—5—7—2 V形八缸四冲程发动机循环表

曲轴转角/(°)		第一缸	第二缸	第三缸	第四缸	第五缸	第六缸	第七缸	第八缸
0~180	90	做功	做功	进气	压缩	排气	进气	排气	压缩
	180	做功	排气	压缩	压缩	进气	进气	排气	做功
180~360	270	排气	排气	压缩	做功	进气	压缩	进气	做功
	360	排气	进气	做功	做功	压缩	压缩	进气	排气
360~540	450	进气	进气	做功	排气	压缩	做功	压缩	排气
	540	进气	压缩	排气	排气	做功	做功	压缩	进气
540~720	630	压缩	压缩	排气	进气	做功	排气	做功	进气
	720	压缩	做功	进气	进气	排气	排气	做功	压缩

(6)曲轴的轴向定位

汽车行驶时,由于踩踏离合器而对曲轴施加轴向推力,使曲轴发生轴向蹿动。过大的轴向蹿动,将影响活塞连杆组的正常工作,破坏正确的配气定时和柴油机的喷油定时。为了保证曲轴轴向的正确定位,需装设止推轴承,而且只能在一处设置止推轴承,以保证曲轴受热膨胀时能自由伸长。

曲轴止推轴承有翻边轴瓦、半圆环止推片和止推轴承环3种形式。

翻边轴瓦是将轴瓦两侧翻边作为止推面,在止推面上浇铸减摩合金。轴瓦的止推面与曲轴止推面之间留有0.06~0.25 mm的间隙,从而限制了曲轴轴向蹿动量,如图2.60所示。

半圆环止推片一般为4片,上、下各两片,其结构如图2.61所示,分别安装在机体和主轴承盖上的浅槽中,用定位舌或定位销定位,防止其转动。装配时,需将有减摩合金层的止推面朝向曲轴的止推面,不能装反。其安装如图2.61所示。

图2.60　翻边轴瓦

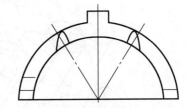

图2.61　半圆环止推片

止推轴承环为两片止推圆环,分别安装在第一主轴承盖的两侧,如图2.62所示。

(7)曲轴主轴承

1)载荷及材料要求

主轴承与连杆轴承一样,均承受交变载荷和高速摩擦,因此,轴承材料必须具有足够的抗疲劳强度,而且要摩擦小、耐磨损和耐腐蚀。

2)结构和材料

主轴承与连杆轴承均由上下两片轴瓦对合而成。每一片轴瓦都是由钢背和减摩合金层或钢背、减摩合金层和软镀层构成,在轴承和轴颈间会形成很薄的润滑油膜,能承受较大的负荷,如图 2.63 所示。

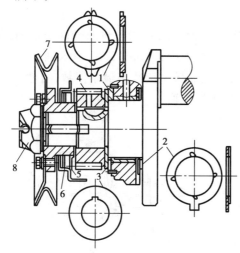

图 2.62　曲轴前端

1,2—滑动止推轴承;3—止推片;4—正时齿轮;
5—甩油盘;6—油封;7—带轮;8—启动爪

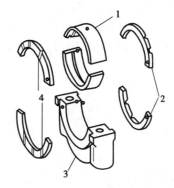

图 2.63　曲轴主轴承

1—主轴瓦;2—止推片轴承片;
3—主轴承盖;4—油槽

轴瓦一般是等壁厚的,但也有变厚度轴瓦,后者多用于强化程度较高的发动机。

轴瓦在自由状态时,两个结合面外端的距离比轴承孔的直径大,其差值称为轴瓦的扩张量。在装配时,轴瓦的圆周过盈变成径向过盈,对轴承孔产生径向压力,使轴瓦紧贴在轴承孔内;在轴瓦的结合端冲压出定位唇,在轴承孔中加工有定位槽。以便装配时有正确的定位。

通过连杆小头喷油孔喷油,使活塞的发动机冷却。在主轴承和连杆轴承的上下轴瓦上均加工有环形油槽和油孔,以便不间断地向连杆小头喷孔供油。

(8) 曲轴的检修

1)曲轴裂纹的检修

因曲轴本身刚度的不足、发动机长时间在最大扭矩工况下工作或在临界转速(即共振转速)下工作,将导致曲轴疲劳断裂。曲轴裂纹一般出现在应力集中部位,常见部位为主轴颈与曲柄接合处以及曲柄与主轴颈的接合处(危险断面处)。

曲轴裂纹可用磁力探伤器检查。检查时,先把曲轴用探伤机磁化,再用干燥的细铁屑撒在需要检查的部位,同时用小锤轻轻敲击曲轴,这时注意观察,在铁屑聚积的中间就有清晰的裂纹。

如果缺乏上述设备,也可用锤击法进行检查。要检查前,先清除黏附在曲轴表面的油污,再用煤油浸洗整个曲轴,然后将曲轴的两端支承在木架上,用小锤轻轻敲击每道曲柄。曲轴如无裂纹,常发生"铿锵"(金属连贯的尖锐声)的金属声;曲轴如有裂纹,则发生"波、波"(金属不连贯,短促的声音)的金属声,说明这附近有裂纹,用放大镜仔细检查,如发现有油渍冒出一黑线的地方,就是裂纹所在。

还有一种检查方法,是将曲轴洗净后,在曲轴表面均匀地涂上一层滑石粉,然后用小锤轻轻敲曲轴,曲柄如有裂纹,油渍就由裂纹内部渗出而使曲轴表面的滑石粉变成黄褐色。

裂纹是沿轴颈的轴线方向,未裂到两端圆角处或油孔边缘处时允许存在;轴颈上的横向裂纹,经光磨后能消除裂纹的允许继续使用,否则应予更换。

2)曲轴弯曲变形的检修

曲轴在光磨前,应先检查其弯曲情况。检查曲轴弯曲,一般是将曲轴两端主轴颈用 V 形铁块支撑在平台上或将曲轴两端顶在车床上,用百分表检查,如图 2.64 所示,把百分表触针垂直地抵在中间主轴颈上,慢慢转动曲轴,查看百分表的最大读数与最小读数,两者之差即为曲轴主轴颈的同轴度偏差。如果超过了规定值,应更换曲轴。

校正曲轴一般要在压床上进行,如图 2.65 所示。

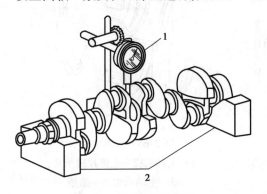

图 2.64 曲轴弯曲的检验
1—百分表;2—V 形铁

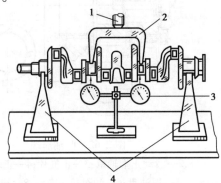

图 2.65 曲轴主轴承
1—压头;2—V 形压具;3—百分表;4—V 形架

如果没有压床,可以在汽缸体上进行校正:将汽缸体倒放,在前后两端轴承座上放好旧轴承,再放上曲轴;在弯曲的最大部位附近的主轴颈上放上旧轴承盖,用螺栓均匀地拧紧轴承盖,保持一定时间即可达到校正的目的。

3)曲轴扭曲变形的检修

曲轴扭曲校正方法与弯曲校正法类似。

曲轴扭转角在正、负 8°范围内的曲轴,结合连杆轴颈的磨削工序予以纠正。

曲轴扭转角超过正、负 8°时,用液压反杆扭转。

4)轴颈磨损的检修

曲轴经过长时间的使用以后,产生不均匀的磨损,这是自然磨损的必然结果,是正常的现象。但由于使用不当、润滑不良、轴承间隙过大或过小,都会加速磨损和磨损的不均匀度,磨损后的主要表现是轴颈的不圆和不圆柱形,使轴颈圆度和圆柱度误差变大。

轴颈表面的磨损是不均匀的,磨损后的轴颈出现圆度和圆柱度误差。主轴颈与连杆轴颈的最大磨损部位相互对应,即各主轴颈的最大磨损靠近连杆轴颈一侧,而连杆轴颈的最大磨损也靠近主轴颈一侧,如图 2.66 所示。

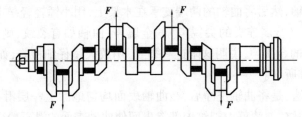

图 2.66 曲轴轴颈的磨损规律

另外,轴颈还有沿轴向的锥形磨损。轴颈的椭圆形磨损是由于作用于轴颈上的力沿圆周方向分布不均匀引起的。发动机工作时,连杆轴颈所受的综合作用力始终作用在连杆轴颈的内侧,方向沿曲柄半径向外,造成连杆轴颈内侧磨损最大,形成椭圆形。连杆轴颈产生锥形磨损的原因是由于通向连杆轴颈的油道是倾斜的,当曲轴回转时,在离心力的作用下,润滑油中的机械杂质聚集在连杆轴颈的一侧,使该侧轴颈磨损加快,导致磨损呈锥形。此外,连杆弯曲、汽缸中心线与曲轴中心线不垂直等原因都会使轴颈沿轴向受力不均而使磨损偏斜。主轴颈的磨损主要是由于受到连杆、连杆轴颈及曲柄臂离心力的影响,使靠近连杆轴颈的一侧与轴承产生的相对磨损较大。

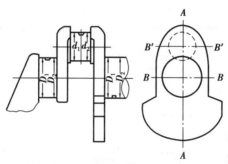

图 2.67 曲轴轴颈的测量

曲轴轴颈的磨损可用外径千分尺测量,在每个轴颈上取两个截面(d_1—d_2 和 D_1—D_2),在每个截面上取和曲轴平行及其垂直的两个方向(A—A 和 B—B),如图 2.67 所示。每轴颈两个截面,每截面两个点与一截面最大直径和最小直径之差值的一半为圆度误差;两个截面中最大直径与最小直径之差值的一半为圆柱度误差。

计算轴颈的磨损量、圆度和圆柱度误差。

曲轴磨损到一定程度后,应光磨修理,具体修理尺寸视发动机型号而定。

(9)曲轴轴承和连杆轴承的选配

曲轴轴承在使用中的损坏,主要是磨损、疲劳剥落和烧熔。尤其是连杆轴承上半片,主轴承下半片,由于气体的压力作用,磨损更为显著。当发动机大修时,必须更换轴承。更换轴承包括轴承选配和轴承加工两个步骤。

轴承的材料性能非常关键,其疲劳强度直接影响发动机的寿命。在修配时应对其半径高、壁厚进行检查。

轴承选配前,应先检查轴承孔是否符合标准。要求轴承孔的圆柱度误差应不大于 0.025 mm。当轴承孔的圆柱度超过标准时,可在轴承盖两端面堆焊加工。

选择轴承时要根据曲轴轴颈磨修后的实际尺寸级别和采用的加工方法,选用同一修理尺寸级别的轴承,如图 2.68 所示。

轴承在自由状态下并非正圆,要求轴承的曲率半径大于轴承孔的半径,这样轴承装入座孔后,可借轴承自身的弹性与轴承座及盖密合,以保证合适的过盈量。为防止轴承在座孔内产生轴向位移,要求定位凸点完整。轴承两端应高出轴承座及盖的结合平面 0.03 ~ 0.06 mm,检验时,将轴承及盖装好,适度旋紧螺栓至轴承外圆与底座密合为止,在轴承盖结合处,插入厚薄规,测量轴承盖与汽缸体座孔两端接触面的间隙,0.10 mm 厚薄规插入感觉合适,而 0.15 mm 厚薄规不能插入为合格。

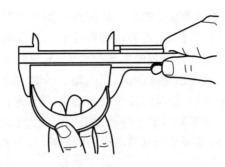

图2.68　检查曲瓦尺寸

捷达发动机主轴承、连杆轴承按壁厚分成3组,分别用红、黄、蓝3种颜色标志。红色表示壁厚为上偏差,黄色表示为中偏差,蓝色表示为壁厚下偏差。在轴承装配时,上、下轴承不能装反,并应按"红—蓝""黄—黄""蓝—红"组合进行装配。

富康轿车铸铝发动机主轴承、连杆轴承,如图2.69所示,其标准厚度尺寸为(1.817 ± 0.003) mm,修理厚度尺寸为(1.967 ± 0.003) mm。

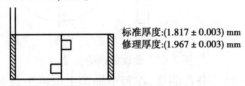

标准厚度:(1.817 ± 0.003) mm
修理厚度:(1.967 ± 0.003) mm

图2.69　富康轿车铸铝发动机轴瓦厚度

轴承与轴颈配合的径向间隙:桑塔纳发动机主轴承为 0.03 ~ 0.08 mm,连杆轴承为0.03 ~ 0.06 mm;捷达发动机主轴承为 0.03 ~ 0.08 mm,连杆轴承为 0.03 ~ 0.06 mm;富康发动机主轴承为0.035 ~ 0.055 mm,连杆轴承为 0.025 ~ 0.055 mm。如果径向间隙不符合要求,应重新选配轴承。

曲轴装到汽缸体上之后,应检查其轴向间隙。轴向间隙过大时,曲轴工作时将产生轴向蹿动,加速汽缸的磨损,影响配气相位和离合器的正常工作。

桑塔纳发动机曲轴轴向间隙,是靠第3道主轴承的止推片来保证的。检查时应将曲轴用撬棒撬至一端,再用厚薄规测量第3道曲柄与止推轴承之间的间隙。轴向间隙应为0.14 ~ 0.35 mm。

捷达发动机新轴的轴向间隙为 0.07 ~ 0.17 mm,磨损极限为 0.25 mm。

富康发动机曲轴止推垫片分为4种厚度,轴向间隙为0.007 ~ 0.027 mm,详见表2.7。

表2.7　富康发动机曲轴止推垫片厚度

尺寸级别	主轴颈长度/mm	尺寸级别/mm	止推垫片厚度/mm
标准 L	23.6 + 0.052	E	2.40
1	23.8 + 0.052	1	2.50
2	23.9 + 0.052	2	2.55
3	24.0 + 0.052	3	2.60

曲轴前端装止推垫片的发动机,曲轴轴向间隙因磨损而增大时,应在保证前止推垫片为标准厚度的情况下,加厚后止推垫片的厚度。

情境2　飞轮及曲轴扭转减震器

(1)飞轮

1)飞轮的主要功用

飞轮的主要功用是用来储存做功行程的能量,用于克服进气、压缩和排气行程的阻力和其他阻力,使曲轴能均匀地旋转。飞轮外缘压有的齿圈与启动电机的驱动齿轮啮合,供启动发动机用;汽车离合器也装在飞轮上,利用飞轮后端面作为驱动件的摩擦面,用来对外传递动力。

2)飞轮应具备的性能

飞轮是高速旋转件,因此,要进行精确的平衡校准,平衡性能要好,达到静平衡和动平衡。

3)飞轮的结构

飞轮是一个很重的铸铁圆盘,用螺栓固定在曲轴后端的接盘上,具有很大的转动惯量。飞轮轮缘上镶有齿圈,齿圈与飞轮紧密配合,有一定的过盈量。

在飞轮轮缘上做有记号(刻线或销孔)供找压缩上止点用,四缸发动机为1缸或4缸压缩上止点;六缸发动机为1缸或6缸压缩上止点,如图2.70所示。当飞轮上的记号与外壳上的记号对正时,正好是压缩上止点。

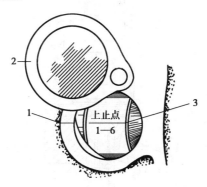

图2.70　发动机1—6缸上止点记号

1—发动机上止点标记;

2—发动机外壳上止点护罩;

3—飞轮上止点标记

飞轮与曲轴在制造时一起进行过动平衡实验,在拆装时为了不破坏它们之间的平衡关系,飞轮与曲轴之间应有严格不变的相对位置。通常用定位销和不对称布置的螺栓来定位。

4)飞轮的检修

①飞轮齿圈的检修。在启动发动机时飞轮齿圈与启动机齿轮产生撞击,若两齿轮啮合不良,容易造成轮齿的磨损或损坏。齿圈损坏可以翻面使用或更换新的齿圈。其方法用小锤轻轻敲击齿圆的四周使其脱下,将装用的齿圈在废机油中加热到350~400 ℃,取出后,对好飞轮的位置,趁热压入飞轮,然后在大气中自然冷却。

②飞轮工作面的检修。飞轮与离合器结合的工作面,常常会出现磨损起槽和龟裂。磨损槽深超过0.3 mm或龟裂严重的,应予以修复或更换。

(2)曲轴扭转减震器

曲轴是一种扭转弹性系统,其本身具有一定的自振频率。在发动机工作过程中,经连杆传给连杆轴颈的作用力的大小和方向都是周期性变化的,所以曲轴各个曲拐的旋转速度也是忽快忽慢呈周期性变化的。安装在曲轴后端的飞轮转动惯量最大,可以认为是匀速旋转,由此造成曲轴各曲拐的转动比飞轮时快时慢,这种现象称为曲轴的扭转振动。当振动强烈时甚至会扭断曲轴。扭转减震器的功用就是吸收曲轴扭转振动的能量,消减扭转振动,避免发生强烈的共振及其引起的严重恶果。一般低速发动机不易达到临界转速,但曲轴刚度小、旋转质量大、缸数多及转速高的发动机,由于自振频率低,强迫振动频率高,容易达到临界转速而发生强烈的的共振,因而加装扭转减震器就很有必要。

为了消减曲轴的扭转振动,当代发动机多在扭转振幅最大的曲轴前端装置扭转减震器。汽车柴油机多采用橡胶扭转减震器、硅油扭转减震器和硅油橡胶扭转减震器等,如图2.71、图2.72和图2.73所示。

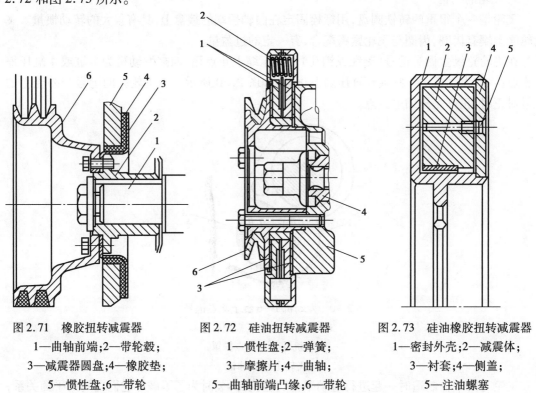

图2.71 橡胶扭转减震器　　　图2.72 硅油扭转减震器　　　图2.73 硅油橡胶扭转减震器
1—曲轴前端;2—带轮毂;　　1—惯性盘;2—弹簧;　　　1—密封外壳;2—减震体;
3—减震器圆盘;4—橡胶垫;　3—摩擦片;4—曲轴;　　　3—衬套;4—侧盖;
5—惯性盘;6—带轮　　　　5—曲轴前端凸缘;6—带轮　5—注油螺塞

学习任务8　曲柄连杆常见故障分析

情境1　异响

曲柄连杆机构常见的异响有活塞敲缸声、活塞销响、连杆轴承响、曲轴轴承响以及工作粗暴声等。这些异响与发动机的工作循环、转速、缸位、温度和震动部位有着不同的关系,有些异响常伴随有其他故障现象,如曲轴承或连杆轴承异响常伴有机油压力下降,活塞敲缸声常伴有发动机功率下降等。

诊断异响故障时,应根据曲柄连杆机构产生异响的特征和发动机工作循环、转速、缸位、温度与震动部位等的关系,以及伴随现象进行故障诊断。

(1)活塞敲缸

1)现象

发动机工作时,活塞与汽缸壁碰撞发出的声响称为活塞敲缸。其现象如下:

①发动机怠速运转时,发出"哨、哨"有节奏的响声。

②异响随着发动机的温度升高而减小或消失。

③发动机排出的烟色为蓝白色。

2)原因分析

①活塞与汽缸壁配合间隙的影响。发动机工作时,活塞顶部始终存在着气体压力,在压缩和做功两个行程中,气体对活塞的作用力大于进气和排气两个行程。发动机在做功行程中,当连杆转过共线位置时(活塞越过上止点),连杆呈倾斜状态,活塞产生侧压力,这时活塞的一侧就被压在汽缸壁的左边。

压缩行程中,活塞顶部存在被压缩的气体压力,当连杆转过与曲柄的共线位置时(过了下止点),被压缩气体将活塞压向汽缸的另一侧。

由于上述活塞转向,使活塞形成横向摆动的趋势。当活塞与汽缸壁配合间隙小时,活塞产生的敲缸声很小,在发动机外不易听见,如果活塞与汽缸壁的径向配合间隙过大时,活塞就会在汽缸内横向撞击汽缸壁而发出较大的响声。

引起活塞与汽缸壁配合间隙过大的原因有:由于气体压力的作用,把活塞紧压在汽缸壁上,活塞往复运动时,活塞和汽缸壁均会磨损,使用过久,配合间隙过大。

②连杆扭转的影响。在发动机工作时,连杆是做高速摆动的长杆,它承受着气体压力、惯性力和旋转离心力。由于受力多变,容易引起杆身弯曲或扭转变形;发动机在超负荷和在不正常的燃烧情况下工作时,也易使连杆产生弯曲扭转。

如果连杆产生弯曲扭转后,连杆的小端和大端两轴线不平行,连杆大小端回转也不在同一平面内,连杆小端带着活塞销与活塞发生摆动,活塞换向时则会与汽缸壁撞击而发出响声。

③连杆小端的销套与活塞销、连杆大端的轴承与轴径配合间隙合适时,活塞换向时,活塞就能从汽缸的一侧平顺圆滑柔和地过渡到另一侧。如果维护时更换的活塞销与承套装配过紧或连杆轴承与轴径装配过紧,均会使活塞在换向时不能平顺圆滑柔和地过渡,出现不随和的摆动,于是产生了活塞敲击声。

④其他原因。活塞损伤和活塞反椭圆等也会引起敲缸。活塞径向间隙中无润滑油,活塞敲缸会更明显。

3)诊断与排除

诊断活塞敲缸时,首先应根据现象确定是否是活塞敲缸,或者将喷油器拆下,向怀疑有敲缸的汽缸内注入适量机油,撬动飞轮转动,估计机油流至活塞周围间隙后启动发动机,若活塞敲缸声减小或消失,表明发动机活塞敲缸。

①如果活塞敲缸发生在早期故障期,多数是因活塞销衬套与活塞销或连杆轴承与轴径装配过紧,活塞销座孔与活塞销装配过紧或因活塞拉伤引起,这时应进行单缸断火实验,若断火后活塞敲缸声减小或消失,表明此缸有活塞敲缸,应进一步拆卸检查,并有针对性地进行排除。

②如果活塞敲缸发生在正常使用期,多数是连杆变形所致,这时也应进行单缸断火实验。

若断火后活塞敲缸声略减但不消失,表明此缸的活塞敲缸是连杆变形引起的,应进一步拆卸连杆,进行检查并校正。

③如果活塞敲缸发生在损耗期,其响声不随发动机温度变化,排气管冒有蓝白烟,大多数是活塞与汽缸壁磨损导致配合间隙过大所致,应进行发动机大修或酌情排除。

如果发动机温度升高后,活塞敲缸响声减小或消失,可暂不修理,继续使用。

(2)活塞销响

1)现象

发动机运转时,能听到活塞销与配合副(活塞销座孔与活塞销、活塞销与销套)产生撞击发出尖锐的"咯儿、咯儿"响声,则为活塞销响,其响声在怠速略高时较为清晰。

2)原因分析

发动机工作时,活塞销承受着较大的冲击载荷,使活塞销与配合副压紧,在运转中产生磨损,随着使用时间的延长,磨损或因修理不当使配合间隙增大。当配合间隙增大到一定程度,在活塞作往复运动时,其加速度大小和方向随活塞运动位置改变而变化,那么,活塞销与销套和活塞的压紧面也在改变,于是销与套在改变压紧面时发生撞击而产生响声。活塞销与配合副无润滑油时,响声会更明显。

3)诊断与排除

一般活塞销响发生在接近损耗期。怠速稍高或油门抖动时响声明显。发动机温度升高响声增大,单缸断火时响声有变化。

如果异响声符合上述现象,即可断定为活塞销响。应解体进而查明,并有针对性地予以更换,使之配合间隙,符合要求。

(3)连杆轴承响

1)现象

连杆轴承响是指连杆轴承与轴径撞击发出的响声,俗称小瓦响。其现象是:当发动机工作时,发出"当、当"有节奏的金属敲击声;单缸断火后响声减小或消失;异响随负荷增大而加重;随转速提高而增大,有时伴有机油压力下降。

2)原因分析

发动机运转时,连杆轴承发出敲击声是连杆轴承与其轴径配合间隙过大所致。造成连杆轴承与轴径配合间隙过大的主要原因如下:

①磨损。发动机工作时,由于活塞顶部气体压力的作用,使活塞通过活塞销、连杆与曲轴上的连杆轴径压紧;活塞连杆组(连杆小端所连接的活塞、活塞销以及连杆)作往复运动时,产生惯性力和连杆大端随曲轴旋转产生的离心力作用,使连杆轴承与其轴径的压紧力增大。连杆轴承与轴径的压紧力越大,其配合副在运转中的磨损量也越大,随着使用时间的延长,配合间隙相应增大。此外,连杆轴径润滑油孔堵塞引起润滑不良,加速了连杆轴承与轴径的磨损程度,增大了配合间隙。

②连杆螺栓松动。连杆螺栓松动使连杆轴承与轴径配合间隙增大。

③发动机修理时,连杆轴承间隙配合不当而过大。

3)诊断与排除

诊断时,应根据连杆轴承异响出现的时期和现象进行诊断。

若连杆轴承异响发生在早期故障期或正常使用期,一般是个别缸异响为常见,多数是连杆螺栓松动,连杆轴承装配不当或个别润滑油路堵塞所致,这时应用单缸断火的诊断办法确定缸位。若单缸断火后连杆轴承异响减小或消失,说明此缸有故障。否则,表明其他缸有故障,应继续查明。

若连杆轴承异响发生在耗损期,常见各缸连杆轴承均有响声,并伴有机油压力明显降低现象,说明各缸连杆轴承间隙均过大,应进行发动机大修。

(4)组合式曲轴主轴承响

组合式曲轴由多节曲拐用螺栓组成,在两曲拐的结合处套有滚动轴承,即曲轴主轴承。如果滚动轴承径向间隙过小时,运转中发出一种特别尖锐刺耳的声音,加大油门时响声更加清晰,曲轴滚动轴承径向间隙过大,运转中发出"霍、霍"的响声。

前一种曲轴滚动轴承异响多为早期故障(新装轴承),常表现为个别轴承异响;后一种曲轴滚动轴承异响多发生在长期使用磨损的情况下,而且是多个轴承异响,根据以上情况应酌情更换。

(5)整体式曲轴主轴承响

1)现象

发动机突然加速时,会发出沉重有力的"刚、刚"的金属敲击声,严重时机体发生震动,响声随负荷增大而增强;相邻两缸断火时,响声减弱或消失,伴随机油压力而下降。

2)原因分析

曲轴主轴承响是因其轴承与轴径配合间隙过大。发动机在运转中,由于活塞顶部气体压力和活塞、连杆、活塞销产生的惯性力以及曲轴旋转产生的离心力,以上的力形成一个合力,这个合力使曲轴主轴径与轴承产生撞击而发出声响。引起曲轴主轴承与轴承径配合间隙过大的主要原因如下:

①曲轴主轴颈与轴承正常工作时发生磨损,使配合间隙增大,不过这种磨损比较平稳且缓慢,多发生在损耗期。由于发动机润滑系统发生故障、润滑油品质差、发动机温度过高或负荷过大等原因造成润滑不良,便会加速曲轴主轴承与轴径的磨损进程,而使配合间隙增大。

②曲轴主轴承盖螺栓松动而造成间隙增大。

3)诊断与排除

若曲轴主轴承响发生在早期或正常使用期,多数是个别轴承盖螺栓松动或主轴径润滑油路堵塞,使轴承异常磨损而间隙过大,这时可作临近两缸断火试验以确定异响轴承的缸位。若相邻两缸断火后异响声减小或消失,表明此两缸间轴承有异响。若曲轴主轴承响发生在损耗期,并伴有机油压力下降,表明各道轴承间隙均过大,应进行发动机大修。

(6)曲轴轴向蹿动发响

1)现象

曲轴轴承蹿动异响的现象与曲轴主轴承相似。

2)原因分析

曲轴必须具有一定的轴向间隙,但是有了轴向间隙后,曲轴因受轴向力的作用会前后蹿动。为了限制曲轴前后蹿动,一般在曲轴上装有轴向限位止推垫。发动机工作时,曲轴旋转止推垫必然磨损,如果止推垫磨损变薄使轴向间隙增大到一定程度时,曲轴前后蹿动造成撞击而发响。

3）诊断与排除

曲轴蹿动发响一般在使用时间很久后才出现,怠速时能听到发动机有"刚、刚"的响声,若踩下离合器踏板,异响声减小或消失,表明是曲轴蹿动响;发动机停转时可用撬棍轴向撬动飞轮或皮带轮轮毂部位,并装上百分表测量。其轴向蹿动量若超过规定值,说明出现的异响是曲轴蹿动响,应更换曲轴止推垫。

实践训练 2　机体组的拆装与维修

一、目的及要求

①掌握发动机的解体方法及步骤。
②熟练进行发动机外部附件的拆卸。
③熟悉机体组各部件的名称、作用及结构特点。

二、实训设备

①汽车发动机及拆装台。
②汽车示教台。
③相关教具、录像片及教学挂图。

三、实训内容

①熟悉曲柄连杆机构的装配关系和运动情况。
②掌握机体组的拆装要领。

四、实训步骤

(1)V 形皮带及齿形带的拆卸
①旋松发动机撑紧臂的固定螺栓,拆卸水泵、发动机的传动 V 形皮带。
②拆卸水泵带轮、曲轴带轮,拆卸齿形带上防护罩,注意观察正时标记。
③旋松齿形皮带张紧轮紧固螺母,转动张紧轮的偏心轴,使齿形皮带松弛,取下齿形皮带。
④拆下曲轴齿形带轮、中间轴齿形带轮,拆下齿形皮带后防护罩。
(2)发动机外部附件的拆卸
①拆卸水泵上尚未拆卸的连接管。
②拆卸水泵、发动机、起动机、分电器、汽油泵、机油滤清器、化油器、进排气歧管、火花塞等。
(3)发动机机体解体
①放出油底壳内机油,拆下油底壳,更换机油密封衬垫。
②拆卸机油泵、机油滤清器。
③拆卸气门室罩,更换气门室罩密封垫。
④拆下汽缸盖,其螺栓应从两端向中间分次、交叉拧松,如图 2.74 所示。

分 2～3 次以两边向中间交叉对称的顺序拆卸汽缸盖螺栓。

图 2.74　汽缸盖螺栓拧松顺序

A. 第一次:用扭力扳手和专用套筒,以两边向中间交叉对称的顺序拧松汽缸盖各螺栓,如 1、2、…、10。

B. 第二次:用快速摇摆和专用套筒,以相同的顺序拧出汽缸盖各螺栓,如 1、2、…、10。

⑤拆卸离合器总成。

(4)按照拆卸相反顺序装配,各部件应按规定力矩拧紧

①安装油底壳,安装机油滤清器、机油泵。

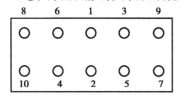

图 2.75　汽缸盖螺栓拧紧顺序

②安装汽缸盖,其螺栓应从中间向两端分次、交叉拧紧,如图 2.75 所示。

按规定力矩分 3～4 次以中间向两边交叉对称的顺序拧紧汽缸盖螺栓。

A. 第一次:用快速摇摆和专用套筒,以中间向两边交叉对称的顺序拧紧汽缸盖各螺栓,如 1、2、…、10。

B. 第二次:用扭力扳手和专用套筒,以 40 N·m 的力矩用同样的顺序拧紧汽缸盖各螺栓,如 1、2、3、…、10。

C. 第三次:用扭力扳手和专用套筒,以同样的顺序将汽缸盖各螺栓再拧过 180°,如 1、2、…、10。

③安装发动机的外部附件。

④安装 V 形皮带及齿形皮带,检查皮带的张紧度。

五、实训考核

①在拆卸与拧紧汽缸盖螺栓时,应按照规定顺序进行。

②拆卸齿形皮带时应使一缸处于压缩上止点。

③汽缸垫的安装方向。

④能回答教师给出的问题。

⑤填写作业单及实训报告。

⑥回答实践思考题。

实践训练 3　活塞连杆组的拆装与维修

一、目的及要求

①熟悉曲柄连杆机构的装配关系和运动情况。

②掌握活塞连杆组的拆装要领。

65

二、实训设备

①汽车发动机及拆装台。
②汽车示教台。
③相关教具、录像片及教学挂图。

三、实训内容

①活塞连杆组的拆装要求。
②主要机件的测量和维修方法。

四、实训步骤

(1)活塞连杆组的拆卸

①转动曲轴将准备拆卸的连杆对应的活塞转到下止点。
②拆卸连杆螺母,取下连杆轴承盖,并按顺序放好。
③用橡胶锤或手锤木柄推出活塞连杆组(应事先刮去汽缸上的台阶,以免损坏活塞环),注意不要硬撬、硬敲,以免损伤汽缸。
④取出活塞连杆组后,应将连杆轴承盖、螺栓、螺母按原位装回,并注意连杆的装配标记。标记应朝向皮带盘,活塞、连杆和连杆轴承盖上打上对应的缸号。

(2)活塞连杆组的分解

①用活塞环装卸钳拆下活塞环,观察活塞环上的标记,"TOP"朝向活塞顶,如图 2.76 所示。

图 2.76　拆下活塞环　　　　　　图 2.77　装配活塞销

②拆装活塞销时,应将活塞加热至 60 ℃,此时用拇指仅需较小的力就能将涂有机油的活塞销压入活塞销座孔中,如图 2.77 所示。而且在垂直状态时,活塞销不能在自重作用下从销座孔中自行滑出,用手晃动活塞销时应无间隙感,这表明活塞销与销座孔配合适宜。拆装活塞销卡簧时需用专用工具。

(3)活塞连杆组的装合

①活塞连杆组的检验。

A. 活塞椭圆度的检验。许多活塞都制成椭圆形,其短轴在活塞销方向上。活塞椭圆度的检验,应在椭圆度检验仪上进行。椭圆度的值是 0.40。

B. 活塞环的检验。用厚薄规检查活塞环与环槽的侧隙:新装时侧隙为 0.02 ~ 0.05 mm,达到 0.15 mm 时必须更换;再用厚薄规检查活塞环与环槽的端隙:将活塞环垂直压进汽缸,使其离汽缸顶面 15 mm;新环:第 1 道气环为 0.03 ~ 0.45 mm,第 2 道气环为 0.25 ~ 0.40 mm,油环为 0.15 ~ 0.50 mm,磨损极限值为 1.0 mm。

②彻底清洗各零件,并用压缩空气吹干净。

③活塞销是全浮式,即活塞销和连杆套筒及活塞销座之间均为间隙配合。活塞销与销座装配时有点紧,可以把活塞在水中加热到 60 ℃(即略比手烫,但长时间接触也不觉烫手),此时用大拇指应可压入。否则即为部件配合不符合要求。

④装上活塞销锁环,锁环与活塞销端面应有一定的间隙,以满足活塞销和活塞热胀冷缩的需要。

⑤安装活塞环。第 1 道环是矩形环,第 2 道环是锥形环,第 3 道环是油环(组合环),要用活塞环装卸钳依次装好。注意:"TOP"朝向活塞顶。

(4)将活塞连杆组件装入汽缸

①将第 1 缸曲柄转到下止点位置,取第 1 缸的活塞连杆总成,在瓦片、活塞环处加注少许机油,转动各环使润滑油进入环槽,并检验各环开口是否处于规定方位。

②用夹具收紧各环,按活塞顶箭头方向将活塞连杆总成从汽缸顶部放入缸筒,用手引导连杆使其对准曲轴轴颈,用木锤柄将活塞推入。

③取第 1 缸的连杆轴承盖(带有轴瓦),使标记朝前装在连杆上,并按规定力矩交替拧紧连杆螺母。

④采用同样的方法,将其余各缸活塞连杆组件装入相应汽缸。注:M8 × 1 的连杆螺栓为预应力螺栓,在按规定力矩拧紧连杆螺母时,连杆螺栓在弹性变形范围内被拉长,螺栓和螺母之间有较大而稳定的摩擦力,所以螺母不需要防松装置。但在修理过程中一旦拆过连杆螺母,就必须更换。

五、实训考核

①拆卸、安装活塞时一定要注意各缸记号,若无记号必须做标记。
②活塞销挡圈开口要与活塞销孔上的缺口错开。
③3 道环的开口要错开。
④能回答教师给出的问题。
⑤填写作业单及实训报告。
⑥回答实践思考题。

实践训练 4　曲轴飞轮组的拆装与维修

一、目的及要求

①熟悉曲轴飞轮组的装配关系和运动情况。
②掌握曲轴飞轮组的拆装方法及步骤。
③掌握曲轴飞轮组的装配要点。

二、实训设备

①汽车发动机及拆装台。

②汽车示教台。

③相关教具、录像片及教学挂图。

三、实训内容

①曲轴飞轮组的拆卸与分解。

②曲轴飞轮组的装配法。

四、实训步骤

(1)曲轴飞轮组的拆卸

①旋松飞轮紧固螺钉,拆卸飞轮(飞轮较重,拆卸时注意安全)。

②拆卸曲轴前端及后端密封凸缘及油封。

③按如图2.78所示的螺钉序号从两端到中间旋松曲轴主轴承盖紧固螺钉,取下主轴承盖,不能一次全部拧松,必须分次从两端到中间逐步拧松。注意:各缸主轴承盖有装配标记,不同缸的主轴承盖及轴瓦不能互相调换。

④抬下曲轴,再将主轴承盖及垫片按原位装回,并将固定螺钉拧入少许。注意:曲轴推力轴承的定位及开口的安装方向。

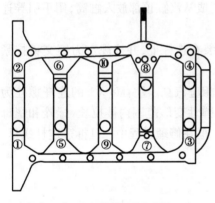

图2.78 曲轴主轴承盖螺栓拆卸顺序

(2)曲轴飞轮的装配

①将清洗和擦拭干净的曲轴、飞轮、轴承盖等零件依次摆放整齐,准备装配。

②将曲轴安装在缸体上。在第3道主轴颈两侧安装半圆止推片,其开口必须朝向曲轴,定位半圆止推片装于轴承盖上。

③将下主轴承安装在主轴承盖上,将主轴承盖逐个装在机体上。从中间轴承盖向左右对称紧固螺栓。

④安装曲轴前后油封和油封座,安装飞轮和滚针轴承。变速器输入端外端的滚针轴承安装是标记朝外,外端距曲轴后端面1.5 mm。

⑤检验曲轴的轴向间隙。检验时,先用撬棍将曲轴撬挤向一端,再用厚薄规在止推轴承处测量曲柄与止推垫片之间的间隙。新装配时间隙值为0.07~0.17 mm,磨损极限为0.25 mm。如曲轴轴向间隙过大,应更换止推轴承。

五、实训考核

①拆卸曲轴主轴承盖时,注意拆卸顺序,安装曲轴主轴承盖时,应先旋紧第2、第4轴承盖螺栓,再旋紧1、3、5轴承盖螺栓。

②安装飞轮时,齿圈上的标记与1缸连杆轴颈在同一个方向上。

③紧固螺栓应按照技术标准拧紧。

④能回答教师给出的问题。

⑤填写作业单及实训报告。

⑥回答实践思考题。

习题与思考

1. 填空题

(1)曲柄连杆机构由_____、_____和_____3部分构成。

(2)发动机各个机构和系统的装配机是_____。

(3)活塞连杆组由_____、_____、_____和_____等组成。

(4)活塞环包括_____和_____两种。

(5)在安装气环时,各个气环的切口应该_____。

(6)油环分为_____和组合油环两种,组合油环一般由_____和_____组成。

(7)在安装扭曲环时,还应注意将其内圈切槽向_____,外圈切槽向_____,不能装反。

(8)活塞销通常做成_____圆柱体。

(9)活塞销与活塞销座孔及连杆小头衬套孔的配合,一般都采用_____。

(10)连杆由_____、_____和_____3部分组成。连杆_____与活塞销相连。

(11)曲轴飞轮组主要由_____和_____以及其他不同作用的零件和附件组成。

(12)曲轴的曲拐数取决于发动机的_____和_____。

(13)曲轴按支承形式的不同分为_____和_____;按结构形式的不同分为_____和_____曲轴;按加工方法的不同分为_____和_____。

(14)曲轴前端装有驱动配气凸轮轴的_____,驱动风扇和水泵的_____止推片等,有些中小型发动机的曲轴前端还装有_____,以便必要时用人力转动曲轴。

(15)飞轮边缘一侧有指示汽缸活塞位于上止点的标志,用以作为调整和检查_____正时和_____正时的依据。

2. 简答题

(1)曲柄连杆机构有何功用?

(2)曲柄连杆机构主要组成有哪些?

(3)机体组主要包括哪些零件?

(4)活塞连杆组主要包括哪些零件?

(5)曲轴飞轮组主要包括哪些零件?

(6)汽缸体主要有几种结构形式?

(7)曲轴箱有几种结构形式? 各有何特点?

(8)活塞由几部分组成? 各有何结构特点?

(9)飞轮有何功用? 有哪些结构特点?

(10)连杆有何功用? 有哪些结构特点?

模块三
配气机构

===

　　配气机构是发动机两大机构中又一重要的机构,它的工作正常与否直接影响发动机的动力性和排放性,本模块主要介绍配气机构的作用、原理及构成,以及相关组件的维修。

===

知识要点

- 配气机构的作用及组成原理;
- 配气机构的连接关系及传动形式;
- 配气相位;
- 配气机构的修理方法。

学习目标

- 掌握配气机构的作用及连接关系;
- 掌握配气机构的构成及工作原理;
- 理解和掌握配气相位;
- 掌握配气机构的维修方法;
- 了解配气机构的新技术。

案例导入

多气门发动机

　　1886年1月29日,德国人卡尔·本茨将自己研制的四冲程单缸燃油发动机装在了一辆三轮车上并获得专利权,世界从这一天开始才真正有了汽车。可以说,是发动机创造了汽车。发动机的基本构造是由汽缸、活塞、连杆、曲轴等主要机件组成,每一个汽缸至少有两个气门:一个进气门和一个排气门。

　　气门装置是发动机配气机构的一个组成部分,在发动机工作时起非常重要的作用。燃油发动机的工作运转有进气、压缩、做功和排气4个工作过程。要使发动机连续运转就必须使这4个工作过程周而复始,顺序定时地循环工作。

其中的两个工作过程,即进气和排气过程,需要依靠发动机的配气机构准确地按照各汽缸的工作顺序输送可燃混合气(汽油发动机)或新鲜空气(柴油发动机),以及排出燃烧后的废气。另外两个工作过程,即压缩和做功过程,则必须隔绝汽缸燃烧室与外界进排气通道,不让气体外泄以保证发动机正常地工作。负责上述工作的机件就是配气机构中的气门。它好比人的呼吸器官,吸进呼出,缺它不可。

随着技术的发展,汽车发动机的转速已经越来越高,当代轿车发动机的转速一般可达5 500 r/min 以上,完成 4 个工作过程只需 0.005 s,传统的两气门已经不能在这么短的时间内完成换气工作,限制了发动机性能的提高。解决这个问题的方法只能是扩大气体出入的空间。换句话说,就是用空间换取时间。多气门技术是解决问题的最好方法,直至 20 世纪 80 年代推广多气门技术才使发动机的整体质量有了一次质的飞跃。

多气门发动机是指每一个汽缸的气门数目超过两个,即两个进气门和一个排气门的三气门式;两个进气门和两个排气门的四气门式;3 个进气和两个排气门的五气门式。目前轿车上的多气门发动机多是四气门式的。四缸发动机有 16 个气门,六缸发动机有 24 个气门,八缸发动机有 32 个气门。例如,日本雷克萨斯 LS400 型轿车的发动机就是八缸 32 个气门。增加了气门数目就要增加相应的配气机构装置,构造较复杂,一般由两支顶置式凸轮轴来控制排列在汽缸燃烧室中心线两侧的气门。气门布置在汽缸燃烧室中心两侧倾斜的位置上,是为了尽量扩大气门头的直径,加大气流通过面积,改善换气性能,形成一个火花塞位于中央的紧凑型燃烧室,有利于混合气的迅速燃烧。

有人提出疑问,既然气门多好,为什么见不到一缸 6 气门以上的发动机?热力学有一个叫"帘区"的概念,指气门的圆周乘以气门的升程,即气门开启的空间。"帘区"越大说明气门开启的空间越大,进气量也就越大。以奥迪 A4 型轿车的发动机为例,它的四气门"帘区"值比两气门的"帘区"值在进气状态时要大 50%,在排气状态时要大 70%。当然,每一个事物都有它的适用范围,并不是说气门越多"帘区"值就越大,据专家计算,当每个汽缸的气门增加到 6 个时,"帘区"值反而下降了,而且气门越多机构越复杂,成本就越大。因此,目前轿车的多气门燃油发动机的每个汽缸的气门数目都是 3~5 个,其中又以 4 个气门最为普遍。

以汽油发动机为例,多气门发动机与传统的两气门发动机比较,前者能吸进更多的空气来混合燃油燃烧做功,节省燃油,更快地排出废气,排放污染少,能提高发动机的功率和降低噪声的优点,符合优化环境和节省能源的发展方向,所以多气门技术能迅速推广开来。

学习任务 9　配气机构的认知

情境 1　配气机构的组成

配气机构的作用是按照发动机每一工作循环和发火次序的要求,定时开启和关闭汽缸的进、排气门,使新鲜空气(柴油机)或可燃混合气(汽油机)及时充分地进入汽缸,使废气及时从汽缸中排出。

新鲜空气被汽缸吸入越多,则发动机可能发出的功率越大。新鲜空气充满汽缸用充气系数(充气效率、容积效率)来表示。它等于发动机每一工作循环进入汽缸的实际空气量与进气状态下充满汽缸工作容积的理论充气量的比值。充气系数越高,表明进入汽缸的新鲜空气或可燃混合气体的质量越多,其燃烧放出的热量越大,发动机发出的功率就越大。

配气机构应有利于减小进气和排气的阻力,进、排气门的开启时刻和持续开启时间应该使进气和排气充分。

发动机配气机构基本可分为两部分:气门组和气门传动组。

气门组用来封闭进、排气道,主要零件包括气门、气门座、气门弹簧、气门导管等。气门组的组成与配气机构的形式基本无关,但结构大致相同。

气门传动组是从正时齿轮开始至推动气门动作的所有零件,作用是使气门定时开启和关闭,其组成视配气机构的形式不同而异,主要零件包括正时齿轮(正时链轮和链条或正时皮带轮和皮带)、凸轮轴、挺柱、推杆、摇臂轴和摇臂等。凸轮轴顶置式配气机构示意图如图3.1所示。

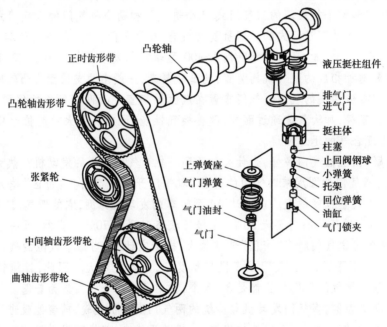

图3.1　配气机构示意图

情境2　配气机构的分类

发动机配气机构的形式多种多样,其分类主要从气门布置形式和数量、凸轮轴布置形式和驱动方式来划分。

(1)按气门布置形式

配气机构按气门布置形式可分为侧置气门和顶置气门,如图3.2所示,其中顶置气门应用广泛,侧置气门已被淘汰。以下配气机构如果不作特别说明,则都为顶置气门式。

一般发动机都采用每缸两气门,即一个进气门和一个排气门的结构。为了进一步提高汽缸的换气性能,许多中、高级新型轿车的发动机上普遍采用每缸多气门结构,如三气门、四气门、五气门等,其中以四气门为多见。气门的数量及结构示意图如图3.3所示。

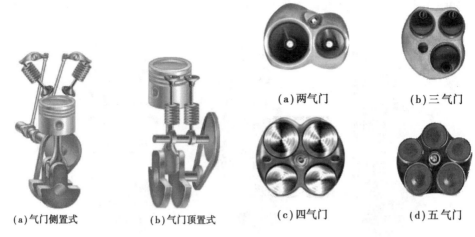

(a)气门侧置式　　(b)气门顶置式

图3.2　气门布置形式

(a)两气门　　(b)三气门
(c)四气门　　(d)五气门

图3.3　气门数量及结构

气门数目的增加,使发动机的进、排气通道的断面面积大大增加,提高充气效率,改善了发动机的动力性能,一般情况下,进气门较排气门要大些,当气门数量为奇数时,进气门比排气门要多一个。这是为了充分进气而设计的。

(2)按凸轮轴布置形式

配气机构按凸轮轴布置形式可分为凸轮轴下置式、凸轮轴中置式、凸轮轴上置式3种。

1)凸轮轴下置式

大多数载货汽车和大中型客车发动机都采用这种结构形式,如图3.4(a)所示。气门组由气门、气门导管、气门弹簧、气门弹簧座、气门锁片等组成。气门传动组由凸轮轴、凸轮轴正时齿轮、挺柱、推杆、摇臂、摇臂轴等组成。其结构特点是凸轮轴平行布置在曲轴一侧,位于气门组下方,配气机构的工作通过曲轴和凸轮轴之间的一对正时齿轮,将曲轴的动力传给凸轮轴来带动。

2)凸轮轴中置式

一些速度较高的柴油机将凸轮轴位置抬高到缸体上部,如图3.4(b)所示。

3)凸轮轴上置式

当代轿车使用的高速发动机大多采用这种结构形式,如图3.4(c)所示。凸轮轴仍与曲轴平行布置,但位于气门组上方,凸轮轴直接通过摇臂来驱动气门开启和关闭,省去了推杆,使往复运动质量大大减小,但此种布置使凸轮轴距离曲轴较远,因此,不方便使用齿轮传动,现多采用同步齿形胶带传动,这种结构形式的气门传动组主要由凸轮轴、同步齿形胶带、挺柱、摇臂、摇臂轴等组成。

(3)按凸轮轴的驱动形式

配气机构按凸轮轴的驱动形式可分为齿轮传动式、链传动式和齿形带传动式3种。

1)齿轮传动式

凸轮轴下置式和中置式配气机构大多采用圆柱形正时齿轮传动,必要时可加装中间驱动齿轮,如图3.5(a)所示。

2)链传动式

凸轮轴上置式配气机构,因为凸轮轴距离曲轴中心线较远,所以特别适于采用链条与链轮传动方式,如图3.5(b)所示。为使链条在工作时具有一定的张力而不致脱链,装有链条张紧器和导链板等。

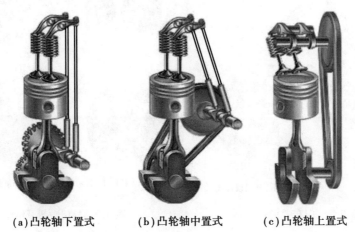

(a)凸轮轴下置式　　(b)凸轮轴中置式　　(c)凸轮轴上置式

图3.4　凸轮轴布置形式

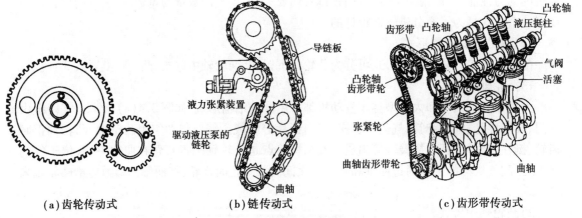

(a)齿轮传动式　　　　(b)链传动式　　　　　(c)齿形带传动式

图3.5　凸轮轴驱动形式

3)齿形带传动式

齿形带传动式配气机构的结构形式与齿轮式和链传动式相比,具有精确保证配气正时、传动平稳可靠、噪声小、结构简单及不需要润滑等优点,因此越来越多的汽车发动机特别是轿车发动机都采用了齿形带传动式,如图3.5(c)所示。为保证正确安装与配气正时,在曲轴正时带轮、凸轮轴正时带轮和齿形带上都有装配标记。

【扩展知识3.1】

充气效率

在进气过程中,实际进入汽缸内的新鲜空气或可燃混合气的质量与在理想状态下充满汽缸工作容积的新鲜空气或可燃混合气的质量之比,即为充气效率。

$$\eta_v = \frac{M}{M_0}$$

式中　M——进气过程中,实际进入汽缸的新鲜空气的质量;

　　　M_0——在理想状态下,充满汽缸工作容积的新鲜空气质量。

其中,η_v越高,表明进入汽缸的新鲜空气越多,可燃混合气燃烧时可能放出的热量也就越大,发动机的功率越大。

如图3.1所示,气门穿过气门导管,通过气门锁片与气门弹簧座连接。气门弹簧套于气门杆外围,并有一定的预紧力。气门弹簧的上端抵于弹簧座,下端抵于缸盖。当气门关闭时,在气门弹簧预紧力的作用下,气门头部的密封锥面压紧在气门座上,将气道封闭。凸轮轴安装在缸体的顶部,挺柱呈杯状,位于挺柱导向体内,其顶端与凸轮轴接触。下端与气门弹簧及锁片接触。

发动机工作时,正时齿轮带动凸轮轴旋转,当发动机需要进行换气冲程时,凸轮凸起部分逐渐通过挺柱压缩气门弹簧,气门逐渐打开,凸轮凸起部分的顶点转过挺柱后,凸轮对挺柱的推力减小,气门在弹簧张力作用下逐渐关闭,凸轮凸起部分离开挺柱时,气门完全关闭,换气冲程结束,压缩和做功冲程开始。气门在弹簧张力作用下严密关闭,使汽缸密封。根据工作过程可以得出:传动组的运转使气门开启,气门弹簧释放张力使气门关闭;凸轮的轮廓曲线则决定了气门的开闭时刻与规律;每次打开气门时凸轮轴压缩气门弹簧,为关闭气门存储能量;四冲程发动机每完成一个工作循环,曲轴转两周,各缸完成进、排气一次,也即凸轮轴只需转一周,所以曲轴与凸轮轴的传动比为2:1。

情境3 配气相位

(1)气门间隙

为了保证气门关闭严密,在气门杆尾端与气门驱动组零件(摇臂、挺柱或凸轮)之间留有适当的间隙,称为气门间隙。一般进气门间隙较小,排气门因受排气冲刷,温度较高,气门间隙较大,其值是根据车型通过试验得到的。在发动机使用过程中,气门间隙的大小会发生变化,因此在配气机构中设有气门间隙调整装置,以便对气门间隙进行调整。现代轿车发动机大多采用了长度能随温度自动变化的液压挺柱,可随时补偿气门的膨胀量,故无须预留气门间隙,也没有气门间隙调整装置。

(2)配气相位

发动机在换气冲程中,若能做到排气彻底、进气充分,则可以提高充气系数,增大发动机输出的功率。四冲程发动机的每一个工作行程曲轴要旋转180°。由于现代发动机转速很高,因此一个行程经历的时间很短。如上海桑塔纳的四冲程发动机,在最大功率时的发动机转速可达到5 600 r/min,一个行程的时间只有0.005 4 s。在如此短的进气和排气冲程中,很难达到进气充分,排气彻底。为提高新鲜气体进入量,提高发动机性能,实际发动机的气门开启和关闭并不在上下止点,而是适当提前或延后,即进排气门开启过程都大于180°曲轴转角。用曲轴转角表示气门开启与关闭时刻和开启的持续时间,称为配气相位。

1)进气提前角

在排气冲程接近完成时,活塞到达上止点之前,进气门便开始开启。从进气门开始开启到上止点所对应的曲轴转角称为进气提前角,用 α 表示。一般 α 值为10°~30°。进气门早开,使得活塞到达上止点开始向下移动时,进气门已有一定开度,所以可较快地获得较大的进气通道截面,减少进气阻力,如图3.6所示。

2)进气迟闭角

在进气冲程到达下止点时,进气门并未关闭,而是在活塞上行一段距离后才关闭。从活塞位于下止点至进气门完全关闭时对应的曲轴转角称为进气迟闭角,用 β 表示。一般 β 值为40°~80°。活塞在到达下止点时,汽缸内的压力仍低于大气压力,且气流还有相当大的惯性,适当延迟关闭进气门,可利用压力差和气流惯性继续进气。进气门开启持续时间内的曲轴转角,即进气持续角为 $\alpha + 180° + \beta$,其取值范围为 $230° \sim 290°$,如图 3.6 所示。

3)排气提前角

在做功冲程的后期,活塞到达下止点前,排气门便开始开启。从排气门开始开启到活塞到达下止点时所对应的曲轴转角称为排气提前角,用 γ 表示。一般 γ 值为 $40° \sim 80°$。做功冲程接近结束时,汽缸内的压力为 $0.3 \sim 0.5$ MPa,做功作用已经不大,此时提前打开排气门,高温废气迅速排出,减小活塞上行排气时的阻力,减少排气时的功率损失。高温废气提早迅速排出,还可防止发动机过热,如图 3.6 所示。

4)排气迟闭角

排气门是在活塞到达上止点后,又开始下行一段距离后才关闭的。从活塞位于上止点到排气门完全关闭时所对应的曲轴转角称为排气迟闭角,用 δ 表示。一般 δ 值为 $10° \sim 30°$。活塞到达上止点时,汽缸内的压力仍高于大气压,由于气流有一定的惯性,排气门适当延迟关闭可使废气排得更干净。排气门开启持续时间内的曲轴转角,即排气持续角为 $\gamma + 180° + \delta$,其取值范围为 $230° \sim 290°$,如图 3.6 所示。

5)气门叠开与气门重叠角

进气门早开和排气门晚关,在活塞位于排气上止点附近,会出现一段进、排气门同时开启的现象,称为气门叠开。同时开启的角度,即进气门提前角 α 与排气门迟闭角 δ 之和,称为气门重叠角。气门叠开时气门的开度很小,且新鲜气流和废气流有各自的惯性,在短时间内不会改变流向,适当的重叠角,不会出现废气倒流进气道和新鲜气体随废气排出的现象。相反,进入汽缸内部的新鲜气体可增加汽缸内的气体压力,有利于废气的排出,如图 3.6 所示。

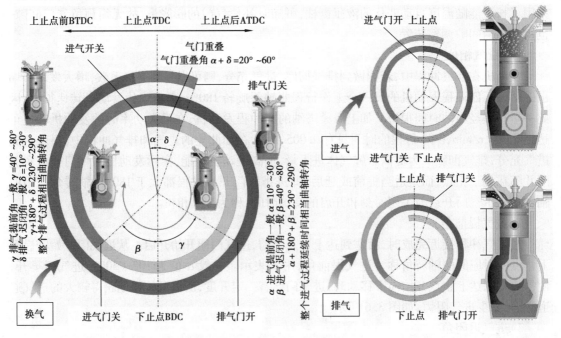

图 3.6　配气相位示意图

学习任务 10　气门组的结构与维修

由于气门组应保证气门能够实现汽缸的密封,因此要求气门头部与气门座贴合严密;气门导管与气门杆的上下运动有良好的导向;气门弹簧的两端面与气门杆的中心线相垂直,以保证气门头在气门座上不偏斜;气门弹簧的弹力足以克服气门及其传动件的运动惯性力,使气门能迅速开闭,并保证气门紧压在气门座上。

情境 1　气门

气门的作用是控制进、排气管的开闭。由于气门要承受高温高压,并且在冲击、润滑困难的条件下工作,因此要求气门有足够的强度和刚度,能够耐磨、耐高温、耐腐蚀及耐冲击。

气门的组成可分为头部、杆身和尾部。头部用来封闭进排气道,杆身用来在气门开闭过程中起导向作用,如图3.7所示。

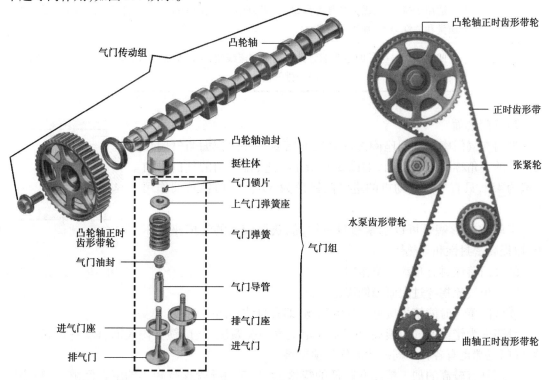

图 3.7　气门组件图

进气门通常采用合金钢(铬钢或镍铬等)材料,排气门通常由耐热合金钢(硅铬钢等)制造。为节约耐热合金钢,有些发动机排气门头部采用耐热合金钢,杆身采用中碳合金钢,然后将两者焊在一起。

(1)气门的结构

汽车发动机的进、排气门均为菌形气门,由气门头部和气门杆两部分构成。气门头部由气门顶部和密封锥面组成,气门杆部包括气门杆、导管、弹簧等。

1)气门顶部

气门顶面有平顶、凸顶和凹顶(图3.8)等形状。目前应用最多的是平顶气门。凹顶气门头部与气门杆有较大的过渡圆弧,用作进气门时,可减小进气阻力,其受热面积大,不适合做排气门,表3.1为各形式气门的优缺点及使用条件。

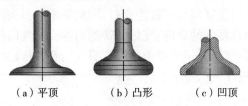

（a）平顶　　　（b）凸形　　　（c）凹顶

图3.8　气门顶部的结构图

表3.1　各气门顶部的结构特点

形　状	结构特点
平顶式	结构简单,制造方便,吸热面积小,质量也较小,进、排气门都可采用
凸顶式	适用于排气门,因为其强度高,排气阻力小,废气的清除效果好,但球形的承受面积大,质量和惯性力大,加工较复杂
凹顶式	凹顶头部与杆部的过渡部分具有一定的流线型,可以减少进气阻力,但其顶部受热面积大,故适用于进气门,而不宜用于排气门

2)气门锥面

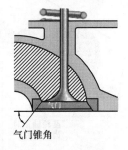

气门与气门座或气门座圈之间靠锥面密封。气门锥面与气门顶面之间的夹角称为气门锥角,如图3.9所示。进、排气门的气门锥角一般为45°,只有少数发动机的进气门锥角为30°。气门锥角的作用如下:

①就像锥形塞子可以塞紧瓶口一样,能获得较大的气门座合压力,以提高密封性和导热性。

②气门落座时有自动定位作用。

③避免气流拐弯过大而降低流速。

④气门落座时能挤掉接触面的沉积物,即有自洁作用。

气门锥角

图3.9　气门锥角

外表面为锥面的气门锁夹可用来固定上气门弹簧座,气门锁夹内表面有多种形状,相应地,气门尾端也有各种不同形状的气门锁夹槽。

气门杆有较高的加工精度和较低的粗糙度,与气门导管保持较小的配合间隙,以减小磨损,并起到良好的导向和散热作用。

3)气门杆身

气门杆身与气门导管配合,为气门开启与关闭过程中的上下运动导向。气门杆身为圆柱形,发动机工作时,气门杆身在气门导管中不断上下往复运动,而且润滑条件极为恶劣。因此,要求气门杆身与气门导管有一定的配合精度和耐磨性,气门杆身表面都经过热处理和磨光,气门杆身与头部之间的过渡应尽量圆滑,不但可以减小应力集中,还可以减少气流阻力。

在某些高度强化的发动机上采用中空气门杆的气门,旨在减轻气门质量和减小气门运动的惯性力。为了降低排气门的温度,增强排气门的散热能力,在许多汽车发动机上采用钠冷却气门。这种气门是在中空的气门杆中填入一半金属钠。因为钠的熔点是97.8 ℃,沸点为880 ℃,所以在气门工作时,钠变成液体,在气门杆内上下激烈地晃动,不断地从气门头部吸收热量并传给气门杆,再经气门导管传给汽缸盖,使气门头部得到冷却,如图3.9所示。

(2)气门的维修

1)气门的检验

气门的耗损主要有气门工作面起槽、变宽,甚至烧蚀后出现斑点和凹陷,气门杆及尾端的磨损,气门杆的弯曲变形等。气门的检验主要是检验气门杆的弯曲变形和气门杆直线度及弯曲程度的检测。

检测气门损耗达到下列情形之一时,应予以修校或换新,如图3.10所示。

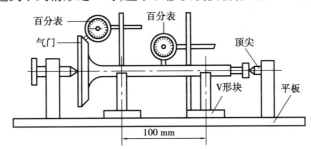

图3.10　气门的检修示意图

①载货汽车的气门杆的磨损量大于0.10 mm,轿车的气门杆的磨损量大于0.05 mm,或出现明显的台阶形磨损。

②气门头圆柱面的厚度小于0.8 mm。

③气门尾端的磨损量大于0.5 mm。

④当气门杆的直线度误差大于0.05 mm时,应予更换或校直,校直后的直线度误差不得大于0.02 mm。

2)气门的修理

气门工作锥面磨损或烧蚀,需要在气门光磨机上进行修磨,修磨须在杆部校正后进行。

气门的光磨工艺如下:

①光磨前先检校气门杆使其符合要求。

②将气门杆紧固在光磨机夹架上,气门头部伸出长度约40 mm,按气门工作锥面的角度调整夹架。

③查看砂轮工作面是否平整。

④启动光磨机,检查确认气门夹持无偏斜时即可试磨。试磨时,先使砂轮轻轻接触气门,若磨削痕迹与工作锥面在全长接触或略偏向气门杆,则光磨机夹架的角度符合要求。

⑤光磨进刀时,冷却液要充足,并控制好横向进给速度和纵向进刀量,直至磨损痕迹磨光为止,光磨后气门的要求如下:大端圆柱面的厚度大于1 mm,工作锥面的径向圆跳动误差小于0.01 mm,表面粗糙度小于0.25 μm,与气门杆部的同轴度误差小于0.05 mm。

情境 2　气门座

(1)气门座的结构

气门座可以在汽缸盖(气门顶置)或汽缸体(气门侧置)上直接镗出或气门座用较好的材料单独制作,然后镶嵌到汽缸盖或汽缸体上。它们与气门的头部共同对汽缸起密封作用,并接受气门出来的热量。

进气门的温度较低,可以直接镗出,但排气门的温度较高,润滑条件较差,极易磨损,多用镶嵌式。镶嵌式的缺点是导热性差、加工精度高、容易脱落,一般是直接镗出。用铝合金的汽缸盖,由于铝合金材质软,进排气门均镶嵌,如图 3.11 所示为气门座的结构图。

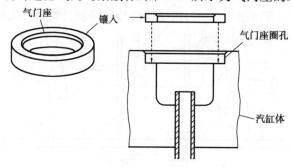

图 3.11　气门座的结构图

(2)气门座的维修

气门座的耗损主要是磨料磨损和冲击载荷造成的硬化层脱落,以及受高温气体的腐蚀,使得密封带变宽,气门与气门座关闭不严,汽缸密封性降低。如果出现这些现象,一般应检修气门座,如图 3.12 所示。

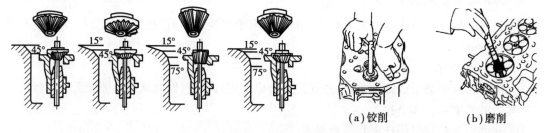

图 3.12　气门的修理方法

气门座检修的技术要求是气门座表面不得有任何损伤,气门座固定可靠;工作锥面正确,表面粗糙度 Ra 取值为 1.25 ~ 6.3 μm;气门座圈工作面宽度为 1.2 ~ 2.5 mm;气门下陷量符合要求。

1)气门座的铰削

气门座的铰削工艺如下:

①根据气门头直径和工作锥面选择一组合适的铰刀,再根据气门直径选择刀杆。每组铰刀有 45°(或 30°)、15°和 75° 3 种不同角度。其中 45°(或 30°)铰刀又分为粗铰刀和精铰刀两种。

②检查气门导管,若未更换气门导管,应检查气门导管的磨损程度。

③砂磨硬化层。若未更换气门座,铰削前先将砂布垫在铰刀下,磨掉座口硬化层,以防止

铰刀打滑和延长铰刀的使用寿命。

④粗铰工作面。用45°粗铰刀绞削气门座工作面,直至消除磨损和烧蚀痕迹(对新座圈,则要求铰削出宽度适当的工作锥面)。

⑤用游标卡尺检查气门下陷量。

⑥调整环带位置和宽度。密封环带应处于工作锥面中部。若偏向气门杆部。选用15°铰刀(斜面与刀杆中心线夹角)铰刀修整;若偏向气门头部,则选用75°铰刀修整。若环带过宽,用15°和75°两种铰刀分别铰削。

⑦用精铰刀铰削气门座工作面,降低表面粗糙度或用细砂布包在刀刃上,将气门座工作面磨光。

2)气门与气门座的研磨

①将汽缸盖倒置,用柴油洗净气门、气门座、气门导管,清除积碳,并在气门头端标示出顺序记号。

②在气门工作锥面上均匀涂抹一层粗研磨膏,气门杆上涂少许机油,将气门杆插入倒置管内,用气门捻子吸住气门。

③研磨时,一边用手指搓动气门捻子的木柄,使气门单向旋转一定角度,一边将气门捻起一定高度后落下进行拍击。注意始终保持单向旋转,不断改变气门与气门座在圆周方向的相对位置。

④当气门磨出整齐、无斑痕和麻点的接触环带时,将粗研磨膏洗去,换用细研磨膏继续研磨,直到气门工作面出现一条整齐的灰色无光的环带时,洗去细研磨膏,涂上机油再研磨几分钟。

⑤最后洗净气门、气门座、气门导管。

研磨气门时应注意:研磨时,研磨膏不宜过多,以免进入气门导管,造成气门杆与气门导管的早期磨损;在保证密封的前提下,研磨时间不宜过长,拍击力不宜过猛,以防环带过宽,出现凹陷。

3)气门密封性检验

气门和气门座经过修理后,都要进行密封性检查,其方法如图3.13所示。试验时,先将空气容筒紧密贴在气门头部周围,再压缩橡皮球,使空气容筒内具有一定压力(68.6 Pa 左右),如果在30 s 内,气压表的读数不下降,则表示气门与气门座的密封性良好。

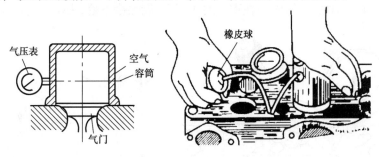

图3.13　气门密闭性检测

情境 3　气门导管

(1)气门导管的结构

气门导管起导向作用,保证气门作直线运动。使气门与气门座能正确贴合。此外,气门导管还在气门杆与汽缸体之间起导热作用,如图 3.14 所示。

气门导管的工作温度较高,约 250 ℃,气门杆在其中运动,紧靠配气机构飞溅出来的机油进行润滑,易磨损,所以气门导管大多数是用灰铸铁、球墨铸铁等制造的。

气门导管的外形及安装位置,如图 3.15 所示。其为圆柱形管,外表面有较高的加工精度、较低的粗糙度,与缸盖(体)的配合有一定的过盈量,以保证良好的传热和防止松脱。有的发动机对气门导管用卡环定位,使气门弹簧下座将卡环压住,因此导管轴向定位可靠。

图 3.14　气门导管

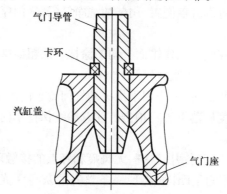

图 3.15　气门导管的安装位置

(2)气门导管的检修

1)检查气门导管与气门杆之间的配合间隙

将汽缸盖倒置在工作台上,将气门顶升至高出座口约 10 mm,安装磁性百分表座,使百分表的触头触及气门头边缘,侧向推动气门头,同时观察百分表指针的摆动,其摆动量即为实测的近似间隙,如图 3.16 所示。如换上新气门,其间隙值仍超过允许值,则应更换气门导管。气门杆与气门导管的配合间隙超过限度,应予以更换。气门导管的检修也可按经验法检查气门杆与导管的间隙,方法如下:将气门杆和气门导管擦净,在气门杆上涂一层薄机油,将气门放入气门导管中,上下拉动数次后,气门在重力的作用下,能徐徐下落,表示气门杆与气门导管的配合间隙适当。

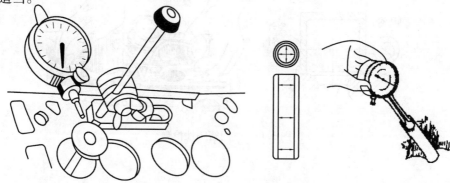

图 3.16　气门导管检验

2)更换气门导管

当气门导管磨损严重或气门导管与气门杆的配合间隙大于使用限度应更换气门导管。其工艺要点如下：

①用外径略小于气门导管内孔的阶梯轴冲出气门导管。

②选择外径尺寸符合要求的新气门导管。

③安装气门导管：用细砂布打磨气门导管承孔口,在承孔内壁与导管外表面上涂少许机油,并放正气门导管,按好铜质的阶梯轴用压力机或手锤将气门导管装入承孔内。

④气门导管的铰削：采用成型专用气门导管铰刀铰削,进刀量不易过大,铰刀保持垂直,边铰边试,直至间隙合适为止。

情境4　气门弹簧

(1)气门弹簧的结构

气门弹簧的功用是保证气门关闭时能紧密地与气门座或气门座圈贴合,并克服在气门开启时配气机构产生的惯性力,使传动件始终受凸轮控制而不相互脱离,气门弹簧一般为等螺距圆柱形螺旋弹簧。气门弹簧的一端支承在汽缸盖或汽缸体上,而另一端则压靠在气门杆端的弹簧座上,弹簧座用锁片固定在气门杆的末端,如图3.17所示。

当气门弹簧的工作频率与其固有的振动频率相等或为整数倍时,气门弹簧就会发生共振。共振时将使配气定时遭到破坏,使气门发生反跳和冲击,甚至使弹簧折断。为了防止发生共振,可采取下列结构措施：

①采用双气门弹簧。

②弹簧旋向相反。

③采用变螺距气门弹簧。

④采用锥形气门弹簧,锥形气门弹簧的刚度和固有振动频率沿弹簧轴线方向是变化的,因此可消除发生共振的可能性,如图3.18所示。

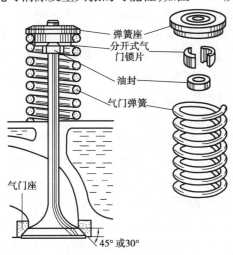

图3.17　气门弹簧的安装

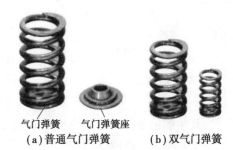

(a)普通气门弹簧　　(b)双气门弹簧

图3.18　常见的气门弹簧

(2)气门弹簧的维修

气门弹簧出现断裂、歪斜、弹力减弱现象时,应予以更换。气门弹簧的弹力在弹簧检验仪上进行。弹力小于原厂规定的 10% 时,应予以更换。无弹簧检验仪时,可用对比新旧弹簧的自由长度判断,自由长度差超过 2 mm 时,应予以更换。对气门弹簧进行垂直度测量,如有歪斜,应予以更换。气门弹簧的检测,如图 3.19 所示。

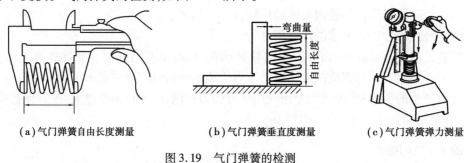

(a)气门弹簧自由长度测量　　　　(b)气门弹簧垂直度测量　　　　(c)气门弹簧弹力测量

图 3.19　气门弹簧的检测

学习任务 11　气门传动组的结构与维修

气门传动组主要包括凸轮轴、正时齿轮、挺柱及其导管、推杆、摇臂和摇臂轴等,其作用是使进排气门按配气相位规定的时刻进行开闭,并保证有足够的开度。如图 3.20 所示为桑塔纳的配气结构示意图,气门传动组由曲轴正时齿轮、凸轮轴正时齿轮、齿形带、凸轮轴等组成。曲轴通过齿轮和齿带把动力传递到凸轮轴,凸轮轴驱动气门按照配气相位定时开启和关闭进排气门。

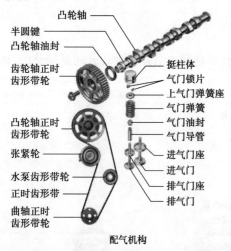

凸轮轴
半圆键
凸轮轴油封
齿轮轴正时齿形带轮
凸轮轴正时齿形带轮
张紧轮
水泵齿形带轮
正时齿形带
曲轴正时齿形带轮
挺柱体
气门锁片
上气门弹簧座
气门弹簧
气门油封
气门导管
进气门座
进气门
排气门座
排气门
配气机构

图 3.20　桑塔纳配气结构示意图

情境 1　凸轮轴

(1)凸轮轴的结构

凸轮轴的作用是驱动和控制发动机各缸气门的开启和关闭,使其符合发动机的工作顺序、配气相位及气门开度的变化规律等要求。凸轮轴的材料一般用优质钢磨锻而成,也可采用合金铸铁或球墨铸铁铸造,凸轮和轴径的工作表面一般经过热处理后精磨,以改善耐磨性。

1)凸轮轴的轮廓

进、排气门开启和关闭的时刻、持续时间以及开闭的速度等分别由凸轮轴上的进、排气凸轮控制。转速较低的发动机,其凸轮轮廓由几段圆弧组成,这种凸轮称为圆弧凸轮。高转速发动机则采用函数凸轮,其轮廓由某种函数曲线构成。如图 3.21 所示,O 点为凸轮轴回转中心,凸轮轮廓上的 AB 段和 DE 段为缓冲段,BCD 段为工作段。挺柱在 A 点开始升起,在 E 点停止运动,凸轮转到 AB 段内某一点处,气门间隙消除,气门开始开启。此后随着凸轮继续转动,气门逐渐开大,至 C 点气门开度达到最大。再后气门逐渐关闭,在 DE 段内某一点处气门完全关闭,接着气门间隙恢复。气门最迟在 B 点开始开启,最早在 D 点完全关闭。由于气门开始开启和关闭落座时均在凸轮升程变化缓慢的缓冲段内,其运动速度较小,从而可以防止强烈的冲击。

凸轮轴上各同名凸轮(各进气凸轮或各排气凸轮)的相对角位置与凸轮轴旋转方向、发动机工作顺序及汽缸数或做功间隔角有关。如果从发动机风扇端看凸轮轴逆时针方向旋转,则工作顺序为 1—3—4—2 的四缸发动机其做功间隔角为720°/4 = 180°曲轴转角,相当于 90°凸轮轴转角,即各同名凸轮间的夹角为 90°。对工作顺序为 1—5—3—6—2—4 的六缸发动机,其同名凸轮间的夹角为 60°。同一汽缸的进、排气凸轮的相对角位置即异名凸轮相对角位置,决定于配气定时及凸轮轴旋转方向。

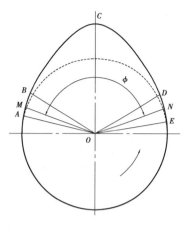

图 3.21 凸轮轴轮廓图

2)凸轮轴的轴承

中置式和下置式凸轮轴的轴承一般制成衬套压入整体式轴承座孔内,再加工轴承内孔,使其与凸轮轴轴颈相配合。上置式凸轮轴的轴承多由上、下两片轴瓦对合而成,装入剖分式轴承座孔内。轴承材料多与主轴承相同,在低碳钢钢背上浇敷减摩合金层,也有的凸轮轴轴承采用粉末冶金衬套或青铜衬套。

3)凸轮轴的驱动

凸轮轴由曲轴驱动,其传动机构有齿轮式、链条式及齿形带式,如图 3.22 所示。齿轮传动机构用于下置式和中置式凸轮轴的传动。链条式和齿形带式常用于顶置凸轮轴的传动。

(a)齿轮式 (b)链条式 (c)齿形带式

图 3.22 凸轮轴传动的形式

汽油机一般只用一对定时齿轮,即曲轴定时齿轮和凸轮轴定时齿轮。柴油机需要同时驱动喷油泵,所以增加一个中间齿轮。为了保证齿轮啮合平顺,噪声低,磨损小,定时齿轮都是圆柱螺旋齿轮并用不同的材料制造。曲轴定时齿轮用中碳钢制造,凸轮轴定时齿轮则采用铸铁或夹布胶木。为了保证正确的配气定时和喷油定时,在传动齿轮上刻有定时记号,装配时必须对正记号。

链条一般为滚子链,工作时,应保持一定的张紧度,不易产生振动和噪声,为此,在链传动机构中装有导链板并在链条松边装有张紧器。

齿形带式驱动与齿轮和链条传动相比,具有噪声低、质量小、成本低、工作可靠和不需要润滑等优点。另外,齿形带伸缩小,适合精度高的传动。因此,现代轿车高速发动机大多采用齿形皮带传动式。为了确保传动可靠,齿形带保持一定张紧力,为此,在齿形带传动机构中也设置张紧器。

【扩展知识3.2】

皮带的张紧方法

在发动机前端有数根皮带,各个皮带都承担着重要的作用。在发动机上,通过皮带传动驱动各种辅机运转,例如,空调器的压缩机、动力转向油泵、交流发电机等。如果皮带断裂了,或者出现了打滑,都将使相关的辅机丧失功能,或使其性能下降,从而影响汽车的正常使用。

皮带的检查方法十分简单。首先检查皮带的张力,这时可以用拇指强力地按压两个皮带轮中间的皮带。按压力为100 N左右,如果皮带的压下量在10 mm左右,则认为皮带张力恰好合适。如果压下量过大,则认为皮带的张力不足。如果皮带几乎不出现压下量,则认为皮带的张力过大。张力不足时,皮带很容易出现打滑;张力过大时,则容易损伤各种辅机的轴承。为此,应把相关的调整螺母或螺栓拧松,把皮带的张力调整到最佳的状态。

除此之外,还必须注意皮带的磨损情况。旧皮带磨损严重,使皮带和皮带轮的接触面积锐减。这时只要用力一压皮带,皮带就深深地下沉到皮带轮的槽内。皮带的橡胶还有一个老化问题,如果皮带橡胶严重老化,必须及时更换新皮带。

(2)凸轮轴的检修

凸轮轴常见的损伤是凸轮轴的弯曲变形、凸轮轮廓磨损、支承轴颈表面的磨损以及正时齿轮驱动件的耗损等。这些耗损会使气门的最大开度和发动机的充气系数降低,配气相位失准,并改变气门上下运动的速度特性,从而影响发动机的动力性和经济性等。

1)凸轮轴轴向间隙和轴颈的检查

采用止推凸缘进行轴向定位的发动机在检查轴向间隙时,用塞尺插入凸轮轴第一道轴颈前端面与止推凸缘之间,或正时齿轮轮毂端面与止推凸缘之间,塞尺的厚度值即为凸轮轴轴向间隙。一般为0.10 mm,使用极限为0.25 mm,如间隙不符合要求,可用增减止推凸缘的厚度来调整。凸轮轴轴颈的检测要用千分尺来测量,并计算出圆度误差和圆柱度误差,如图3.23所示。凸轮轴轴颈的圆度误差不得大于0.015 mm,各轴颈的同轴度误差不得超过0.05 mm。否则应按修理尺寸法进行修磨。

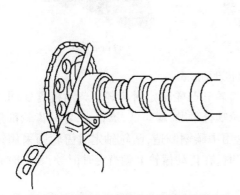
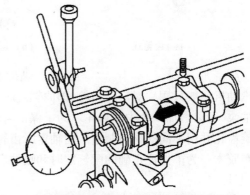

(a)用止推凸缘定位的凸轮轴轴向间隙检测方法　　(b)以轴承定位的凸轮轴轴向间隙检测方法

图3.23　凸轮轴轴向间隙的检查调整

2)凸轮轴的检修

凸轮轴的弯曲变形是以凸轮轴中间轴颈对两端轴颈的径向圆跳动误差来衡量。将凸轮轴放置在V形铁上,V形铁和百分表放置在平板上,使百分表触头与凸轮轴中间轴颈垂直接触。

转动凸轮轴,观察百分表表针的摆差,摆差即为凸轮轴的弯曲度,如图3.24所示。检查完毕后将检查结果与标准值比较,以确定是修理还是更换。

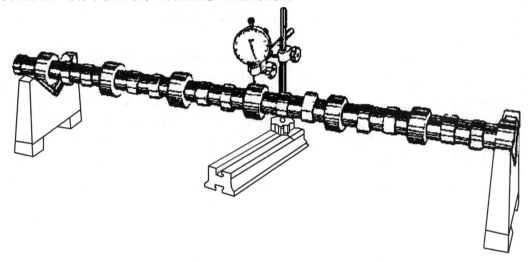

图3.24 凸轴轴弯曲检测

现代发动机的配气凸轮均为组合线型,需在专用磨床上用靠模加工,凸轮修磨十分困难。当凸轮表面仅有轻微烧蚀或凹槽时,可用砂条修磨,若凸轮表面磨损严重或最大升程小于规定值时,应予以更换。

(3)正时皮带的检查安装

①曲轴带轮和正时带轮上都有标记,装配时都要将标记和汽缸体上正时齿轮带轮室上的标记对齐,以保证配气相位的正确性。

②装上正时带。检查并确认齿形带无开裂,齿数、齿形无残缺,否则更换。

③正时齿形带张紧度的检查,如图3.25所示。检查正时齿形带的张紧度,用手指在正时齿轮和中间齿轮之间捏住正时齿形带,以刚好能转90°为合适,调整张紧轮固定螺母并拧紧。将曲轴转2~3圈后,复查确认。

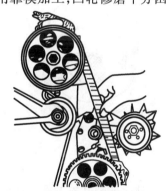

图3.25 正时齿形带的安装检查

情境2 挺柱

(1)挺柱的结构

挺柱是凸轮的从动件,其功用是将来自凸轮的运动和作用力传给推杆或气门,同时还承受凸轮轴所施加的侧向力,并将其传给机体或汽缸盖。挺柱分为普通挺柱和液压挺柱两种。挺柱常用镍铬合金铸铁或冷激合金铸铁制造。应将其摩擦表面热处理后精磨。

1)普通挺柱

对气门侧置式配气机构,其挺柱一般做成菌式,在挺柱的顶部装有调节螺钉,用来调节气门间隙。气门顶置式配气机构的挺柱一般制成筒式,一般大缸径柴油机常用滚轮式挺柱,其优点是可以减小摩擦所造成的对挺柱的侧向力,如图3.26所示。

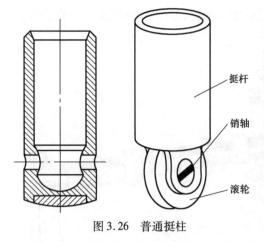

挺杆

销轴

滚轮

图 3.26 普通挺柱

有的发动机的挺柱直接装在汽缸体上相应处铸造出的导向孔中,也有的发动机的挺柱装在可拆式的挺柱导向体中。

2)液压挺柱

液压挺柱外形及结构,如图 3.27 所示。由挺柱体、油缸、柱塞、球形阀、压力弹簧等组成。在挺柱体中装有柱塞,在柱塞上端压着推杆支座。柱塞被柱塞弹簧向上推压,其极限位置由卡环限定。柱塞下端的单向阀保持架内装有单向阀弹簧和单向阀。发动机润滑系统中的机油经进油孔进入内油腔,并在机油压力的作用下推开单向阀充满高压腔。

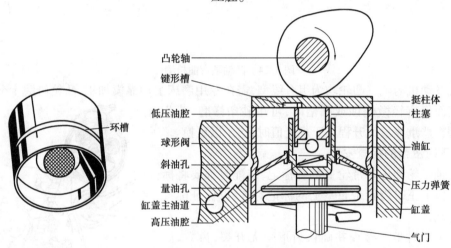

环槽

凸轮轴

键形槽

挺柱体

柱塞

低压油腔

球形阀

油缸

斜油孔

量油孔

压力弹簧

缸盖主油道

缸盖

高压油腔

气门

图 3.27 液压挺柱及原理图

挺柱体外圆柱面上有一环形油槽,油槽内有一进油孔与低压油腔相通,背面上有一键形槽将低压油腔与柱塞上部相通。油缸外圆与挺柱体内导向孔配合,内孔则与柱塞配合,两者都有相对运动。油缸底部的压力弹簧把球形阀压靠在柱塞底部的阀座上,当球阀关闭柱塞的中间孔时可将挺柱分成上部的低压油腔和下部的高压油腔。当球形阀开启后,则成为一个通腔。

当凸轮基圆与挺柱接触时,压力弹簧使挺柱顶面和凸轮轮廓线保持紧密接触,油缸下端面与气门杆尾部紧密接触,因此没有气门间隙。且挺柱体上的环形油槽与缸盖上的斜油孔对齐,来自汽缸盖油道的润滑油经量油孔、斜油孔和环形油槽流入挺柱体内的低压油腔,并经挺柱背面上的键形槽进入柱塞上方的高压油腔。

当凸轮按图示方向转过基圆使凸起部分与挺柱接触时,挺柱体和柱塞向下移动,高压油腔中的润滑油被压缩,油压升高,加上压力弹簧的作用,使球阀紧压在柱塞下端的阀座上,这时高压油腔与低压油腔被分隔开。由于液体的不可压缩性,整个挺柱如同一个刚体一样下移打开气门。此时,挺柱体环形油槽已离开了进油的位置,停止进油。

当挺柱到达下止点后开始上行时,仍受到气门弹簧和凸轮两方面的顶压,高压油腔继续封闭,球阀也不会打开,液压挺柱仍可认为是一个刚体,直至气门完全关闭时为止。此时凸轮重新转到基圆与挺柱接触位置,汽缸盖油道中的压力油又重新进入挺柱的低压油腔。同时,挺柱无凸轮的压力,高压油腔内的压力油和压力弹簧一起推动柱塞上行,高压油腔油压下降。从低压油腔来的压力油推开球阀进入高压油腔,使两腔连通充满润滑油。这时挺柱顶面仍和凸轮紧贴,气门间隙得到补偿。

在气门受热膨胀时,柱塞和油缸作轴向相对运动,高压油腔中的油液可经过油缸与柱塞间的缝隙挤入低压油腔,使挺柱自动"缩短",保证气门关闭紧密。当气门冷却收缩时,压力弹簧将液压缸向下推动,而使柱塞与挺柱体向上移动,高压油腔内压力下降,球阀打开,低压油腔油液进入高压油腔,挺柱自动"伸长",保证配气机构无间隙。故使用液压挺柱时,可以不预留气门间隙,也不需调整气门间隙。

采用液力挺柱,既消除了配气机构中的间隙,也减小了各零件的冲击载荷和噪声,同时凸轮轮廓可设计得较陡一些,使气门开启和关闭速度更快,以减小进气、排气阻力,改善发动机的换气特性,提高发动机的性能。

(2)挺柱的检修

1)普通挺柱的检修

检修普通挺柱时,如果出现以下情况应更换,如图3.28所示。

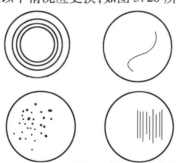

图3.28 挺柱的划痕和麻点

①挺柱底部出现疲劳剥落时。

②挺柱底部出现环形光环时。

③挺柱底部出现擦伤划痕时。

④挺柱的圆柱面部分与导孔的配合间隙一般为0.03~0.10 mm。如果超过0.12 mm时,应视情形更换挺柱或导孔支架。装有衬套的结构可更换衬套。

2)液压挺柱的检修

检修液压挺柱时,应注意以下两个方面。

①液压挺柱与承孔的配合间隙一般为0.01~0.04 mm,使用极限为0.10 mm。逾期后应更换液压挺柱。

②发动机总成修理时,如气门出现开启高度不足时,一般应更换挺柱。

更换挺柱后应检查挺柱与承孔的配合状况,检查方法:用食指和拇指捏住挺柱,转动挺柱时应灵活自如无阻滞,摆动挺柱应无旷量。

情境3 推杆

推杆的作用是将从凸轮经过挺柱传来的推力传给摇臂,现代的轿车发动机都是顶置凸轮轴直接驱动,没有推杆。推杆是气门机构中最易弯曲的零件,要求有很高的刚度,在动载荷大的发动机中,推杆应尽量做得短些。缸体与缸盖部是铝合金制造的发动机,其推杆最好用硬铝制造。推杆可以是实心或空心的,钢制实心推杆,一般同球形支座形成一个整体,然后进行热处理,如图 3.29 所示。

硬铝棒制成的推杆,推杆两端配以钢制的支承。钢管制成的推杆,有球头是直接锻成的,然后经精磨加工;也有球支承则是压配的,并经淬火和磨光。

推杆弯曲变形时应校直(直线度误差不大于 0.03 mm/100 mm),上下端凹、凸球面磨损时,则应更换气门推杆。

图 3.29　推杆的结构

情境 4　摇臂和摇臂轴

现代轿车都是凸轮轴置顶直接驱动气门组,取消了摇臂,对功率大的货车和旧式发动机都存有摇臂。摇臂实际上是一个双臂杠杆,用来将推杆传来的力改变方向,作用到气门杆端以推开气门。摇臂的两边臂长的比值(称为摇臂比)为 1.2 ~ 1.8,其中长臂一端是推动气门的。端头的工作表面一般制成圆柱形,当摇臂摆动时可沿气门杆端面滚滑。这样可以使两者之间的力尽可能地沿气门轴线作用。摇臂内还钻有润滑油道和油孔。在摇臂的短臂端螺纹孔中旋入用以调节气门间隙的调节螺钉 10,螺钉的球头与推杆顶端的凹球座相接触,如图3.30所示。

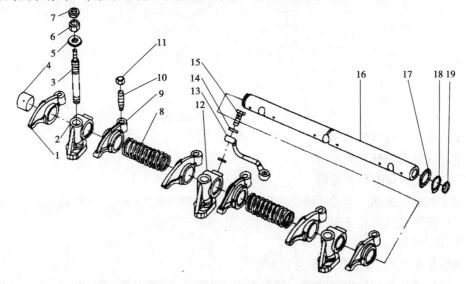

图 3.30　摇臂和摇臂轴的结构图

1—进气门摇臂;2,12—摇臂轴支架;3—摇臂轴支架固定螺柱;4—摇臂衬套;
5—垫圈;6,7—定位螺母;8—定位弹簧;9—排气门摇臂;10—调节螺钉;
11—锁紧螺母;13—通油管;14—组合密封垫圈;15—接头螺栓;16—摇臂轴;
17—摇臂轴垫圈;18—挡圈;19—碗形塞片

摇臂轴的作用是支撑摇臂。它是一根中空的圆轴,用几个支座架安装在汽缸盖上。摇臂与支座架之间装有防止轴向移动的弹簧,轴的内孔用油管与主油道相通,以便供给润滑油。摇臂轴用碳钢制成,为了耐磨,其工作面一般都经过表面淬火。

学习任务 12　可变配气相位及其控制技术

可变配气相位能在一定范围内调整凸轮轴的转角和升程,优化控制配气正时,提高发动机的动力性和经济性;改善发动机高速及低速时的性能和稳定性;降低发动机的排放。

可变配气相位机构有多种方案,目前实际应用的有:本田的可变气门控制(VTEC)机构;三菱汽车的多模式可变气门控制(MIVEC)机构;通用公司使用的无凸轮轴电子控制可变气门控制机构;丰田和帕萨特 B5 的可变气门正时控制(VVT-i)机构等。前 3 种机构既可以改变配气相位,也可以同时改变气门升程。第 4 种机构的实质是改变进气门的开闭时刻,增大高速时的进气迟闭角,以提高充气效率。

情境 1　本田公司的 VTEC 系统

VTEC 系统的全称是可变气门正时和升程电子控制系统,是本田的专有技术,它能随发动机转速、负荷、水温等运行参数的变化,而适当地调整配气正时和气门升程,使发动机在高、低速下均能达到最高效率,如图 3.31、图 3.32 所示。

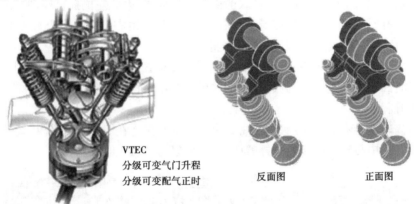

**VTEC
分级可变气门升程
分级可变配气正时**

反面图　　正面图

图 3.31　VTEC 系统结构图

(1)结构与原理

VTEC 系统构造原理图如图 3.32 所示,其操作原理如下:每组气门有 3 个凸轮部,在正常情况下,凸轮部 A 与 B 所带动的气门是各自动着,而中间的凸轮部与中摇臂并没有使用到,中间凸轮部是贴着中摇臂旋转并移动,但它并没有与外侧两个(第一与第二)摇臂结合在一起。当有需要表现高性能时,有动力性强的中凸轮部开始派上用场,此时油压会施压在活塞 A 左侧,而使得活塞 A、B 向右侧推进,这时中摇臂便与两侧之摇臂结合在一起,统一由中摇臂所带动,其中负责油压的驱动便是由 VTEC 控制阀所操作,其 VTEC 控制阀驱动的条件有下列 5 点因素:

①发动机转速。

②行车速度节。

③气门位置。

④发动机负载(由进气压力传感器所侦测)。

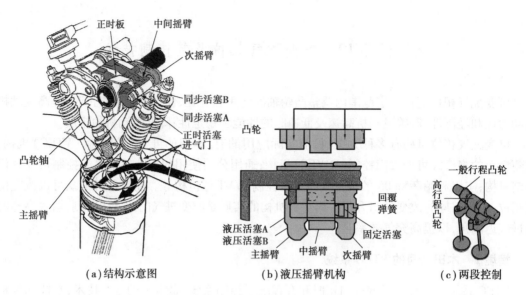

图 3.32 VTEC 系统构造原理示意图

⑤发动机温度。

第一段:低转速[图3.33(a)],三件式的摇臂独立运作,因此左侧摇臂驱动左侧的进气门,通过左侧低升程凸轮所带动;右侧摇臂驱动右侧进气门,并由右侧中升程凸轮所带动,这两者凸轮的正时都比中凸轮(此时并没有动作)来得低。

第二段:中转速[图3.33(b)],油压将右侧及左侧的摇臂连接在一起,这时中置摇臂仍独立运作,既然右凸轮大于左凸轮,因此这两侧的摇臂皆由右凸轮所带动,结果将使得进气门得到慢正时、中升程。

第三段:高转速[图3.33(c)],油压将3个摇臂全都接连在一起,又由于中置凸轮最大,因此,两侧气门皆由中凸轮所连接的中摇臂所带动,所以得到快正时、高升程。

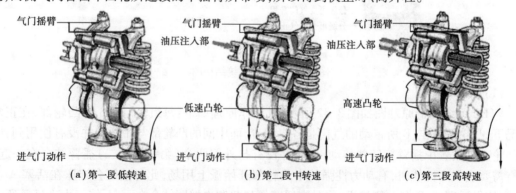

图 3.33 VTEC 系统结构原理图

什么是 i-VTEC？ VTEC 的"i"为 Intelligent(聪明的,智慧的)缩写。根据传感器提供的发动机转速、负荷、水温及车速信号,经 ECU 分析计算处理,向 VTEC 电磁阀输出信号进而控制油路开闭进行切换。控制原理如图3.34所示,负荷示意图如图3.35所示。

(2)检查与维修

VTEC 系统的液压控制部分易出现的故障主要有油道堵塞、液压控制执行阀卡滞、油道有泄漏。对液压控制系统动作不正常的故障,发动机自诊断系统是无法检测到的。当怀疑该系统有产生故障的可能及迹象(如机油变质或太脏,就可能造成油道堵塞及控制阀的卡滞;摇臂机构上油不好就可能存在泄漏现象)时,可按以下方法进行检查(主要是对 VTEC 电磁阀及液压控制活塞的检查)。

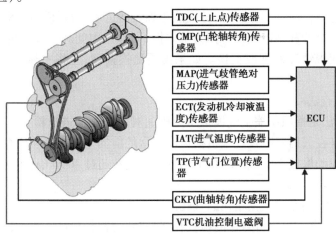

图 3.34　i-VTEC 结构图

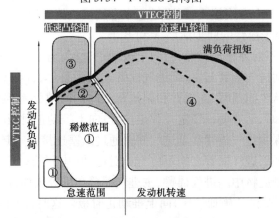

图 3.35　i-VTEC 高低范围负荷变化示意图

①将电磁阀线束插头拔下,用万用表测量电磁阀端子与搭铁间的电阻值,正常时应在14～30 Ω 范围内,否则应更换此 VTEC 电磁阀。

②如果电磁阀电阻值正常,则将 VTEC 控制电磁阀与液压阀体总成从汽缸盖上拆下,检查 VTEC 电磁阀和液压阀体与缸盖间的椭圆形滤清器是否被堵塞。分解电磁阀与阀体时,用手推动柱塞,看其是否能自由运动,检查电磁阀处的滤清环及密封件,如果有损坏则更换新件,安装电磁阀时应使用新的"O"形密封圈,并更换新机油。

③如果以上检查均正常,则检查液压控制阀活塞是否能灵活运动,可用手按动此阀的上端,如有必要,则清洗此阀。

VTEC 系统摇臂机构为整个系统的动作执行机构,其工作不正常将直接影响整个系统及发动机配气机构的工作。因此,对此机构的检查相当重要,一般有两种检查方法:手动检查和专用工具检查。

1）手动检查法

在气门间隙及配气正时正确的情况下，拆开气门室盖，摇转曲轴，带动凸轮轴转动，观察进气门摇臂是否都能正常运动。再逐缸在凸轮的基圆上（该缸活塞处于上止点 TDC 位置），用手指检查 VTEC 系统。

按动中间进气摇臂观察中间进气摇臂应能单独灵活运动，否则说明此机构有故障，应将中间进气摇臂、主进气摇臂和副进气摇臂作为整体拆下，检查中间和主摇臂内的活塞，活塞应能平滑地移动，否则应视情况修理或更换。如果需要更换摇臂，应将中间、主、副摇臂作为整体更换。

2）专用工具检查法

专用工具检查法是指用压缩空气模拟压力机油对系统机构进行检查，在检查前先进行上述手动检查，以保证在气门间隙及配气机构运动正常的前提下进行该项检查。注意：在使用气门检查工具之前，应确保接于空气压缩机上的气压表读数超过 400 kPa；用毛巾盖住以保护正时皮带。检查操作步骤如下：

①拆开气门室盖，用专用工具堵住通气孔。

②在摇臂轴末端有一用螺钉封住的检查孔，将此孔的密封螺钉拆掉，然后连接气门检查工具。注意：在重新拧紧密封螺栓前，应擦去螺栓螺纹和凸轮轴托架螺纹上的油垢。

③在检查孔处接上一个专用接头，再通过这个专用接头接上压缩空气管道，然后再通入大约 400 kPa 的气压，作用于摇臂的同步活塞 A 和 B 上。

④这时同步活塞仍不向外移动，然后再向上扳动正时板，当正时板被扳高到 2~3 mm 时，同步活塞应弹出，将中间进气摇臂与主、副进气摇臂连接为整体，仔细观察同步活塞的接合是否灵活自如。注意：可从中间摇臂、主摇臂和副摇臂之间的间隙处看到同步活塞；将正时板嵌入正时活塞上的凹槽内时，活塞便被锁定在弹出位置；向上推动正时板时，用力不要太大。

⑤保持压力时，确保主进气摇臂和副进气摇臂通过活塞连接在一起，当用手推中间进气摇臂时，它与主进气摇臂和副进气摇臂之间不应有相对运动（中间摇臂应不能单独活动）。如果中间摇臂能单独活动，则应将中间进气摇臂、主进气摇臂和副进气摇臂作为整体进行更换。

⑥停止向同步活塞 A 和 B 施加气压，向上推动正时板。这时，同步活塞应回到原来位置，同步活塞 A 和 B 应脱开啮合，三只摇臂间相互无运动干涉，否则应将进气摇臂作为整体进行更换。

⑦用手指按动每一失效器总成，看失效器是否能将中间摇臂压在凸轮上，并被良好地压缩。

⑧拆下专用工具，检查每个游动件总成能否平滑地移动，如果不能平滑地移动，则应更换游动件总成。

⑨检查完毕后，故障警示灯应不亮。

情境2　丰田公司的 VVT-i 系统

1995 年，装备改进版 VVT 系统的 VVT-i 面世了，装备的发动机是当时另一高性能发动机 1JZ-GE。VVT-i 中多出的 i，意思是 Intelligent——"智能"。VVT-i 取消了两段式的开启和关闭选择，演化成可以对进气侧凸轮轴进行无级地提前或延后的工作，就像普通的自动波箱与 CVT 波箱间的区别一样。除了控制系统的升级以外，VVT-i 工作的原理与 VVT 基本上是相同的,如图 3.36 所示。

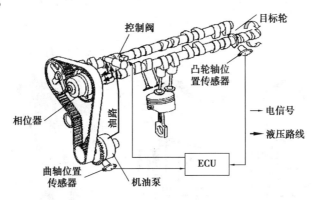

图 3.36　VVT-i 配气原理

丰田的 VVTL-i 发动机也类似于本田的 VTEC 的原理,在原来的 VVT-i 发动机的凸轮轴上,多了可以切换大小不同角度的凸轮,也利用"摇臂"的机制来决定是否顶到大角或小角度的凸轮,而做到"可连续式"地改变发动机的正时,重叠时间(重叠相位角)与"两阶段式"的升程,如图 3.37 所示。

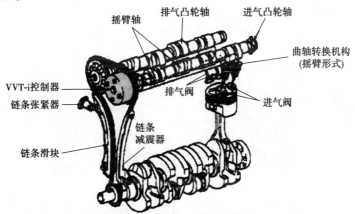

图 3.37　VVTL-i 配气机构

VVT-i 控制器通过转动凸轮轴,从而达到气门的正时改变(此为 VVTL-i 的凸轮轴)。VVT-i 发动机是如何做到变化进气时的气门正时的呢? 在如图 3.38 所示中,有一个 VVT-i 控制器,通过转动此控制盘来提早或延迟气阀的"开"与"关"的时间。所以,VVT-i 与 BMW 的 VANOS 一样的原理,VVT-i 用类似的机制来做到"连续式"的可变气门正时,VVT-i 是用电动方式来驱动控制器,而 VANOS 则是用油压方式,两者皆能跟着不同发动机转速来达到气门正时的连续性变化。

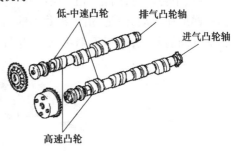

图 3.38　VVT-i 凸轮轴

VVTL-i 上用摇臂中的"销块"来巧妙决定顶到哪种尺寸的凸轮。它运用与 VTEC 一样的方法,来解决发动机在高转速时所需要更多的气门重叠时间与气门的开关升程深度。稍有所不同的地方在于摇臂内 VVTL-i 通过油压使"小销"移动,来决定顶到哪种尺寸的凸轮,如图3.39所示。

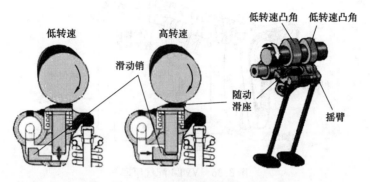

图 3.39　VVTL-i 控制原理图

高转速时,凸轮轴上只有大角度的凸轮顶到摇臂,VVTL-i 在发动机转速变高时,虽然凸轮轴一样在转动,但是,由于摇臂内的销块已移动,所以换成高速凸轮部分有效地顶到摇臂,进而驱动气阀的开关。此时,中低速的凸轮一样在转动,但只是无效的空转,这一现象与本田的VTEC 一样,如图 3.40 所示。

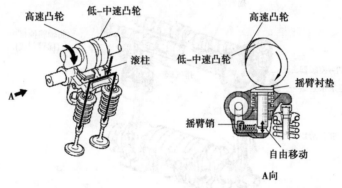

图 3.40　VVTL-i 低中速时的控制图

低、中转速时,凸轮轴上只有中低速凸轮顶到摇臂,VVTL-i 在发动机转速低时,虽然凸轮轴一样地在转动,但是,由于摇臂内的销块未移动,因此中低速凸轮部分有效地顶到摇臂,进而驱动气阀的开关,如图 3.41 所示。此时,大角度的凸轮一样在转动,但却是无效的空转。

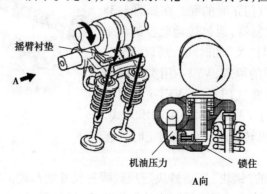

图 3.41　VVTL-i 高速时的控制图

情境3　宝马公司的 VANOS 系统

宝马 M 系列所采用的 VANOS 渐进式可变气门正时系统,如图 3.42 所示,其原理为将液压油压导入凸轮轴头端内一个可滑动的内齿机构,通过凸轮轴往复位移关系,来"无段"控制气液压门提前开启。其优点是结构简单,但因为凸轮的形状是固定的,所以气门开启的升程和时间并不会改变,只能使气门提前开启而已(日产的 NVCS 也为类似的设计)。

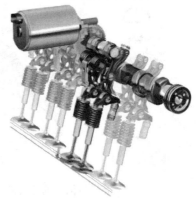

图 3.42　宝马 VANOS 技术　　　　　图 3.43　步进马达控制

①Variable Camshaft Control,称为"可变凸轮轴正时控制系统"即 VANOS。电子气门技术(Valvetronic)少了节流阀(throttle)的设计,取代"机械式"的进气节流阀装置的是"电子式"的可变电阻,根据踏油门的深浅,经过这一可变电阻来决定"进气量"。

电子气门技术改变进气门的正时与升程,电子气门系统有一支与一般发动机一样的凸轮轴,而且还有一个由一支偏心轴与滚轴及顶杆所组成的机构,并由步进马达(图3.43)带动,通过接收来自油门位置的信号,步进马达改变偏心凸轮的偏移量,经由一些机械传动间接地改变进气门的动作。

②电子气门技术比 VVTL-i 与 i-VTEC 有更先进的地方,是它除了可连续改变气阀的开关正时与相位外,电子节气门的升程也是连续性微调的。这比 VVTL-i 与 i-VTEC 在升程上的"阶段式"更先进。传统的气门机构与电子气门机构的比较,如图 3.44 所示。

③电子气门发动机"可微调"气阀,改进马达的螺旋齿轮进而改变偏心轴的旋转量,带动中摇臂和传统的凸轮轴一起动作,再传至摇臂,最后才压下气门。电子气门能通过减少气门的升程与进入燃烧室的空气量,使泵的气流损失降至最低,如图 3.44 所示。

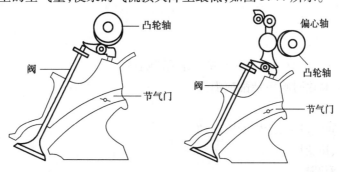

图 3.44　传统的气门机构与电子气门机构的比较

④电子气门的摇臂是"偏心轴"的转动,所以当摇臂动作时,不是固定的圆心转动,而是稍微偏离中心点,虽然偏移不大,但是一经过摇臂的长度施力(如杠杆原理一样),阀门开与关的"深度"就可以被改变了[如图3.45所示,是正常的摇臂,其动作时即固定在圆心,而电子气门的"偏心轴"摇臂则巧妙地使它在动作时,会有不等量的伸长来驱动气阀的开关深度,所以升程就发生了微量的变化]。如图3.46所示,电子气门技术透过电动马达来驱动偏心轴摇臂。

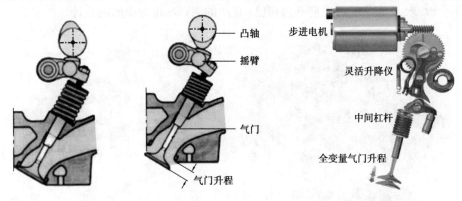

图3.45　带偏心轴的摇臂　　　　　图3.46　配气原理图

⑤无级可调电子气门控制的透视图,该系统采用电子气门,可完全调节进气量,减少废气排放,降低油耗的同时可获得高输出功率。

学习任务13　配气机构常见故障分析

配气机构必须按照配气凸轮型线所确定的规律定时开闭进、排气门,开启要迅速,落座要平稳,无反跳和抖动,确保燃烧室密封,并有较高的充气效率和较低的震动及噪声,工作可靠,寿命长。

配气机构的故障主要有配气相位失准和配气机构异响。配气相位失准主要是同步带安装位置不正确或同步带齿形磨损引起滑转,遇此故障应立即更换同步带,并按发动机拆装的有关内容重新安装同步带。

情境1　异响

(1)凸轮轴响

1)现象

①在发动机上部发出有节奏较钝重的"嗒、嗒"响声。

②中速时明显,高速时响声杂乱或消失。

2)原因

①凸轮轴轴向间隙过大,产生轴向窜动。

②凸轮轴有弯、扭变形。

③凸轮工作表面磨损。

④凸轮轴轴颈磨损,径向间隙过大。

3）诊断与排除

①按上节有关内容检查凸轮轴轴向间隙,如其轴向间隙过大,则应更换止推板;严重时,应更换凸轮轴。

②如凸轮轴轴向间隙正常,则表明有凸轮轴弯扭变形、凸轮磨损或凸轮轴轴颈磨损等不良现象。此时,应分解配气机构,查明具体原因,视情形更换凸轮轴。

（2）气门脚响

1）现象

①发动机怠速时,汽缸盖罩内发出有节奏的"嗒、嗒"响声。

②发动机转速升高,响声增大。

③发动机温度变化或做断火试验,响声不变。

2）原因

①气门间隙调整不当。

②气门杆尾端与气门间隙调节螺钉磨损。

③气门间隙调节螺钉的锁紧螺母松动。

④凸轮磨损或摇臂圆弧工作面磨损。

3）诊断与排除

①拆下汽缸盖罩,检查气门间隙调节螺钉的锁紧螺母是否松动;检查气门间隙值,并视情形重新调节。

②检查气门杆尾部端面和调节螺钉的磨损情况,必要时更换气门或调节螺钉。

③检查凸轮与摇臂圆弧工作面的磨损情况,视情形更换凸轮轴或摇臂。

（3）气门弹簧响

1）现象

①发动机怠速时有明显的"嚓、嚓"响声。

②各转速下均有清脆的响声,多根气门弹簧不良,机体有震抖现象。

2）原因

气门弹簧过软或折断。

3）诊断与排除

①拆下汽缸盖罩,用旋具撬住气门弹簧,若弹簧折断可明显地看出。弹簧折断应予以更换。

②仍用旋具撬住气门弹簧,怠速运转发动机,若响声消失,即为该弹簧过软。弹簧若过软,必须更换。

（4）气门座圈响

1）现象

①有节奏的类似气门脚响,但比气门脚响的声音大得多。

②发动机转速一定时,响声时大时小,并伴有破碎声。

③发动机中低速运转时,响声较清脆,高速时响声增大且变得杂乱。

2）原因

①气门座圈和汽缸盖气门座圈座孔配合过盈量不足。

②气门座圈镶入汽缸盖气门座圈座孔后,滚边时没有将座圈压牢。

③气门座圈粉末冶金质量不佳,受热变形以致松动。

3)诊断与排除

拆下汽缸盖罩,经检查不是气门脚响和气门弹簧响,即可断定为气门座圈响。分解配气机构后进一步检查,必要时,铰削气门座圈座孔,更换松动的气门座圈,并保证其压入后有足够的过盈量。

情境2　磨损和裂纹

配气机构的维护与修理就是恢复零件的工作性能,保证配气正时、气门关闭严密,使进气充分、排气彻底,工作平稳无异响,提高发动机的功率,降低燃油消耗。

气门与气门座的良好配合是决定配气机构正常工作的重要环节,直接影响汽缸的密封性。如果配气机构的磨损逾限,则会出现漏气现象。

如果气门组和气门传动组出现磨损超过规定值,则直接将其组件换掉。

如果气门组件配合面出现剥落、裂纹、擦伤划痕和挺柱与导孔配合松旷等现象,则采用煤油测试法进行测试是否有裂纹;如果有裂纹则直接将该组件换掉。

【扩展知识3.3】

如何延长配气机构的使用寿命

配气机构作为发动机的重要组成部分,其使用寿命本应与发动机整体寿命一致,但在使用中常发现配气机构寿命远远低于发动机整体寿命,尤其是气门、气门座、气门导管等主要机件寿命较短,往往在二、三级维护时,部分机件就已超过了使用极限而需要提前更换,造成极大浪费。本文就此谈谈延长配气机构使用寿命的方法。

一、配气机构早期损坏的主要原因

1.维修质量差在维修作业中突出的问题是气门与气门座工作面加工质量达不到要求,造成工作面烧蚀、凹陷而早期损坏;凸轮轴轴承在刮削中其配合间隙、接触面积、各轴承同心度达不到要求,加速磨损,出现异响造成早期损坏;气门导管在更换新件时,铰削质量达不到规定要求,直接影响气门及气门座的使用寿命。

2.维修数据应用不当:维修中不能科学地选择维修数据是造成机件早期损坏的重要原因。如气门与气门座接触面宽度,规定进气门为 $1 \sim 2.2$ mm,排气门为 $1.5 \sim 2.5$ mm。但在维修中,人们往往认为宽一点比窄一点保险,习惯选用上限或接近上限值,因而刚修好的车气门工作面宽度就已接近使用极限了。再如气门脚间隙,一般汽车规定为 $0.2 \sim 0.25$ mm,但在维护调整中也误认为间隙大一点比小一点好,因此,超上限使用。实际上间隙过大,不但降低了发动机功率,而且还会出现敲击声(气门口)而早期损坏。

二、维修中应注意的事项

配气机构在维修中手工作业较多,由于维修人员技术上的差异和认识上的偏差,维修质量很难达到规定要求;因此,在维修中应特别强调配气机构的维修质量,并采取有效措施提高维修质量,以延长其使用寿命。

1.气门的光磨。在维修作业中,如气门出现烧蚀、麻点和凹陷时,均应进行光磨(严重时需更换气门)。通常在气门光磨机上进行,作业时应注意4个问题:一是保证气门头与杆部同心,否则应先校直;二是光磨量在能磨出完整的锥面的前提下越小越好;三是尽量提高表面光洁度;四是气门杆端部凹陷应予以磨平。

2. 气门座的铰削。气门座铰削通常为手工作业,应特别重视 3 个问题:一是在消除凹陷、斑点,能铰出完整锥面的基础上,铰削量越小越好;二是铰削时用力要均匀,起刀收刀要轻,少铰多观察,以保证较少的铰削量和较高的光洁度;三是与气门试配,确定好工作面位置和宽度。位置应调整到气门锥面的中下部,偏上或偏下可用上、下口铰刀进行调整。工作面宽度,进气门可掌握在 0.9 mm(规定为 1~2.2 mm),排气门可掌握在 1.4 mm(规定为 1.5~2.5 mm)。实践证明上述宽度在气门与气门座研磨后,进气门可达 1 mm,排气门可达 1.5 mm,均在规定宽度的下限,能大大提高其使用寿命。

3. 气门的研磨。气门的研磨分为两种情况:一是气门与座只有轻微麻点,不需要光磨和铰削时的研磨;二是气门与座均经过光磨和铰削后的研磨。前者先用粗金刚砂研磨,将麻点研磨掉后,再用细金刚砂研磨,最后涂上机油研磨,直至密封符合要求,宽度符合规定为止。后者只有密封性达不到要求时才进行研磨,但操作时一定要注意,不要过分用力,严禁将气门上下敲打,否则将出现凹形砂痕,影响维修质量。

4. 气门导管的铰削。气门杆与气门导管配合间隙是决定气门导管寿命的关键,因此当更换新的气门导管时,铰削应严格掌握好配合间隙,使用各车型规定间隙的下限,可有效延长使用寿命。

5. 凸轮轴轴承的刮削。凸轮轴轴承的刮削属于手工作业,保证质量有一定难度。为刮削方便,又通常在汽缸体外加工,因此应特别注意 4 个问题:一是要确定好轴承刮削后内孔的直径(用公式表述为:内孔直径 = 轴颈直径实测值 + 配合间隙下限值 + 轴承与座孔过盈量实测值);二是刮削中要尽量注意保持轴承内孔与外圆的同轴度;三是边刮削边与轴颈试配(此时间隙为过盈量 + 配合间隙),并保证接触印痕分布均匀;四是将轴承压入座孔时,应注意对正油孔。刮削后装入凸轮轴,转动数圈,视情形进行适当修整,接触面积应达到 75% 以上并分布均匀,间隙符合规定。

6. 气门脚间隙的调整。配气机构各机件在正常使用中,随着零件的磨损,气门脚间隙将发生变化。如凸轮、气门杆端面及挺杆接触面磨损后间隙将变大,而气门头与气门座磨损后间隙又变小,因此,在调整中应取间隙的中间值为宜。如规定为 0.2~0.25 mm,可实取 0.22 mm,这样既照顾了间隙变化的实际情况,又考虑了测量误差问题,可充分保证气门脚间隙作用的实现。

此外,配气机构其他组件、零件的维修,主要是加强零件的清洗和检验工作,并按规定进行正确的调整和装配,以实现其整体协调地工作。

在实际工作中,只要依照上述注意事项进行维护,便可以有效延长配气机构的使用寿命。

实践训练 5　配气机构的拆装及认知

一、目的及要求

①认识气门的组成及各个组件的工作原理。
②掌握气门组件的作用及主要部件的名称、安装位置。
③掌握气门各部分运动关系及配气相位。

二、实训设备

①汽车发动机及拆装台;套装工具及气门拆卸专用工具。
②汽车示教台。
③相关教具、录像片及教学挂图。

三、实训内容

①在发动机上确认气门组和气门传动组的具体位置。
②对发动机的气门进行拆卸,并观察气门的运动原理。

四、实训步骤

①观察发动机的运行,理解并掌握气门组和气门传动组的工作过程及原理。
②按照维修手册对发动机气门进行拆卸,边拆卸边授课,讲明各部分之间的关系和作用。
③按照相反的顺序把气门组件安装好,对配气相位阐述清楚。

五、实训考核

①认识配气机构各部件名称、安装位置及工作原理。
②能回答教师给出的问题。
③填写作业单及实训报告。
④回答实践思考题。

实践训练 6　气门间隙的调整

一、目的及要求

①认识气门的组成及各个组件的工作原理。
②掌握气门组件的作用及主要部件的名称、安装位置。
③掌握气门间隙的调整方法及配气相位。

二、实训设备

①汽车发动机及拆装台;套装工具及塞尺等。
②汽车示教台。
③相关教具、录像片及教学挂图。

三、实训内容

①在发动机上确认气门组和气门传动组具体位置。
②对发动机的气门进行拆卸,采用二次调整法和逐缸调整法分别进行气门间隙的调整。

四、实训步骤

①观察发动机的运行,理解并掌握气门组和气门传动组的工作过程及原理。

②按照维修手册对发动机气门进行拆卸,对气门间隙进行调整。

③按照相反的顺序把气门组件安装好,对配气相位进行详细阐述。

④3～5人一组,把全班分成若干组,完成以上内容,针对有异议的问题进行讨论,并请教师协助解决。

五、实训考核

①认识配气机构各部件名称、安装位置及工作原理,学会调整气门间隙。

②能回答教师给出的问题。

③能够按照规范操作去完成实践内容。

④填写作业单及实训报告。

⑤回答实践思考题。

实践训练7　气门的研磨

一、目的及要求

①认识气门的组成及各个组件的工作原理。

②掌握气门组件的作用及主要部件的名称、安装位置。

③掌握气门研磨方法及气门的维修原理。

二、实训设备

①汽车发动机及拆装台;套装工具及铰刀研磨机、研磨膏等。

②汽车示教台。

③相关教具、录像片及教学挂图。

三、实训内容

①在发动机上确认气门组和气门传动组的具体位置。

②对发动机的气门进行拆卸,采用对磨损逾限的气门进行研磨教学。

四、实训步骤

①观察发动机的运行,理解并掌握气门组和气门传动组的工作过程及原理。

②按照维修手册对发动机气门进行拆卸,对气门进行研磨。

A.清洗气门、导管与气门座,并按序放置。

B.研磨。用橡皮捻子研磨时,在气门大端平面上涂以薄层机油,以便橡皮碗能吸起气门;用螺丝刀研磨时,在气门与气门导管座孔间套入一个软弹簧,软弹簧能将气门推离一段距离。

首先在气门座或气门工作锥面上涂一层粗研磨膏,将气门插入气门导管内,用橡皮捻子或螺丝刀带动气门正反旋转,并与气门座不断拍击。至气门锥面上出现一条完整、边界清晰的接触环带,用细研磨膏继续研磨,使接触环带呈均匀的瓦灰色。最后滴上机油继续研磨几分钟。

C. 清洗。

③对气门进行密闭性测试。

④按照相反的顺序把气门组件安装好。

⑤3～5人一组,把全班分成若干组,完成以上内容,就有异议的问题讨论并请教师协助解决。

五、实训考核

①认识配气机构各部件名称、安装位置及工作原理,学会气门研磨。

②能回答教师给出的问题。

③能按照规范操作去完成实践内容。

④填写作业单及实训报告。

⑤回答实践思考题。

习题与思考

1. 选择题

(1)四冲程内燃机,曲轴与凸轮轴的传动比为(　　　)。

    A. 1∶2　　　　　　B. 1∶1　　　　　　C. 2∶1　　　　　　D. 1∶4

(2)若气门间隙过大时,则气门开启量(　　　)。

    A. 不变　　　　　　B. 变小　　　　　　C. 变大　　　　　　D. 不可预测

(3)四冲程发动机在实际工作中,进排气门持续开启时间对应的凸轮轴转角(　　　)。

    A. 大于90°　　　　B. 等于90°　　　　C. 小于90°　　　　D. 等于180°

(4)关于可变气门正时错误的说法是(　　　)。

    A. 气门升程是可变的　　　　　　　　B. 气门打开的周期是固定的

    C. 在低转速可获得最大转矩　　　　　D. 每套进气门和排气门有3个凸轮

(5)四冲程发动机同一汽缸的进排凸轮之间的夹角一般为(　　　)。

    A. 等于90°　　　　B. 大于90°　　　　C. 小于90°　　　　D. 等于180°

(6)气门的升程取决于(　　　)。

    A. 凸轮轴转速　　　B. 凸轮轮廓的形状　C. 气门锥角　　　　D. 配气相位

(7)顶置式配气机构的气门间隙是指(　　　)之间的间隙。

    A. 摇臂与推杆　　　B. 摇臂与气门　　　C. 挺杆与气门　　　D. 推杆与气门

(8)气门重叠角是(　　　)的和。

    A. 进气门早开角与进气门迟闭角　　　B. 进气门早开角与排气门早开角

    C. 进气门晚开角与排气门迟闭角　　　D. 进气门早开角与排气门迟闭角

(9)气门的(　　　)部位与气门座接触。

A. 气门杆　　　　　　B. 气门锥面　　　　　C. 气门侧面　　　　　D. 气门导管

(10) 当机油泄漏到排气流中时,气门的(　　)磨损了。

　　A. 气门导管　　　　B. 气门头部　　　　C. 气门座　　　　D. 气门弹簧

(11) 液力挺柱在发动机温度升高后,挺柱有效长度(　　)。

　　A. 变长　　　　　　　　　　　　B. 变短

　　C. 保持不变　　　　　　　　　　D. 按机型而定,可能变长也可能变短

(12) 排气门在活塞位于(　　)开启。

　　A. 做功行程之前　　　　　　　　B. 做功行程将要结束时

　　C. 进气行程开始前　　　　　　　D. 进气行程开始后

(13) 使用四气门发动机的原因是(　　)。

　　A. 可使更多的燃油和空气进入发动机　　B. 可得到更好的润滑

　　C. 使发动机预热得更快　　　　　　　　D. 使发动机冷却得更快

(14) 采用双气门弹簧或变螺矩弹簧的主要作用是(　　)。

　　A. 提高弹簧的疲劳强度　　　　　B. 防止气门弹簧产生共振

　　C. 提高弹簧的使用寿命　　　　　D. 防止弹簧折断

(15) 安装曲轴正时齿轮和凸轮轴正时齿轮时,应注意(　　)。

　　A. 总是按照制造厂的规范对齐正时　　B. 不用担心两个齿轮的正确正时

　　C. 将两个齿轮彼此按 90°分开　　　　D. 将两个齿轮彼此按 180°分开

2. 简答题

(1) 什么是配气相位?

(2) 为何设气门间隙?

(3) 检查与调整气门间隙的基本原则是什么?

(4) 调气门时如何确定一缸上止点?

(5) 如何用"双排不进"快速确定可调气门?

(6) 如何检查与修理凸轮轴轴向间隙?

(7) 如何检查与修理凸轮轴弯曲?

(8) 凸轮磨损有何危害? 如何检查?

(9) 装有液力挺杆有何优点?

模块四
汽油机燃料供给系统

===

发动机燃烧可燃混合气做功,将化学能转换为动能,本模块通过介绍可燃混合气的形成装置等基础知识,掌握发动机可燃混合气是如何形成的,发动机电子控制系统是如何工作的,为后面学习发动机故障诊断打下基础。

===

知识要点

- 发动机燃油供给系统的组成和构造;
- 发动机可燃混合气形成的原理;
- 发动机电控系统的工作原理。

学习目标

- 掌握汽油机燃油供给系统的功能、组成结构和工作原理;
- 掌握可燃混合气浓度的表示方法及其与发动机工况的关系;
- 了解发动机电子控制系统的基本组成;
- 了解发动机常见故障及其排除方法。

案例导入

汽车发动机发展史

发动机是汽车的心脏,为汽车的行走提供动力,汽车的动力性、经济性、环保性都与发动机的特性有着密切的关系。简单地说,发动机就是一个能量转换机构,即将汽油或天然气的热能通过在密封汽缸内燃烧气体膨胀时,推动活塞做功,将其转变为机械能,这是发动机最基本的原理。

往复活塞式四冲程汽油机是德国人奥托(Nicolaus A. Otto)在大气压力式发动机基础上,于 1876 年发明并投入使用的。由于采用了进气、压缩、做功和排气 4 个冲程,发动机的热效率从大气压力式发动机的 11% 提高到 14%,而发动机的重量却降低了 70%。

1892 年德国工程师狄塞尔(Rudolf Diesel)发明了压燃式发动机(即柴油机),实现了内燃机历史上的第二次重大突破。压燃式发动机采用高压缩比和膨胀比,热效率比当时其他发动机又提高了1倍。1956年,德国人汪克尔(F. Wankel)发明了转子式发动机,使发动机转速有了较大幅度的提高。1964年,德国NSU公司首次将转子式发动机安装在轿车上。

1926年,瑞士人布希(A. Buchi)提出了废气涡轮增压理论,利用发动机排出的废气能量来驱动压气机,给发动机增压。20世纪50年代后,废气涡轮增压技术开始在车用内燃机上逐渐得到应用,使发动机性能得到很大的提高,成为内燃机发展史上的第三次重大突破。

1967年,德国博世(Bosch)公司首次推出由电子计算机控制的汽油喷射系统(Electronic Fuel Injection,EFI),开创了电控技术在汽车发动机上应用的历史。经过30年的发展,以电子计算机为核心的发动机管理系统(Engine Management System,EMS)已逐渐成为汽车特别是轿车发动机上的标准配置。由于电控技术的应用,发动机的污染物排放、噪声和燃油消耗大幅降低,改善了动力性能,成为内燃机发展史上的第四次重大突破。

1971年,第一台热气发动机——斯特林机(Strling)的公共汽车已开始运行。1972年,日本本田技研工业在市场售出装有复合涡流控制燃烧的发动机CVCC(Compound Vortex Controlled Combustion)的西维克(Civic)牌轿车,打响了稀薄气体燃烧发动机的第一炮。这种发动机是在普通发动机燃烧室的顶部加上一个槌状体的副燃烧室,先将副燃烧室中较浓的混合气体点燃,然后其火焰蔓延到主燃烧室的稀薄混合气中,使之全部燃烧做功,废气中的CO和C_xH_y很少,减少了有害气体的排放。

1967年,美国进行了一次氢气汽车行驶的公开表演,那辆氢气汽车在80 km时速下,每次充氢10 min可运行121 km。该车有19个座位,由美国比林斯公司制造。

1977年,在美国芝加哥召开了第一次国际电动汽车会议。会议期间,展出了一百多辆各式电动汽车。

1978年,日本成功制造出了复合动力汽车,即内燃机-电力汽车。

1979年8月,巴西制造出以酒精为燃料的汽车——菲亚特147型和帕萨特型轿车,以及"小甲虫"汽车。巴西是现在世界上使用酒精汽车最多的国家。

在本模块中,将学习发动机的燃油供给装置,首先掌握结构与原理,然后进一步掌握汽车发动机电子控制系统的检测。

学习任务14　汽油机供给系统的认知

情境1　汽油机燃料供给系统的作用和类型

(1)汽油机燃料供给系统的作用

汽油机供给系统的作用是根据发动机各种不同工况的要求,配制出一定浓度和数量的可燃混合气供入汽缸,并将燃烧做功后产生的废气排入大气中。

(2)汽油机燃料供给系统的类型

汽油机燃料供给系统根据可燃混合气形成机理的不同,可分为化油器式燃料供给系统和电控喷射式燃料供给系统。由于传统的化油器式燃料供给系统已经不能满足现代汽车节能减排的发展要求而被逐渐淘汰,目前汽车发动机广泛采用电控喷射式燃料供给系统。本模块主要介绍的是发动机电子控制燃油喷射系统。

情境 2　车用汽油机对可燃混合气浓度的要求

(1)可燃混合气浓度

汽油机的燃料——汽油在输入汽缸前,须先喷散成雾状(雾化),并按一定比例与空气混合形成均匀的混合气,称为可燃混合气。可燃混合气中燃料含量的多少称为燃油混合气浓度。

可燃混合气的浓度通常用空燃比 A/F 或过量空气系数 α 来表示。

1)空燃比

燃烧时实际吸入的空气质量与燃料质量之比值(主要为欧美国家采用),即

$$A/F = \frac{空气质量}{燃料质量}$$

理论上,1 kg 汽油完全燃烧需要 14.7 kg 的空气。故将空燃比 $A/F = 14.7$ 的可燃混合气称为理论混合气(标准混合气);$A/F < 14.7$ 称为浓混合气,说明燃料多空气少;$A/F > 14.7$ 称为稀混合气,说明空气多燃料少。

2)过量空气系数

在燃烧过程中,实际供给的空气质量与理论上完全燃烧时所需的空气质量之比,用 α 表示,即

$$\alpha = \frac{燃烧过程中实际供给的空气质量}{理论完全燃烧时所需的空气质量} = \frac{实际空燃比}{理论空燃比}$$

其中,$\alpha = 1$ 时,称为理论混合气(标准混合气);$\alpha < 1$ 时,称为浓混合气;$\alpha > 1$ 时,则称为稀混合气。

(2)可燃混合气浓度对发动机性能的影响

可燃混合气浓度对发动机的动力性、经济性和排放性等都有很大的影响。

1)标准混合气($\alpha = 1$)

当 $\alpha = 1$ 时,理论上汽缸中所含空气中的氧正好能使其中的燃料完全燃烧,是最理想的混合气。但实际上,受混合时间和空间条件的限制,汽油与空气不可能绝对均匀混合,也就不可能实现理论上的完全燃烧;此外,废气也不可能排尽,残留的废气会阻碍油分子与空气的混合,影响火焰的形成和传播。

2)稀混合气($\alpha > 1$)

当 $\alpha > 1$ 时,为可能完全燃烧的混合气,可使所有汽油分子获得足够的氧气而完全燃烧。当 $\alpha = 1.05 \sim 1.15$ 时,燃料消耗最低,发动机功率也较大,排放污染小,经济性最好,故称为经济混合气。

若混合气过稀($\alpha > 1.11$),因空气过量,燃烧速度反而减慢,热损失增大,导致发动机过热,功率降低;还会出现进气门开启时仍在燃烧,使火焰回传到进气管的"回火"现象。因此,不能供给过稀的可燃混合气。

3)浓混合气($\alpha < 1$)

当 $\alpha < 1$ 时,一般在 $\alpha = 0.85 \sim 0.95$ 时,因可燃混合气中汽油分子较多而使燃烧速度加快,压力大且热损失小,发动机功率增大,故称为功率混合气。当 $\alpha = 0.88$ 时,输出功率最大。

若可燃混合气过浓($\alpha < 0.85$),因燃烧不完全,产生大量的 CO,燃烧室内产生积碳,排气

管冒黑烟,污染严重。废气中的 CO 还可能在排气管中被高温废气引燃,导致排气管"放炮"现象。此外,还导致发动机功率下降,油耗率显著增加。

（3）汽油机各种工况对可燃混合气成分的要求

作为车用汽油机,其工况(负荷和转速)是复杂的,例如,超车、刹车、高速行驶、汽车在红灯信号下,起步或怠速运转,汽车满载爬坡等,工况变化范围很大,负荷变化范围可以 0%→100%,转速变化范围可以最低→最高。不同工况对混合气的数量和浓度都有不同要求,具体要求如下:

1）小负荷工况

要求供给较浓混合气成分 $\alpha = 0.7 \sim 0.9$ 量少,因为,小负荷时,节气门开度较小,进入汽缸内的可燃混合气量较少,而上一循环残留在汽缸中的废气在汽缸内气体中所占的比例相对较多,不利于燃烧,因此必须供给较浓的可燃混合气。

2）中负荷工况

要求经济性为主,混合气成分 $\alpha = 0.9 \sim 1.1$ 量多。发动机大部分工作时间处于中负荷工况,所以经济性要求为主。中负荷时,节气门开度中等,故应供给接近于相应耗油率最小的 α 值的混合气,主要是 $\alpha > 1$ 的稀混合气,这样,功率损失不多,节油效果却非常显著。

3）全负荷工况

要求发出最大功率,混合气成分 $\alpha = 0.85 \sim 0.95$ 量多,此时汽车需要克服较大阻力(如上陡坡或在艰难路上行驶)时,驾驶员往往需要将加速踏板踩到底,使节气门全开,发动机在全负荷下工作,显然要求发动机能发出尽可能大的功率,即尽量发挥其动力性,而经济性要求居次要地位。发动机的电子控制单元根据节气门(油门)开启程度、发动机转速和进气量来增加喷油时间,以使空气与燃油充分燃烧而提高功率。

4）启动工况

要求供给极浓的混合气 $\alpha = 0.2 \sim 0.6$ 量少。发动机启动时,由于发动机处于冷车状态,混合气得不到足够的预热,汽油蒸发困难。同时,由于发动机曲轴被带动的转速低,混合气中的油粒会因为与冷金属接触而凝结在进气管壁上,不能随气流进入汽缸。因而使汽缸内的混合气过稀,无法引燃,此时发动机电子控制单元控制喷射器增加喷油时间来获取较浓的燃气混合气。

5）怠速工况

发动机在对外无功率输出的情况下以最低转速运转,此时混合气燃烧后所做的功,只用以克服发动机的内部阻力,使发动机保持最低转速稳定运转。汽油机怠速运转一般为 300～700 r/min,转速很低,此时节气门开度很小,吸入汽缸内的可燃混合气量很少,同时又受到汽缸内残余废气的冲淡作用,使混合气的燃烧速度下降,因而发动机动力不足。因此,要求提供较浓的混合气 $\alpha = 0.6 \sim 0.8$。

6）加速工况

发动机的加速是指负荷突然迅速增加的过程。要求混合气量要突增,并保证浓度不下降以使空气与燃油充分燃烧而提高功率,当快速踩下加速踏板(油门),车辆开始加速时会出现燃油滞后现象,影响车辆加速,为此发动机的电子控制单元依据节气门(油门)开启角度的变化率调控延长燃油喷射时间,加速越快,喷油量增加越大。

通过上述分析,可以看出:

①发动机的运转情况是复杂的,各种运转情况对可燃混合气的成分要求不同。

②启动、息速、全负荷、加速运转时,要求供给浓混合气 $\alpha < 1$。

③中负荷运转时,随着节气门开度由小变大,要求供给由浓逐渐变稀的混合气 $\alpha = 0.9 \sim 1.1$。

学习任务 15　电控汽油发动机燃料供给系统

电控汽油喷射系统 EFI 是利用电子控制技术控制喷油器,将一定数量和压力的汽油直接喷射到进气管道或汽缸中,与进入的空气混合而形成可燃混合气,电控汽油喷射系统可以提高汽油的雾化质量,改善燃烧,同时可对可燃混合气的空燃比进行精确控制,使发动机在任何工况下都处于最佳工作状态,从而改善汽油机的性能。

(1)电控喷射式汽油发动机燃料供给系统的组成

电子控制汽油喷射系统的类型较多,但其组成基本相同,即由燃油供给系统、空气供给系统、电子控制系统组成,如图 4.1 所示。

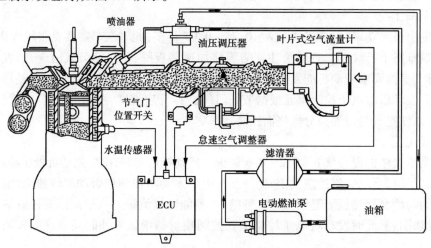

图 4.1　电子控制汽油喷射系统的组成图

1)燃油供给系统

燃油供给系统是向汽缸内供给燃烧时所需一定量的燃油。燃油供给系统的组成,如图4.2所示。

燃油供给系统主要由燃油箱、燃油泵、燃油滤清器、燃油压力调节器及喷油器等组成。燃油泵将燃油从燃油箱吸出后经过燃油滤清器,除去杂质和水分。燃油压力调节器控制供油总管的油压(一般为 0.25 ~ 0.3 MPa)后,送至各缸喷油器或低温启动喷油器。喷油器根据电控单元的喷油指令,把适量的燃油喷射到进气门前,在进气行程时,燃油与空气形成的可燃混合气被吸入汽缸内,燃油供给流程,如图 4.3 所示。

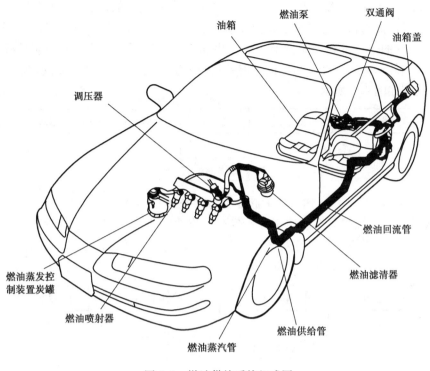

图 4.2　燃油供给系统组成图

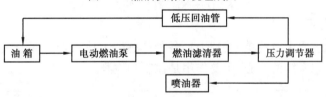

图 4.3　燃油供给流程图

2)空气供给系统

空气供给系统为发动机提供与发动机负荷相适应的、清洁的空气,同时对流入发动机汽缸的空气量进行直接的(L 形燃油喷射系统)和间接的(D 形燃油喷射系统)计算,使之与喷油器喷油后形成的可燃混合气符合发动机工况要求。其组成如图 4.4 所示,主要由空气滤清器、空气流量传感器、进气总管及进气歧管等组成。

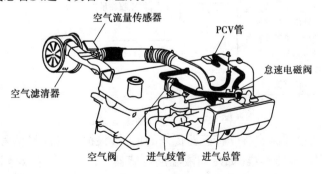

图 4.4　空气供给系统组成图

L形燃油喷射系统中,发动机工作时,空气经过空气滤清器的过滤后,通过空气流量计、节气门体进入进气总管,再通过进气歧管分配给各缸。节气门体通过控制节气门的开度从而控制进入发动机内的空气量和控制发动机的输出功率。在采用旁通式怠速控制系统的发动机上,节气门体的外部或内部设有与主进气道关联的旁通气道,并由怠速控制阀控制怠速时的进气量,空气流程如图4.5所示。

图4.5　L形燃油喷射系统空气供给图

D形燃油喷射系统与L形燃油喷射系统不同的是,D形燃油喷射系统没有空气流量计来检测空气量,它是通过进气歧管绝对压力传感器,检测进气总管内的压力,来间接地检测发动机进气量的。其空气流程如图4.6所示。

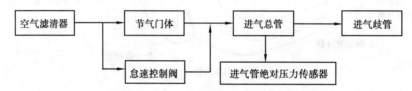

图4.6　D形燃油喷射系统空气供给图

3)电子控制系统

电子控制系统主要由电控单元(ECU)、各种传感器及执行器3部分组成,如图4.7所示。电控单元是电子控制系统的核心,主要作用是控制和检测。

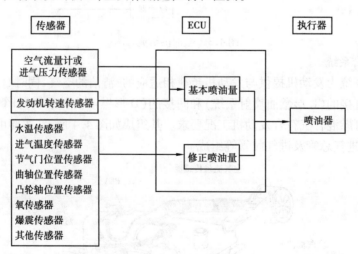

图4.7　电子控制系统组成图

电控单元一方面接受来自各个传感器传来的信号,根据空气流量信号和转速信号确定基本的喷油量,再根据其他传感器(如冷却液温度传感器、节气门位置传感器等)对喷油量进行修正。另一方面完成对这些信息的处理,并发出相应的指令控制执行器的动作,即控制喷油器喷油。传感器负责把各种反映发动机工况和汽车运行状况的参数转变成电信号(电压或电流)提供给电控单元,使电控单元正确地控制发动机运转或汽车运行。执行器用来完成电控单元发出的各种指令,是电控单元指令的执行者。

(2)电控汽油喷射系统的类型

电喷系统发展至今,已有多种类型。根据其结构特点分为以下几种类型。

1)按系统控制模式分类

在发动机电喷控制系统中,按系统控制模式可分为开环控制和闭环控制两种类型。

①开环控制。就是把根据试验确定的发动机的各种运行工况所对应的最佳供油量的数据事先存入计算机中,发动机在实际运行过程中,主要根据各个传感器的输入信号,判断发动机所处的运行工况,再找出最佳供油量,并发出控制信号。

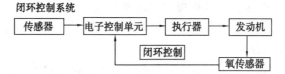

②闭环控制。闭环控制系统又称为反馈控制系统,其特点是加了反馈传感器,输出反馈信号,反馈给控制器,以随时修正控制信号。

闭环控制系统在排气管上加装了氧传感器,可根据排气管中氧含量的变化,测出发动机燃烧室内混合气的空燃比值,并把它输入计算机中再与设定的目标空燃比值进行比较,将偏差信号经功率放大器放大后再驱动电磁喷油器喷油,使空燃比保持在设定的目标值附近。因此,闭环控制可达到较高的空燃比控制精度,并可消除因产品差异和磨损等引起的性能变化对空燃比的影响,工作稳定性好,抗干扰能力强。

采用闭环控制的燃油喷射系统后,可保证发动机在理论空燃比附近很窄的范围内运行,使三元催化转换装置对排气的净化处理达到最佳效果。

但是,由于发动机某些特殊运行工况(如启动、暖机、加速、怠速、满负荷等)需要控制系统提供较浓的混合气来保证发动机的各种性能,所以在现代汽车发动机电子控制系统中,通常采用开环与闭环相结合的控制方式。

2)按喷射控制装置的形式分类

在发动机电子控制系统中,按喷射控制装置的形式可分为机械式、机电混合式和电子控制式3种燃油喷射系统。其中机械式汽油喷射系统,汽油的计量是通过机械与液力传动实现的,已经被淘汰,现在汽车广泛使用的是电子控制汽油喷射系统,其汽油、空气的计量和喷射是由电控单元及电磁喷油器实现的,在发动机的各种工况下均能精确计量所需的燃油喷射量,且稳定性好,能实现发动机的优化设计和优化控制。因此,它在汽油喷射系统中被广泛应用。

3)按喷油器数目分类

在发动机燃油喷射控制系统中,按喷油器数目进行分类,又可分为单点喷射(SPI)和多点喷射(MPI)两种形式,如图4.8所示。

①单点喷射。几个汽缸共用一个喷油器称为单点喷射。在进气管节流门上方安装1个中央喷射装置,用1~2个喷油器集中喷射。汽油喷入进气气流中,形成的可燃混合气由进气歧

管分配到各个汽缸中。

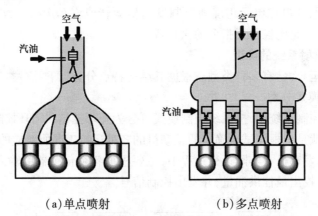

（a）单点喷射　　　　　　（b）多点喷射

图4.8　喷射类型

②多点喷射。在发动机每一个汽缸进气门前方的进气歧管上均安装一只喷油器的燃油喷射系统,称为多点喷射系统。该系统的燃油喷射在节气门附近的进气歧管内,空气与燃油在靠近进气门外形成混合气,可保证各缸获得均匀的混合气。

显然,多点燃油喷射使得燃油分配均匀性较好,从而提高了发动机的综合性能。

4)按喷射的控制方式分类

按喷射的连续性将汽油喷射系统分为连续喷射式和间歇喷射式。连续喷射是指在发动机工作期间,喷油器连续不断地向进气道内喷油,且大部分汽油是在进气门关闭时喷的。这种喷射方式大多用于机械控制式或机电混合控制式汽油喷射系统。间歇式喷射是指在发动机工作期间,汽油被间歇地按一定规律喷入进气道内。电子控制汽油喷射系统都采用间歇喷射方式。

间歇喷射还可按各缸喷射时间分为同时喷射、分组喷射和顺序喷射等形式,如图4.9所示。同时喷射是电控单元发出同一个指令控制各缸喷油器同时喷油。分组喷射是指各缸喷油器分成两组,每一组喷油器共用一根导线与电控单元连接,电控单元在不同时刻先后发出两个喷油指令,分别控制两组的喷油器交替喷射。顺序喷射则是指喷油器按发动机各缸的工作顺序进行喷射。电控单元根据曲轴位置传感器信号,辨别各缸的进气行程,适时发出各缸喷油指令以实现顺序喷射。

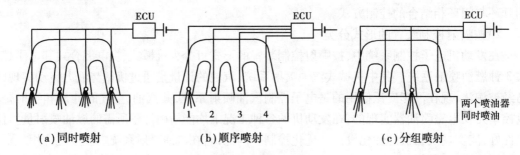

（a）同时喷射　　　　　（b）顺序喷射　　　　　（c）分组喷射

图4.9　喷射方式

5)按喷油器的喷射部位分类

在发动机电子控制系统中,按喷油器的喷射部位进行分类,又可分为缸内喷射和缸外喷射两种形式。

①缸内喷射。它是将喷油器安装于缸盖上直接向缸内喷油,如图4.10所示,因此需要较高的喷油压力(3~12 MPa)。因为喷油压力较高,所以对供油系统的要求较高,成本也相应较高。同时因为要求喷出的汽油能分布到整个燃烧室,所以缸内喷油器的布置及气流组织方向比较复杂,目前使用较少。

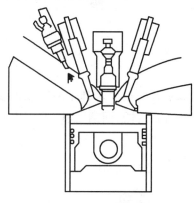 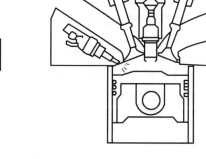

图4.10　缸内喷射　　　　　　　图4.11　缸外喷射

②缸外喷射。它是指在进气歧管内喷射或进气门前喷射,如图4.11所示。在该方式中,喷油器被安装于进气歧管内或进气门附近,故汽油在进气过程中被喷射后与空气混合形成可燃混合气再进入汽缸内。理论上,喷射时刻设计在各缸排气行程上止点前70°左右为佳。喷射方式可以是连续喷射和间歇喷射。

相比而言,由于缸外喷射方式汽油的喷油压力(0.1~0.5 MPa)不高,且结构简单,成本较低,故目前应用较为广泛。

6)按空气量的检测方式分类

电控汽油机在控制喷油时,需要确定当前的进气量,根据进气量的检测方式不同,燃油喷射系统可分为流量型(L形)和压力型(D形)两大类。

①流量型。流量型有体积流量型和质量流量型两种。体积流量型采用翼板(叶片)式空气流量传感器或(卡门)涡流式空气流量传感器,计算汽缸充气的体积量;质量流量型采用热线式或热膜式空气流量传感器,直接测量进入汽缸的空气质量。

②压力型。压力型根据进气管内绝对压力间接计量发动机进气量。压力传感器将进气管内的进气压力信号送给ECU,ECU根据压力输入信号和发动机转速信号计算出进气量。

(3)电控汽油喷射系统的优点

①能根据发动机工况变化供给最佳空燃比的混合气,且汽油雾化好,各缸分配均匀,使燃烧效率提高。

②由于进气管道中没有狭窄的喉管,因此进气阻力小,充气性能好,充气效率高。

③混合气质量高,启动性能好;发动机的震动有所减轻,汽车的加速性也有显著改善。

④当汽车在不同地区行驶时,对大气压力或外界环境温度变化引起的空气密度变化,可以进行适量的空燃比修正。

⑤在发动机启动时,可以用ECU计算出启动供油量,并且能使发动机顺利经过暖机运转,使发动机启动更容易,且暖机性能提高。

⑥能迅速减速断油,限速断油。

可见,电控汽油喷射发动机能很好地适应减少排放、降低油耗、提高输出功率及改善驾驶性能等使用要求,因此,电控喷射发动机已成为现代汽油发动机的主流。

学习任务 16　燃油供给系统的结构与维修

情境 1　燃油供给系统的作用和组成

燃油供给系统的作用是储存、滤清和输送燃油并向发动机及时供应各种工况下非燃烧所需要的燃油。燃油供给系统主要由燃油箱、电动燃油泵、燃油滤清器、回油管、燃油压力调节器、喷油器、输油管等组成。其结构如图 4.12 所示。

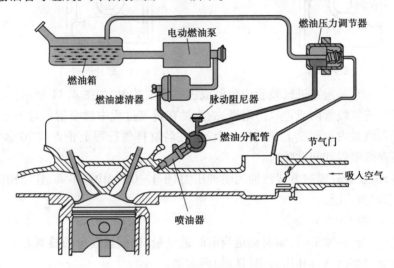

图 4.12　燃油供给装置组成图

燃油被燃油泵从油箱中泵出,由燃油滤清器滤去杂质,送至燃油压力调节器。在燃油压力调节器的作用下,使油压与进气歧管内气压的差值保持恒定(燃油压力比进气管压力高出 250～300 kPa,剩余的燃油通过回油管回到燃油箱),然后由输油管配送给各个喷油器。喷油器根据 ECU 的指令,控制喷油器的喷油开始时刻和喷油持续时间,使喷油器适时地喷射出所需的燃油。

情境 2　燃油供给系统的结构与维修

(1)油箱

油箱的主要功能就是储存发动机工作所需要的燃油,其储备里程一般为 200～600 km。普通汽车具有一个汽油箱,越野汽车常有主、副两个汽油箱。同时也要防止燃料蒸汽(HC)漏到大气中去。

货车油箱一般用带子或托架安装在车架外侧、驾驶员座下或货台下面;轿车油箱装在车架后部,并且在燃油箱的顶部和车身之间一般安装有减震器,以保护燃油箱,并防止噪声传入驾驶室。

　　油箱体是用薄钢板冲压焊接而成的。油箱上部设有加油管,管内带有可拉出的加油延伸管,延伸管底部有滤网。加油管用油箱盖盖住。油箱上表面装有油面指示表传感器和出油开关。出油开关经输油管与汽油滤清器相通。油箱底部有放油螺塞,用以排除箱内的积水和污物。箱内装有隔板,可减轻汽车行驶时燃油发生激烈的振荡,如图4.13所示为货车油箱。

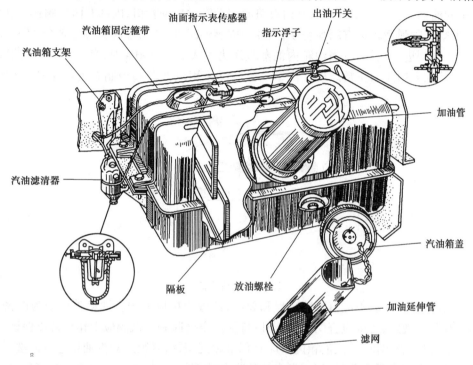

图 4.13　货车油箱

　　现代汽车上的汽油箱壳体除采用薄钢板外,还采用高密度聚乙烯,其优点是抗冲击、防腐蚀、紧密性好、易成型,并且结构紧凑、质量小、成本低,从而提高了汽车行驶的安全性,如图4.14所示为轿车用油箱。

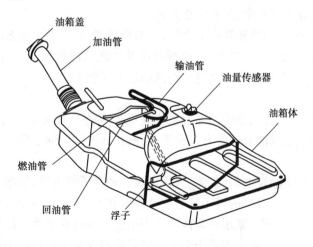

图 4.14　轿车油箱

117

为了防止汽油在行驶中因震荡而溅出,油箱必须密封。一方面,随着汽油输出,油液液面降低,油箱内将形成一定的真空度,使汽油泵失去吸油能力。另一方面,在外界温度高的情况下,汽油蒸汽过多会使油箱内压力过大。因此,必须要求油箱能和大气相通。为此,一般采用带有空气阀和压力阀的油箱盖。

汽车的油箱盖如图4.15所示,其内有垫圈用于密封加油管口,内部有两个阀:空气阀和蒸汽阀,其中空气阀弹簧较蒸汽阀弹簧软,当油箱内燃油减少,压力下降到预定值(约98 kPa)时大气推开空气阀进入油箱内;当油箱内油蒸汽压力增大到120 kPa时,蒸汽阀打开,油蒸汽泄入大气,保持油箱内压力正常。现代汽车上已广泛采用汽油蒸阀控制系统(EVAP)来代替蒸汽阀。

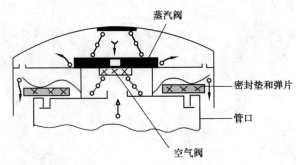

图4.15 油箱盖

汽油箱应安装牢固,不应有凹陷变形和裂纹,油管连接应紧固。油箱盖应密封严密,任何部位不应有漏油现象,否则应查明原因,予以排除。空气阀和蒸汽阀应工作正常以保证汽油箱内压力正常,以免影响供油,汽油箱内不应有积水和沉积物,否则应对汽油箱进行清洗。

当汽油箱出现渗漏现象时,可用压力法检查漏油部位,首先将汽油箱除加油管口以外的其他管口塞住,在加油管口安装上带有通气管的油箱盖。然后将汽油箱浸入水中,并经通气管向汽油箱内冲入压缩空气,当汽油箱内压力达到一定值时,观察是否有气泡冒出,并在冒气泡的部位做好标记,以待修复,应特别注意的是:充入汽油箱内的压缩空气压力不能过高,以免胀裂汽油箱。拆卸汽油箱应注意安全,尤其注意防火。

当汽油箱内有积水、沉积物和其他杂质时,应对汽油箱内部进行清洗。清洗前,拆下各种附件,并将邮箱内的残油放干净,用5%的烧碱沸溶液冲洗汽油箱1~2次,再用热水冲洗或用氨水溶液冲洗,洗净后用自然风或压缩空气将汽油箱内部吹干。

(2)汽油泵

将汽油从油箱中吸出,为汽油燃油喷射系统提供足够的具有规定压力的汽油。在电控汽油喷射系统中应用的电动汽油泵通常有两种类型:滚柱式电动汽油泵和叶片式电动汽油泵。

1)滚柱式电动汽油泵

滚柱式电动汽油泵由油泵电机、泵体、圆柱形滚柱和转子等组成,如图4.16所示。由永磁电动机驱动的滚柱式电动汽油泵的转子偏心安装在泵体内,滚柱装在转子的凹槽中。当转子旋转时,滚柱在离心力的作用下紧压在泵体的内表面上。同时在惯性力的作用下,滚柱总是与转子凹槽的一个侧面贴紧,从而形成若干个工作腔。在汽油泵工作过程中,进油口一侧的工作腔容积增大,成为低压吸油腔,汽油经进油口被吸入工作腔内。在出油口一侧的工作腔容积减小,成为高压压油腔,高压汽油从压油腔经出油口流出。安全阀的作用是当油压超过0.45

MPa 时开启，使汽油回流到进油口，以防止油压过高损坏汽油泵。在出油口处装设单向出油阀，当发动机停止时，出油阀关闭，防止管路中的汽油倒流回汽油泵，借以保持管路中有一定的油压，目的是再次启动发动机时比较容易。

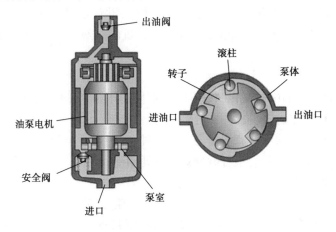

图 4.16　滚柱式电动汽油泵

滚柱式电动汽油泵运转时噪声大，油压脉动也大，而且泵体内表面和转子容易磨损，其使用寿命短。

2）叶片式电动汽油泵

叶片式电动汽油泵主要由油泵电机、叶轮、出油阀、安全阀等组成，其结构如图 4.17 所示。叶轮是一个圆形平板，在平板的圆周加工有小槽，开成泵油叶片。叶轮旋转时，小槽内的汽油随同叶轮一同高速旋转。由于离心力的作用，使出口处油压增高，而在进口处产生真空，从而使汽油从进口吸入，从出口排出。叶片式电动汽油泵运转噪声小，油压脉动小，泵油压力高，叶片磨损小，使用寿命长。

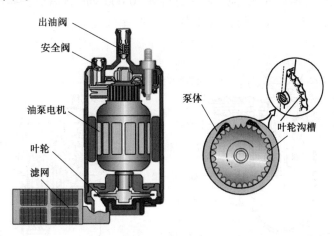

图 4.17　叶片式电动汽油泵

3）汽油泵检测

①用万用表欧姆挡测量电动燃油泵上两个接线端子间的电阻，即为电动燃油泵直流电动机线圈的电阻，其阻值应为 2 ~ 3 Ω（20 ℃时）。若电阻值不符，则须更换电动燃油泵。

②用专用导线将诊断座上的燃油泵测试端子跨接到 12 V 电源上,点火开关转至"ON"位置,但不要启动发动机。开油箱盖应能听到燃油泵工作的声音,或用手捏进油软管应感觉有压力,若听不到燃油泵工作声音或进油管无压力,则应检修或更换燃油泵。

③将电动燃油泵与蓄电池相接(正负极不能接错),并使电动燃油泵尽量远离蓄电池,每次接通不超过 10 s(时间过长会烧坏电动燃油泵电动机的线圈)。若电动燃油泵不转动,则应更换电动燃油泵。

(3)汽油滤清器

汽油滤清器把含在汽油中的氧化铁、粉尘等固体夹杂物质除去,防止燃油系统堵塞,减小机械磨损,确保发动机稳定运转,提高可靠性。

目前,汽车发动机采用的汽油滤清器主要有两种:一种是货车和客车上常用的可拆分式汽油滤清器;另一种是轿车上常用的不可拆分式汽油滤清器。

1)可拆分式汽油滤清器

可拆分式汽油滤清器的构造如图 4.18(a)所示,由盖、滤芯及沉淀杯组成。盖上有进油管接头和出油管接头。纸滤芯用螺栓装在盖上,中间用密封圈密封。用锌合金制成的沉淀杯与盖之间有密封垫,并用螺钉固联,沉淀杯底部有放油螺塞。

发动机工作时,汽油在汽油泵作用下,经进油管接头流入沉淀杯中,由于水的密度大于汽油,故水分及较重的杂质颗粒沉淀于杯的底部,较轻的杂质随燃油流向滤芯,被黏附在滤芯上,而清洁的汽油通过纸滤芯渗入滤芯的内腔,然后从出油管接头流出。

2)不可拆分式汽油滤清器

不可拆分式汽油滤清器结构如图 4.18(b)所示,位于油泵出口的一侧,工作压力较高,汽油从一端流入另一端流出,滤芯将杂质过滤吸收,通常采用金属外壳。汽油滤清器的滤芯多采用滤纸,也有使用尼龙布、高分子材料的汽油滤清器,其主要功能是滤除汽油中的杂质。

为防止该汽油滤清器堵塞或过脏,汽车每行驶 20 000 km,就需要更换汽油滤清器和接头卡箍。更换时应注意:根据汽车燃油要求的压力选择汽油滤清器,其箭头方向为汽油流动方向。

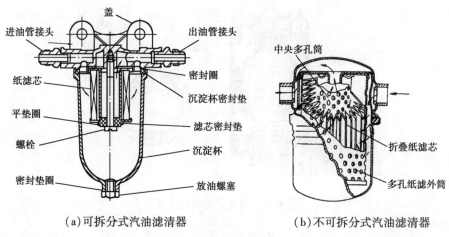

(a)可拆分式汽油滤清器   (b)不可拆分式汽油滤清器

图 4.18　汽油滤清器

(4)喷油器

根据发动机 ECU 发出的喷油脉冲信号,将计量精确的燃油适时、适量地喷入节气门附近的进气歧管内。

　　喷油器是一种加工精度非常高的精密器件,要求其动态流量范围大、抗堵塞与抗污染能力强、雾化性能好,主要有轴针式、球阀式和片阀式等。喷油器的磁化线圈可按任何特性值绕制,但典型的有两种:一种是低电阻型喷油器(阻值为 2～3 Ω);另一种是变电阻型喷油器(阻值为 13～17 Ω)。

　　喷油器结构如图 4.19 所示,主要由外壳、喷油嘴、针阀、套在针阀上的衔铁、回位弹簧、电磁线圈和电插接器等组成。发动机工作时,ECU 根据有关信号,经运算判断输出控制信号,控制大功率晶体管导通与截止。当大功率管导通时,即接通喷油器电磁线圈电路,产生电磁吸力。当电磁吸力超过叶阀弹簧弹力和燃油压力的合力时,磁芯被吸动,针阀随之离开阀座,即阀门打开,喷油器开始喷油。当大功率晶体管截止时,喷油器电磁线圈电路被切断,电磁吸力消失,当针阀弹簧弹力超过衰减的电磁吸力时,弹簧力又使针阀返回到阀座上,使阀门关闭,喷油器停止喷油。

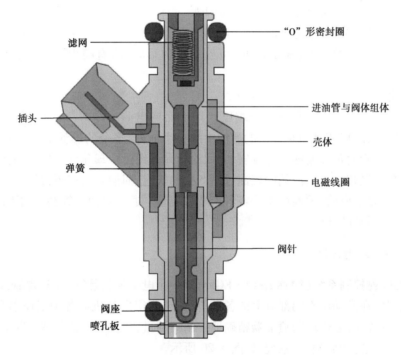

滤网　　　　　　　　"O"形密封圈

插头　　　　　　　　进油管与阀体组体

弹簧　　　　　　　　壳体

　　　　　　　　　　电磁线圈

　　　　　　　　　　阀针

阀座
喷孔板

图 4.19　喷油器构造图

　　喷油器的驱动方式分为电流驱动和电压驱动两种。电流驱动只适用于低阻喷油器,电压驱动既可用于低阻喷油器,又可用于高阻喷油器。低阻喷油器是指电磁线圈电阻值为 2～5 Ω的喷油器。高阻喷油器是指电磁线圈电阻值为 12～17 Ω 的喷油器。

　　①电流驱动。在电流驱动回路中无附加电阻,低阻喷油器直接与蓄电池连接,通过 ECU中的晶体管对流过喷油器电磁线圈的电流进行控制。由于无附加电阻,回路阻抗小,开始导通时,大电流使针阀迅速打开,喷油器具有良好的响应性。针阀打开后,需要保持的电流较小,可以防止喷油器线圈发热,减少功率消耗。

　　②电压驱动。在电压驱动回路中使用低阻喷油器时,必须在回路中加入附加电阻。为使喷油器响应性好,在低阻喷油器中减少了电磁线圈匝数以减少电感,在回路中加入附加电阻,

可防止匝数减少后线圈中电流加大,造成线圈发热而损坏。

电压驱动方式较电流驱动构成回路要简单,但加入附加电阻使回路阻抗加大,导致流过线圈的电流减小,喷油器上产生的电磁力降低,针阀开启迟滞时间长。一般来说,电流驱动喷油器的迟滞时间(无效喷射)最短,其次为电压驱动低阻值型,电压驱动高阻值型最长。

发动机运转时,用手指接触喷油器,应可察觉到喷油的脉动。检查喷油器电阻值、30 s 喷油量等性能参数,应符合规定的标准。用故障诊断仪读取喷油信号的数据流,怠速时,喷油脉宽正常值为 2 ~ 5 ms。

打开点火开关,测量喷油器供电电压(端子 1 与搭铁点之间的电压应等于蓄电池电压)。如果电压值不符合要求,则应检查插头端子 1 到附加熔丝 S(30 A)之间的线路有无断路或接触不良。喷油器拆下后,通 12 V 电压时,可听到接通和断开的声音(注意:通电时间应不大于4 s,再次试验应间隔 30 s)。

在喷油器插头的两端子间接上二极管试灯(先将两只发光二极管并联再串联一只510 Ω/0.25 W的电阻),启动发动机,试灯应闪烁。

检查喷油器的滴漏,油泵运转时,每个喷油器在 1 min 内允许滴油 1 ~ 2 滴,否则应更换喷油器。在测试喷油器的喷油速率的同时,可检查喷射形状,所有喷射形状应相同,都是小于35°的圆锥雾状。

(5)回油管

有些系统有一个回油管理系统(低端压),用来保持燃油的冷却,减少了产生气阻的可能性。因为发动机只能烧掉燃油泵提供的燃油中的一小部分,多余的燃油就通过回油管路回到燃油箱中去,回油管通常和输油管并排安装,回油管允许经过冷却和计量的燃油在燃油箱和燃油泵之间循环,所以减少了燃油箱中燃油过热产生的气泡,回油是没有压力的。

回油管可以是金属管、柔性尼龙管或者人造橡胶管。通常在回油管路中的不同位置上,分别使用上述不同材料的油管。

情境 3　燃油喷射控制

电子燃油喷射控制系统(简称 EFI 或 EGI),以一个电子控制装置(又称电脑或 ECU)为控制中心,利用安装在发动机不同部位上的各种传感器,测得发动机的各种工作参数,按照在电脑中设定的控制程序,通过控制喷油器精确地控制喷油量,使发动机在各种工况下都能获得最佳浓度的混合气,电控燃油喷射系统,如图 4.20 所示。

此外,电子控制燃油喷射系统通过电脑中的控制程序,还能实现启动加浓、暖机加浓、加速加浓、全负荷加浓、减速调稀、强制断油、自动怠速控制等功能,满足发动机特殊工况下对混合气的要求,使发动机获得良好的燃料经济性和排放性,也提高了汽车的使用性能。

电子控制燃油喷射系统的喷油压力是由电动燃油泵提供的,电动燃油泵装在油箱内,浸在燃油中。油箱内的燃油被电动燃油泵吸出并加压,压力燃油经燃油滤清器滤去杂质后,被送至发动机上方的分配油管。分配油管与安装在各缸进气歧管上的喷油器相通。喷油器是一种电磁阀,由电脑控制。通电时电磁阀开启,压力燃油以雾状喷入进气歧管内,与空气混合,在进气行程中被吸进汽缸。分配油管的末端装有燃油压力调节器,用来调整分配油管中燃油的压力,使燃油压力保持某一定值,多余的燃油从燃油压力调节器上的回油口返回燃油箱。

进气量由驾驶员通过加速踏板操纵节气门来控制。节气门开度不同,进气量也不同,进气歧管内的真空度也不同。在同一转速下,进气歧管真空度与进气量成一定的比例关系。进气管压力传感器可将进气歧管内真空度的变化转变成电信号的变化,并传送给电脑,电脑根据进气歧管真空度的大小计算出发动机进气量,再根据曲轴位置传感器测得信号计算出发动机转速。根据进气量和转速计算出相应的基本喷油量。电脑根据进气压力和发动机转速控制各缸喷油器,通过控制每次喷油的持续时间来控制喷油量。喷油持续时间越长,喷油量就越大。一般每次喷油的持续时间为 2~10 ms。各缸喷油器每次喷油的开始时刻则由电脑根据安装于离合器壳体上的发动机转速(曲轴位置)传感器测得某一位置信号来控制。这种类型的燃油喷射系统的每个喷油器在发动机每个工作循环中喷油两次,喷油是间断进行的,属于间歇喷射方式。

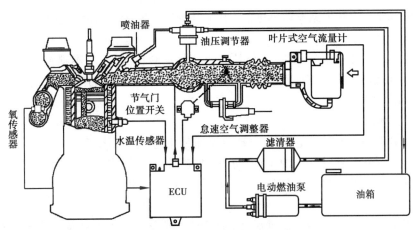

图 4.20　电控燃油喷射系统图

(1)各种工况控制简介

发动机在不同工况下运转,对混合气浓度的要求也不同。特别是在一些特殊工况下(如启动、急加速、急减速等),对混合气浓度有特殊的要求。电脑要根据有关传感器测得的运转工况,按不同的方式控制喷油量。喷油量的控制方式可分为启动控制、运转控制、断油控制和反馈控制。

1)启动喷油控制

启动时,发动机由启动马达带动运转。由于转速很低,转速的波动也很大,因此,这时空气流量传感器所测得的进气量信号有很大的误差。基于这个原因,在发动机启动时,电脑不以空气流量传感器的信号作为喷油量的计算依据,而是按预先给定的启动程序来进行喷油控制。电脑根据启动开关及转速传感器的信号,判定发动机是否处于启动状态,以决定是否按启动程序控制喷油。当启动开关接通,且发动机转速低于 300 r/min 时,电脑判定发动机处于启动状态,从而按启动程序控制喷油。

在启动喷油控制程序中,电脑按发动机水温、进气温度、启动转速计算出一个固定的喷油量。这一喷油量能使发动机获得顺利启动所需的浓混合气。冷车启动时,发动机温度很低,喷入进气道的燃油不易蒸发。为了能产生足够的燃油蒸汽,形成足够浓度的可燃混合气,保证发动机在低温下也能正常启动,必须进一步增大喷油量。由电脑控制,通过增加各缸喷油器的喷油持续时间或喷油次数来增加喷油量。所增加的喷油量及加浓持续时间完全由电脑根据进气温度传感器和发动机水温传感器测得的温度高低来决定。发动机水温或进气温度越低,喷油量就越大,加浓的持续时间也就越长。这种冷启动控制方式不设冷启动喷油器和冷启动温度开关。

2）运转喷油控制

在发动机运转中,电脑主要根据进气量和发动机转速来计算喷油量。此外,电脑还要参考节气门开度、发动机水温、进气温度、海拔高度及怠速工况、加速工况、全负荷工况等运转参数来修正喷油量,以提高控制精度。

由于电脑要考虑的运转参数很多,为了简化电脑的计算程序,通常将喷油量分成基本喷油量、修正量、增量3个部分,并分别计算出结果。然后再将3个部分叠加在一起,作为总喷油量来控制喷油器喷油。

$$总喷油量 = 基本喷油量 + 修正量 + 增量$$

①基本喷油量。它是根据发动机每个工作循环的进气量,按理论混合比(空燃比14.7∶1)计算出的喷油量。

②修正量。它是根据进气温度、大气压力等实际运转情况,对基本喷油量进行适当修正,使发动机在不同运转条件下都能获得最佳浓度的混合气。修正量的内容为:

A.进气温度修正。

B.大气压力修正。

C.蓄电池电压修正(电压变化时,自动对喷油脉冲宽度加以修正)。

③增量。它是在一些特殊工况下(如暖机、加速等),为加浓混合气而增加的喷油量。加浓的目的是使发动机获得良好的使用性能(如动力性、加速性、平顺性等)。加浓的程度可表示为:

A.启动后增量。发动机冷车启动后,由于低温下混合气形成不良及部分燃油在进气管上沉积,造成混合气变稀。为此,在启动后一段短时间内,必须增加喷油量,以加浓混合气,保证发动机稳定运转而不熄火。启动后增量比的大小取决于启动时发动机的温度,并随发动机的运转时间增长而逐渐减小为零。

B.暖机增量。在冷车启动结束后的暖机运转过程中,发动机的温度一般不高。在这样较低的温度下,喷入进气歧管的燃油与空气的混合较差,不易立即汽化,容易使一部分较大的燃油液滴凝结在冷的进气管道及汽缸壁面上,结果造成汽缸内的混合气变稀。因此,在暖机过程中必须增加喷油量。暖机增量比的大小取决于水温传感器所测得的发动机温度,并随着发动机温度的升高而逐渐减小,直至温度升高至80 ℃时,暖机加浓结束。

C.加速增量。在加速工况时,电脑能自动按一定的增量比适当增加喷油量,使发动机能输出最大扭矩,改善加速性能。电脑是根据节气门位置传感器测得的节气门开启的速率鉴别出发动机是否处于加速工况的。

D.大负荷增量。部分负荷工况是汽车发动机的主要运行工况。在这种工况下的喷油量应能保证供给发动机的混合气具有最经济的成分,通常应稀于理论混合比。在大负荷及满负荷工况下,要求发动机能发出最大功率,因而喷油量应比部分负荷工况大,以提供稍浓于理论混合比的混合气。大负荷信号由节气门开关内的全负荷开关控制,或由电脑根据节气门位置传感器测得的节气门开度来决定。当节气门开度大于70°时,电脑按功率混合比计算喷油量。

（2）断油控制

断油控制是电脑在一些特殊工况下,暂时中断燃油喷射,以满足发动机运转中的特殊要求。断油控制包括以下几种断油控制方式:

1）超速断油控制

超速断油是在发动机转速超过允许的最高转速时，由电脑自动中断喷油，以防止发动机超速运转，造成机件损坏，也有利于减小燃油消耗量，减少有害物的排放。超速断油控制过程是由电脑将转速传感器测得的发动机实际转速与控制程序中设定的发动机最高极限转速（一般为 6 000 ~ 7 000 r/min）相比较。当实际转速超过此极限转速时，电脑就切断送给喷油器的喷油脉冲，使喷油器停止喷油，从而限制发动机转速进一步升高；当断油后发动机转速下降至低于极限转速约 100 r/min 时，断油控制结束，恢复喷油。

2）减速断油控制

汽车在高速行驶中突然松开油门踏板减速时，发动机仍在汽车惯性的带动下高速旋转。由于节气门已关闭，进入汽缸的混合气数量很少，在高速运转下燃烧不完全，使废气中的有害排放物增多。减速断油控制就是当发动机在高转速运转中突然减速时，由电脑自动中断燃油喷射，直至发动机转速下降到设定的低转速时再恢复喷油。其目的是控制急减速时有害物的排放，减少燃油消耗量，促使发动机转速尽快下降，有利于汽车减速。

减速断油控制过程是由电脑根据节气门位置、发动机转速、水温等运转参数，作出综合判断，在满足一定条件时，执行减速断油控制。具体条件如下：

①节气门位置传感器中的怠速开关接通。

②发动机水温已达正常温度。

③发动机转速高于某一数值。

该转速称为减速断油转速，其数值由电脑根据发动机水温、负荷等参数确定。通常水温越低，发动机负荷越大（如使用空调时），该转速越高。当上述 3 个条件都满足时，电脑就执行减速断油控制，切断喷油脉冲。上述条件只要有一个不满足（如发动机转速已下降至低于减速断油转速），电脑就立即停止执行减速断油，恢复喷油。

3）溢油消除

启动时汽油喷射系统向发动机提供浓度很高的混合气。若多次转动启动马达后发动机仍未启动，淤积在汽缸内的浓混合气可能会浸湿火花塞，使之不能跳火。这种情况称为溢油或淹缸。此时驾驶员可将油门踏板踩到底，并转动点火开关，启动发动机。电脑在这种情况下会自动中断燃油喷射，以排除汽缸中多余的燃油，使火花塞干燥。电脑只有在点火开关、发动机转速及节气门位置同时满足以下条件时，才能进入溢油消除状态：

①点火开关处于启动位置。

②发动机转速低于 500 r/min。

③节气门全开。

因此，电子控制汽油喷射式发动机在启动时，不必踩下油门踏板，否则有可能因进入溢油消除状态而使发动机无法启动。

学习任务 17　进气系统的结构与维修

情境 1　进气系统的作用和组成

空气供给装置的作用是供给滤清空气,如图 4.21 所示,主要由空气滤清器、进气总管、进气歧管组成。

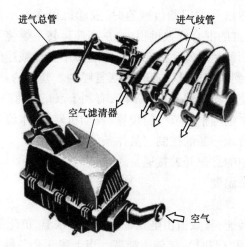

图 4.21　空气供给系统组成图

情境 2　进气系统的主要部件

(1)空气滤清器

空气滤清器的功能是滤除流向进气通道空气中的尘土、砂粒及吸收空气中的水分,以减少汽缸、活塞和活塞环的磨损。此外,空气滤清器也有消减进气噪声的作用。因此,对空气滤清器的基本要求是滤清能力强,进气阻力小,维护周期长,价格低廉。

空气滤清器如图 4.22 所示,目前新型轿车上广泛使用的是纸质干式空气滤清器。其滤芯是由经过树脂处理的微孔滤纸制成的,具有滤清效果好、维护方便等特点。因车型不同,其结构形状有所区别,但其维护方法是基本相同的。在对其进行维护时,应遵照汽车制造厂方规定的使用里程进行,在沙尘程度较大的地区维护的间隔应相应缩短。

(2)节气门

节气门如图 4.23 所示,它是用来控制空气进入引擎的一道可控阀门,通过调整开度的大小,控制进入汽缸的可燃混合气的数量,参与燃烧做功,形象的比喻就是发动机的咽喉。节气门是当今电喷车发动机系统最重要的部件,上部是空气滤清器,下部是发动机缸体。由于节气门开启的缝隙空气流量最大,空间小,气体温度也低,这部分最容易凝结杂质,因此需要根据一定的周期对其进行清理。如果节气门因杂质造成堵塞,发动机将因进气量不足造成熄火以及急速不稳。

(3)进气歧管

对电控汽油喷射式或化油器式发动机,进气歧管指的是节气门体之后到汽缸盖进气道之前的进气管路。其作用是将空气、燃油混合气由化油器或节气门体分配到各缸进气道。之所以称为歧管,是因为空气进入节气门后,经过歧管缓冲后,空气流道就在此分歧了,对应引擎汽缸的数量,如四缸引擎就有四道,五缸引擎则有五道,将空气分别导入各汽缸中。

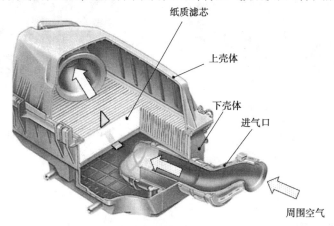

纸质滤芯

上壳体

下壳体

进气口

周围空气

图 4.22　空气滤清器

图 4.23　节气门

进气歧管必须将空气燃油混合气或洁净空气尽可能均匀地分配到各个汽缸,为此进气歧管内气体流道的长度应尽可能相等。为了减小气体流动阻力,提高进气能力,进气歧管的内壁应较光滑。

进气歧管的材料现在主要有两种:一种是铝合金铸造,如图 4.24(a)所示,具有质量小,强度高等特点,但有一点,铸造时毛坯较粗糙,进气管内壁不平对进气量影响较大;另一种是塑料式,如图 4.24(b)所示,塑料进气歧管不仅质量小,而且内壁光滑,可改进气体流动性,提高气体流量,进气效率高,隔热效果好,因而能提高发动机性能和燃料利用率,现在中高档车型使用较多。

(a)铝合金式　　　　　　　　　　　　　　(b)塑料式

图 4.24　进气歧管

情境 3　进气系统的检修

(1)空气滤清器维护

清洁干式空气滤清器时,应将滤芯拿到室外,用压缩空气从滤芯内侧向外吹气,同时转动滤芯,并使吹管沿滤纸折痕方向移动,彻底吹掉滤芯中积存的灰尘。吹洗时,注意不要使吹管离滤纸太近,以免吹破滤纸;也不要用敲打滤芯的办法来清除灰尘,这样会使滤芯损坏或变形。滤芯外部的污物可以用干抹布擦去,滤清器壳体表面及密封安装平面上的尘土,用干净的湿抹布即可擦拭干净。

(2)节气门清洁

在清洗节气门时,首先要拆除进气喉管,露出节气门,拆掉电瓶负极,关闭点火开关,把节气门翻板扳直,往节气门内喷少量"化油器清洗剂",然后用涤纶抹布或者高纺"无纺布"小心擦洗,节气门深处,手够不着的地方可以用夹子夹住抹布小心擦洗。

清洗完毕后,再按照刚才拆卸的程序,装好后就要开始节气门的初始化,清洗节气门后,初始化是必需的,因为电脑调节节气门开度时,是有记忆功能的,因为以前有油泥的堵塞,为了保证进气量,电脑会自动调节节气门的开度,让进气处于正常状态。

(3)进气歧管检修

1)外观检查

检查进气歧管有无机械损伤、裂纹、漏水、漏气、腐蚀等现象。

检查进气歧管结合平面上有无划痕、损伤而发生漏气、漏水现象。

检查进气歧管有无严重变形。

检查进气歧管上的螺纹孔的螺纹有无损伤、脱扣,螺柱有无松动和晃动现象。

2)进气歧管与汽缸盖进气侧结合面的平面度检修

要求:进气歧管与汽缸盖进气侧结合的平面度最大极限值为 0.1 mm。

检查:用直尺和塞尺检查结合面的平面度。

修理:进气歧管的平面度若超过最大值规定,应予修理。可用铣削加工方法进行,但铣削量不得大于 0.3 mm,否则,应更换进气歧管。

情境4　进气控制

(1)电控动力阀控制系统

控制发动机进气道的空气流通截面大小,以适应发动机不同转速和负荷时的进气量需求,从而改善发动机的动力性。

ECU 控制的动力阀控制过程示意图,如图4.25所示。

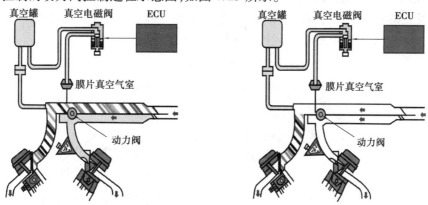

图4.25　动力阀控制

(2)电控进气惯性增压控制系统

根据发动机负荷的不同,受 ECU 控制的真空电磁阀,控制装在进气管上的动力阀,通过改变进气管通道的截面积控制进气流量以改善发动机的动力性。进气惯性增压系统工作原理图,如图4.26所示。

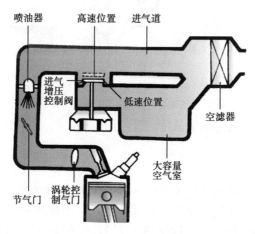

图4.26　进气惯性增压

发动机的进气管长度虽不能改变,但由于在进气管中部增设了一个大容量的空气室和电控真空阀,实现了对压力波传播路线长度的改变,从而兼顾了低速和高速的进气增压效果。ECU 根据转速信号控制真空电磁阀的开闭。低速时,真空电磁阀电路不通,真空阀关闭,真空不能通过真空罐进入真空控制阀的真空气室,受真空控制阀控制的进气增压阀处于关闭状态。此时进气管长度长,压力波波长大,以适应低速区域形成气体动力增压要求。高速时 ECU 接通真空电磁阀的电路,真空阀打开,真空罐的真空进入真空控制阀的真空气室,吸动其膜片,将进气增压控制阀打开,由于大容量空气室加入,缩短了压力波的传播距离,发动机在高速区也能得到较好的气体动力增压效果。

(3)谐振进气系统

谐振进气系统的进气过程具有间歇性和周期性,致使进气歧管内产生一定幅度的压力波。此压力波以当地声速在进气系统内传播和往复反射。如果利用一定长度和直径的进气歧管与一定容积的谐振室组成谐振进气系统,如图4.27所示,并使其固有频率与气门的进气周期谐调,那么在特定的转速下,就会在进气门关闭之前,在进气歧管内产生大幅度的压力波,使进气歧管的压力增高,从而增加进气量,这种效应称为进气波动效应。

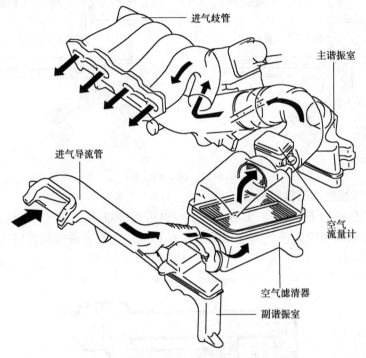

图4.27 谐振进气系统

谐振进气系统的优点是没有运动条件、工作可靠、成本低。但只能增加特定转速下的进气量和发动机转矩。

(4)可变进气歧管

为了充分利用进气波动效应和尽量缩小发动机在高、低速运转时进气速度的差别,从而达到改善发动机经济性及动力性特别是改善中、低速和中、小负荷时的经济性和动力性的目的,要求发动机在高转速、大负荷时装备粗短的进气歧管;而在中、低转速和中、小负荷时配用细长的进气歧管。可变进气歧管就是为适应这种要求而设计的。一种能根据发动机转速和负荷的变化而自动改变有效长度的进气歧管,如图4.28所示。

另一种可变进气歧管,如图4.29所示。它的每个歧管都有两个进气通道,一长一短。根据发动机转速的高低,由旋转阀控制空气经哪一个通道流进汽缸。当发动机在中、低速运转时,旋转阀将短进气通道封闭,空气沿长进气通道经进气道、进气门进入汽缸。当发动机高速工作时,旋转阀使长进气通道短路,将长进气通道也变为短进气通道。这时空气同时经两个短进气通道进入汽缸。

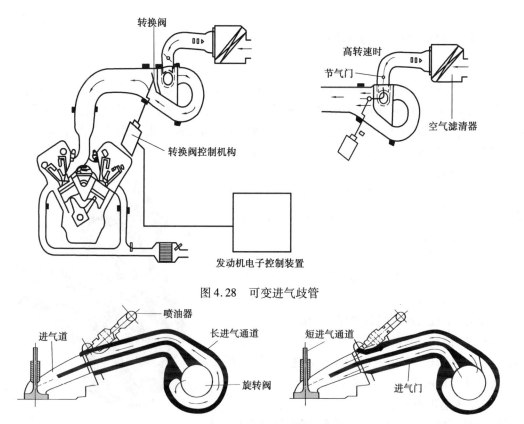

图 4.28　可变进气歧管

图 4.29　双通道可变进气歧管

可变进气歧管在所有转速下都可以使发动机转矩平均提高8%。

学习任务 18　排气系统的结构与维修

情境 1　排气系统的作用和组成

排气系统的主要作用是排放废气、降低污染、消减噪声等,如图4.30所示,主要由排气歧管、排气管、排气消声器、尾管等组成。

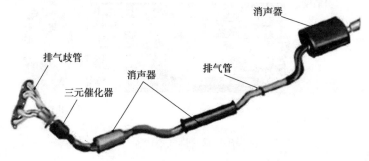

图4.30　排气系统组成图

情境 2　排气系统的结构与维修

(1)排气歧管

一般排气歧管由铸铁或球墨铸铁铸造,或由不锈钢制成,如图 4.31 所示。不锈钢排气歧管具有质量小、耐久性好,同时内壁光滑,排气阻力小的特点,因此,近些年来被广泛采用。为了不使各缸排气相互干扰及不出现排气倒流现象,并尽可能地利用惯性排气,应将排气歧管做得尽可能长,而且各缸支管应相互独立、长度相等。

1)外观检查

排气歧管的外观检查主要是检查其外表面上有无机械损伤、裂纹、漏气、腐蚀、变形等缺陷,不能满足使用要求的,应予以更换。

2)与汽缸盖排气侧结合面的平面度检修

①要求:排气歧管与汽缸盖排气侧结合面的平面度最大极限为 0.1 mm。

②检查:用直尺和塞尺检查结合面的平面度。

③修理:排气歧管的平面度若超过最大极限值的规定时,应予以修理。可用铣削加工方法进行,但铣削量不得大于 0.3 mm;否则,应更换排气歧管。

(2)排气消声器

发动机的排气压力为 0.3 ~ 0.5 MPa,温度为 500 ~

图 4.31　不锈钢排气歧管

700 ℃,同时,由排气的间歇性,在排气管内引起排气压力的脉动。若将发动机排气直接排放到大气中,将产生强烈的、频谱比较复杂的噪声,其频率从几十到一万赫以上。排气消声器的作用是降低排气噪声。消声器通过逐渐降低排气压力和衰减排气压力的脉动,使排气能量耗散殆尽。

排气消声器由外壳、多孔管及隔板组成。典型的排气消声器构造,如图 4.32 所示。

废气进入多空管后,再进入多孔管与外壳间的滤声室,在这里受到反射并膨胀冷却,又经过多次与内壁碰撞消耗能量,使废气温度、压力、流速都显著降低,从而消减了排气噪声,消除火焰及火星。为了有效降低轿车排气噪声,当代轿车大多采用几个消声器串联。

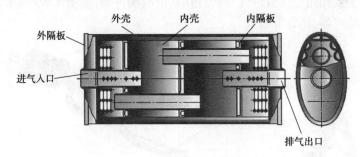

图 4.32　排气消声器

1)外观检查

①检查连接盘处是否有漏气现象;连接盘处的密封圈、密封垫是否有损坏现象。

②检查消声器总成的排气管、连接管和消声筒等处有无机械损伤、严重锈蚀、脱焊、漏气等现象。

③检查消声筒内有无异常响声。

若有上述不良现象应更换零件,保证消声器总成的正常工作。

2)消声器总成管、筒内壁上积碳的清除方法

①用铁条或旋具轻轻刮排气管内壁上的积碳,逐点清理干净。

②用木棒轻轻敲打消声筒,使筒内的积碳脱落,并将积碳倒出来。

③当积碳严重而不易清理干净时,可放在火中烧,把油污烧净,积碳烤干后用木棒敲击管、筒,将积碳振落,并清理干净。

④清理后的消声筒,应用汽油或煤油清洗干净再进行装配。

情境3 排放控制

汽油机的燃料是汽油。汽油是一种含有少量硫和铅成分的复杂的碳氢化合物。所以汽车的排放问题是不可避免的。汽油机的废气中含有 72% 的 N_2、17% 的 CO_2、9.36% 的 O_2 和 H_2O,1.64% 的有害成分。在有害成分中:CO 占 85%、C_xH_y 占 5%、NO_x 占 8%、硫铅的化合物及其他颗粒占 2%。汽车的各种燃烧产物在不同程度上对环境、对人体健康均会造成一定的影响,如何有效地控制和降低汽油机尾气的排放,已成为减少环境污染的重要问题。

(1)三元催化转换器(TWC)

安装三元催化转换器是目前排放控制中最为有效的方法。三元催化转换器不仅能促使 CO、C_xH_y 的氧化反应,而且能促使 NO_x 的还原反应,从而使 3 种有害成分均得到净化。实验证明,采用空燃比闭环控制和三元催化转换器可使 C_xH_y 和 CO 的排放减少90%~95%,NO_x 减少 80% 以上。

1)三元催化转换器的作用

用三元催化转换器可降低所排废气中的 3 种主要污染物(C_xH_y、CO 和 NO_x)约 90%。但只有当空/燃混合比在 14.7 的狭窄范围内时,才能进行完全催化反应,这就要求氧传感器的工作必须正常。

2)三元催化转换器的结构

三元催化转化器一般由壳体、减震层、载体和催化剂涂层等组成,如图 4.33 所示。催化器壳体由不锈钢材料制成,以防氧化皮脱落造成载体堵塞。减震层一般采用膨胀垫片或钢丝网垫,起密封、保温和固定载体的作用,防止催化器壳体受热变形等对载体造成损害。催化器载体一般采用蜂窝状陶瓷材料,也有少数采用金属(不锈钢)材料。在载

图4.33 三元催化转化器

体孔壁面上涂有一层非常疏松的活性层,即催化剂涂层,它以 $r\text{-}Al_2O_3$ 为主,其粗糙的表面可使壁面的实际催化反应表面积扩大 7 000 倍左右。在涂层表面散布着作为活性材料的重金属,一般为铂(Pt)、铑(Rh)和钯(Pd),Pt 主要催化 CO 和 C_xH_y 的氧化反应,Rh 用于催化 NO_x 的还原反应。

3)三元催化转换器的工作原理

当含有 CO 和 C_xH_y 的废气通过三元催化转换器时,铂催化剂便触发氧化(燃烧)过程,C_xH_y 和 CO 与转换器中的氧结合生成水蒸气和二氧化碳,氧化过程对 NO_x 排放没有影响。

为了减少 NO_x 的含量,需要进行"还原"反应。还原反应是去掉物质中的氧原子。在三元催化转换器中,铑被用作催化剂,将 NO_x 分解为氮和氧,当温度为 250 ℃左右时,污染物便会发生有效转化。

4)三元催化转换器的检查

如果排放控制系统回压压力过高或废气排放超标,则从车上拆下三元催化转换器,目视检查它有无堵塞、熔化或陶瓷格栅内部有无裂纹,如果发现有损坏,应更换三元催化转换器。

(2)废气再循环系统(EGR)

废气再循环系统的目的在于降低汽油机的排放水平。因废气中氧含量低,废气比热容大,在发动机进气中引入适当比例的废气可降低燃烧的最高温度,从而抑制了 NO_x 的生成。然而,废气的引入同时也降低了燃烧的速度和温度,造成发动机最大功率的下降、油耗的上升和燃烧不稳定等现象。EGR 技术的关键在于对引入废气量的控制。EGR 随负荷的增加而增加,但接近全负荷时为了保证足够的动力性能则不允许进行 EGR。暖机、怠速、小负荷运行时也不能进行 EGR。为实现 EGR 的最佳效果,还要保证废气在各缸的均匀分配,如图 4.34 所示。

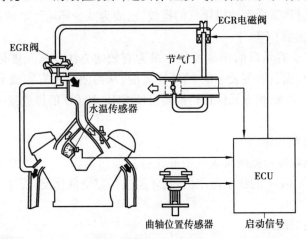

图 4.34 废气再循环系统

(3)曲轴箱强制通风系统(PCV)

曲轴箱强制通风系统已成为汽油机必须采用的系统。由活塞、活塞环、汽缸构成的气体密封系统实质是个迷宫密封系统,发动机的串气是不可避免的。串气量相当于汽缸总排气量的 0.5% ~ 1.0%。串气中含有大量未燃、不完全燃烧的 C_xH_y 和少量的 CO 等有害物,把曲轴箱排放物吸入进气管,在汽缸中烧掉是很有必要的。PCV 阀是曲轴箱强制通风系统中的首要部件,一般由阀体、阀门、阀盖、弹簧组成,不可分解。其主要作用是将曲轴箱内的气体(从燃烧室蹿入曲轴箱的混杂气与机油蒸汽)通过 PCV 阀导入进气歧管,这样就避免了排放恶化等现象。防止机油蒸汽直接进入大气,同时防止机油变质。在发动机做功燃烧历程的末端,一些未燃混杂气在高压下从活塞环漏入曲轴箱内,混杂气会从曲轴箱内排入大气中造成污染。如果不排除这些混杂气,还会稀释曲轴箱内的机油,使机油变质造成发动机机件过早磨损。现在 PCV 已成为汽车的标准配置,如图 4.35 所示。

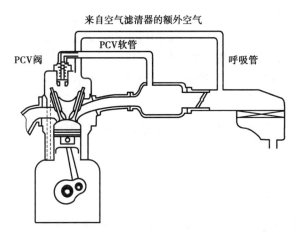

图 4.35　曲轴箱强制通风系统

PCV 阀是一个计量把持阀,由真空度来把持,调节曲轴箱通风系统产生的油烟进入进气系统的流量,发动机高速运转时的流量比低速时要高,同时当发动机发生回火时,PCV 阀能切断通风防止曲轴箱爆炸。一般安装在气门摇臂盖和进气歧管之间。

(4)燃油蒸发排放控制系统(EVAP)

油箱中的燃油一方面受到外界热源的热辐射,在多点喷射的场合也受到从喷油嘴带回的大量热量的回油的加热,造成温度上升而产生较多的燃油蒸汽,如不加以控制,产生 C_xH_y 的量可超过 C_xH_y 总排放量的 20%。这部分的排放控制由蒸发排放电子控制系统完成,如图 4.36所示。该系统由炭罐、炭罐清洗阀和相关管路构成。炭罐收集燃油蒸汽,清洗气流将排放物经清洗阀导入进气歧管。清洗气流的量要根据工况进行控制。这套系统较好地解决了蒸发排放问题。

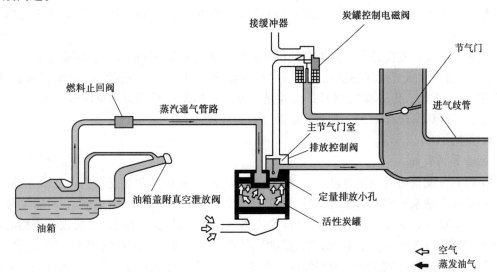

图 4.36　燃油蒸发排放控制系统

①作用:回收燃油蒸汽进入发动机汽缸燃烧,减少排放,节约燃油。

②过程:燃油箱的蒸汽经蒸汽管道进入活性炭罐;当满足一定条件,ECU 控制炭罐电磁阀

打开时,空气自炭罐底部进入,经炭罐、真空软管,进入进气管。

③ECU 控制炭罐电磁阀打开的条件:发动机启动已超过规定的时间;冷却液温度高于规定值;怠速触点打开;发动机转速高于规定值。

④影响:影响混合气成分,中、高速时,进气量大,影响小。

学习任务 19　发动机燃料供给系统常见故障分析

情境 1　发动机无法启动

当电控汽车发动机无法启动时,要从点火系统、燃料供给系统、空气供给系统、机械方面和ECU 等来分析和判断。具体操作步骤如下:

(1)检查点火系统

①检查各缸是否有火。拆下火花塞,将分缸线插接上火花塞并搭在缸体上,启动发动机,观察跳火情况是否正常;也可以用正时灯夹住各缸高压线,观察正时灯的闪烁情况;还可用点火测试仪进行检查。

②有分电器的汽车,如果分缸线无跳火,还要进一步检查中央线是否有火。若中央高压线有火而分缸线无火,则说明是分电器故障,应给予更换。若中央高线也没有火,则需进行如下检查。

a. 检查继电器和保险丝是否良好,否则更换新件。

b. 检查点火线圈。拔下点火线圈插头,检查点火线圈初级、次级线圈的电阻是否符合标准,否则更换。

c. 检查点火器。检查点火器的电源及搭铁;检查 ECU 对点火器的脉冲信号,功率晶体管是否导通和截止。

d. 检查控制点火的传感器。检查发动机的曲轴位置传感器、凸轮轴位置传感器和转速传感器,可同时检查空气流量传感器或进气压力传感器等。如果确定传感器故障,就更换新件。不能确定的,就先检查传感器到 ECU 的线路是否导通和 ECU 给传感器的电源电压。

e. 初步外部观察检查 ECU。是否有变形、泡水、烧焦等。

(2)检查油路

1)检查是否有油

拆下燃油分配管与进油管的连接处,打开点火开关(不启动),观察是否有油。若无油,则应进一步检查燃油系统相关元件及其电路。首先检查 EFI 保险丝、EFI 继电器,再检查油泵及其电路。若均良好,则应进一步检查曲轴位置传感器、凸轮轴位置传感器、空气流量传感器或进气压力传感器以及 ECU。若有油,则检查油压是否符合标准。在燃油滤清器到喷油器之间断开并接上油压表,启动发动机,观察油压应在 200 ~ 300 kPa,否则,进一步检查燃料供给系统的相关元件,即燃油泵、滤网、喷油器、燃油滤清器等。

2)检查喷油器

①电阻检测。低电阻型电阻应为 1 ~ 3 Ω,高电阻型电阻应为 13 ~ 18 Ω。如果电阻为无穷大,则应更换新的喷油器。

②电压检测:把点火钥匙打到"ON"挡,应有 12 V 左右的电压。

③控制脉冲检测:拆下喷油器插头,并在插头上接上 LED 灯,启动发动机,LED 灯应闪烁。如果 LED 灯不闪烁或不发光,说明喷油器电源电路、燃油泵继电器或 ECU 出现故障。

④检查喷油器的堵塞和滴漏。

(3)检查气路

①空气滤清器是否堵塞。

②怠速控制阀是否关闭或卡死。

③真空管是否脱落。

④各种连接卡箍是否拧紧。

(4)检查机械部分

首先看发动机是否能转动,然后用缸压表检查汽缸压力,若缸压不在800～1 300 kPa 范围或压差超过标准,则要检查配气正时系统、缸垫、正时皮带、活塞环密封性、气门密封性等。

(5)检查电脑

首先进行外观检查,是否有变形、烧伤、泡水、插脚折断等;然后检查线路;检查电源及搭铁,必要时进行解体检查。

汽车电子控制系统故障绝大多数都发生在传感器、执行器、连接器和线束等元件上,ECU 出现故障的可能性很小,汽车行驶 10 万 km,ECU 故障约占总故障的 1‰。因此,检查排除电子控制系统故障主要是检修零部件、连接器和线束。只有确认所有零部件正常之后,才能判定 ECU 故障。

情境2　发动机怠速发抖

从转速表或数据块观察,发动机转速以电脑期望值为中心上下波动,或偏离期望值上下波动,观察发动机缸体抖动,也可以观看机油尺把的晃动程度,平稳的油尺把很清晰,抖动的油尺把看起来是双的,坐在座椅上也可感觉车辆抖动的程度,可以确定为怠速不稳。

(1)检查进气系统

1)进气管及各种阀泄漏

空气、汽油蒸汽或燃烧废气从泄漏处进入进气管,会造成混合气过浓或过稀,使发动机燃烧不正常。当漏气位置只影响个别汽缸时,发动机出现较剧烈抖动,此故障对冷车怠速极为明显。常见原因有进气总管卡子松动或胶管破裂;进气歧管衬垫漏气;进气歧管破裂或被其他部件磨出孔洞;喷油器密封圈漏气;真空管插头脱落、破裂;PCV 阀开度大;活性炭罐阀常开;EGR 阀关闭不严等。

2)节气门和进气道积垢过多

节气门和周围进气道的积碳污垢过多,空气通道截面积发生变化,使得控制单元无法精确控制怠速进气量,造成混合气过浓或过稀,使燃烧不正常。常见原因有节气门有油污或积碳;节气门周围的进气道有油污、积碳;怠速步进电机、占空比电磁阀、旋转电磁阀有油污、积碳。

3)进气量失准

各种传感器及其电路故障,属于引起怠速不稳的间接原因,控制单元将发出错误的指令,引起发动机怠速进气量控制失准,使发动机燃烧不正常。常见原因有节气门位置传感器故障;节气门怠速开关故障;冷却液温度传感器故障;进气温度传感器故障;空气流量计或进气压力传感器故障;以上传感器的线路有断路、短路、接地故障;发动机控制单元因进水引起插头接触不良或内部电路损坏;节气门电机损坏或发卡。

(2)检查燃油系统

1)喷油器故障

喷油器的喷油量不均、雾状不好,造成各汽缸发出的功率不平衡。常见原因有喷油器堵塞、密封不良、喷出的燃油呈线状等。

2)燃油压力故障

油压过低,从喷油器喷出的燃油雾化状态不良或者喷出的燃油呈线状,严重时只喷出油滴,喷油量减少使混合气过稀。油压过高,实际喷油增加,使混合气过浓。常见原因有燃油滤清器堵塞;燃油泵滤网堵塞;燃油泵的泵油能力不足;燃油泵安全阀弹簧弹力过小;进油管变形;燃油压力调节器有故障;回油管压瘪堵塞。

3)喷油量失准

各传感器及线路故障,属于引起怠速不稳的间接原因,导致控制单元发出错误指令,使喷油量不正确,造成混合气过浓或过稀。具体原因有空气流量计(或进气歧管压力传感器)故障;节气门位置传感器故障;节气门怠速开关故障;冷却液温度传感器故障;进气温度传感器故障;氧传感器失效;以上传感器的线路有断路、短路、接地故障;发动机控制单元因进水引起插头接触不良或内部电路损坏等。

(3)点火系统

1)点火模块与点火线圈

近些年各车型大多数将点火模块与点火线圈制成一体,点火模块或点火线圈有故障主要表现为高压火花弱或火花塞不点火。常见原因有点火触发信号缺失;点火模块有故障;点火模块供电或接地线的连接松动、接触不良;初级线圈或次级线圈有故障等。

2)火花塞与高压线

火花塞、高压线故障导致火花能量下降或失火。常见原因有火花塞间隙不正确;火花塞电极烧蚀或损坏;火花塞电极有积碳;火花塞磁绝缘体有裂纹;高压线电阻过大;高压线绝缘外皮或插头漏电;分火头电极烧蚀或绝缘不良。

3)点火提前角失准

传感器及线路故障属于引起怠速不稳的间接原因,控制单元发出错误指令,使点火提前角不正确,或造成点火提前角大范围波动。常见原因有空气流量计或进气压力信号故障;霍尔传感器故障;冷却液温度传感器故障;进气温度传感器故障;爆震传感器故障。以上传感器的线路有断路、短路、接地故障,发动机控制单元因进水引起插头接触不良或内部电路损坏。

4)其他原因

三元净化催化器堵塞引起怠速不稳,但这种故障在高速行驶时最易发现。自动变速器、空调、转向助力器有故障时会增加怠速负荷引起怠速不稳。发动机控制单元与空调、自动变速器控制单元之间的怠速提升信号中断,在安装 CAN-BUS 的车辆存在总线系统故障。随着新技术、新结构的增加,引起怠速不稳的因素会更多,诊断者必须全面考虑问题。

(4)机械结构

1)配气机构

配气机构故障导致个别汽缸的功率下降过多,从而使各汽缸功率不平衡。常见原因有正时皮带安装位置错误,使各缸气门的开闭时间发生变化,导致配气相位失准,各汽缸燃烧不正常。气门工作面与气门座圈积碳过多,气门密封不严,使各汽缸压缩压力不一致。凸轮轴的凸轮磨损,各缸凸轮的磨损不一致导致各汽缸进入空气量不一致。气门相关件有故障,如气门推杆磨损或弯曲,摇臂磨损,气门卡住或漏气,气门弹簧折断等。进气门背部存在大量积碳,使冷车时吸附刚喷入的燃油而不能进入汽缸,由于混合气过稀导致冷车怠速不稳。

2)发动机体、活塞连杆机构

这些故障都会使个别汽缸功率下降过多,从而使各汽缸功率不平衡。常见原因有汽缸衬垫烧蚀或损坏,造成单缸漏气或两缸之间漏气。活塞环端隙过大、对口或断裂,活塞环失去弹性。活塞环槽内积碳过多。活塞与汽缸磨损,汽缸圆度、圆柱度超差。因汽缸进水后导致的连杆弯曲,改编压缩比。燃烧室积碳会改变压缩比,积碳严重导致怠速不稳,经常长距离高速行驶可以避免积碳形成。

3)其他原因

曲轴、飞轮、曲轴皮带轮等转动部件动平衡不符合规定,发动机支脚垫断裂损坏,这两种原因不影响发动机转速,但造成发动机很大震动。

情境3　发动机加速无力

汽油电喷式发动机的特点之一是具有极好的加速性能,其加速十分灵敏、迅速。如果出现加速反应或迟滞现象,即说明燃油喷射系统有故障。故障现象为踩下加速踏板后发动机转速不能马上升高,有迟滞现象,加速反应迟缓,或者在加速过程中发动机有轻微的抖动。

1)进行故障自诊断,检查有无故障代码

空气流量计、节气门位置传感器等故障都会影响汽车的加速性能。按显示的故障代码查找故障原因。

2)检查点火正时

在发动机怠速时点火提前角应为 $10° \sim 15°$。若不正确,应调整发动机的初始点火提前角。加速时点火提前角应能自动加大到 $20° \sim 30°$。若有异常,应检查点火控制系统或更换 ECU。

3)检查进气系统有无漏气

测量进气管真空度。怠速时真空度应大于 66.7 kPa。如真空度太小,说明进气系统漏气,应仔细检查各进气管接头处及各软管、真空管等。

4)检查空气滤清器

检查空气滤清器,若有堵塞,应清洗或更换。

5)检查节气门位置传感器

通过检测节气门位置传感器的供电、接地、信号等线路的好坏,判定节气门位置传感器正常与否,如有异常,则更换节气门位置传感器。

6)检查燃油压力

怠速时燃油压力应为 250 kPa 左右,加速时燃油压力应上升至 300 kPa 左右。如油压过低,应检查油压调节器、电动汽油泵等。

7)拆卸、清洗各喷油器

检查喷油器在加速工况下的喷油量,如有异常,应更换喷油器。

8)检测空气流量计

检测空气流量计,如有异常,应更换。

9)检查废气再循环系统

对设有废气再循环系统的发动机,可以拔下废气再循环阀上的真空软管,并将其塞住,然后再检查发动机的加速性能,如果此时加速性能恢复正常,则说明废气再循环系统工作不正常,再循环的废气量太大,影响了发动机的加速性能。对此,应检查废气调整阀、三通电磁阀工作是否正常,如有异常,应更换。

学习任务 20　发动机燃油供给技术

情境 1　缸内直喷

缸内直喷就是将燃油喷嘴安装在汽缸内,直接将燃油喷入汽缸内与进气混合。喷射压力也进一步提高,使燃油雾化更加细致,真正实现了精准地按比例控制喷油并与进气混合,并且消除了缸外喷射的缺点。同时,喷嘴位置、喷雾形状、进气气流控制,以及活塞顶形状等特别的设计,使油气能够在整个汽缸内充分、均匀地混合,从而使燃油充分燃烧,能量转化效率更高,如图 4.37 所示。

缸内喷注式汽油发动机与一般汽油发动机的主要区别在于汽油喷射的位置,普通电喷汽油发动机上所用的汽油电控喷射系统,如图 4.38 所示,是将汽油喷入进气歧管或进气管道上,与空气混合成混合气后再通过进气门进入汽缸燃烧室内被点燃做功;而缸内直喷式汽油发动机顾名思义是在汽缸内喷注汽油,它将喷油嘴安装在燃烧室内,将汽油直接喷注在汽缸燃烧室内,空气则通过进气门进入燃烧室与汽油混合成混合气被点燃做功,这种形式与直喷式柴油机相似,因此,有人认为缸内直喷式汽油发动机是将柴油机的形式移植到汽油机上的一种创举。

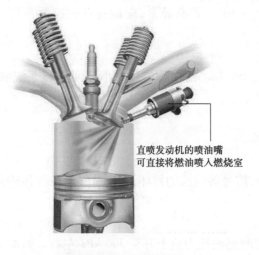

直喷发动机的喷油嘴可直接将燃油喷入燃烧室

图 4.37　缸内直喷

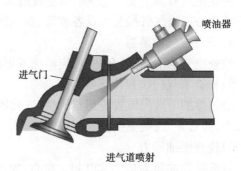

喷油器

进气门

进气道喷射

图 4.38　缸外喷射

(1)缸内直喷式汽油发动机的优点

①油耗量低,功率大。空燃比达到 40:1(一般汽油发动机的空燃比是 15:1),也就是人们

所说的"稀燃"。机内的活塞顶部一半是球形,另一半是壁面,空气从气门冲进来后在活塞的压缩下形成一股涡流运动,当压缩行程行将结束时,在燃烧室顶部的喷油嘴开始喷油,汽油与空气在涡流运动的作用下形成混合气,这种急速旋转的混合气是分层次的,越接近火花塞越浓,易于点火做功。

②压缩比高达12,与同排量的一般发动机相比功率与扭矩都提高了10%。

(2)缸内直喷发展情况

在近来各厂采用的发动机科技中,最炙手可热的技术非缸内直喷莫属。这套由柴油发动机衍生而来的科技目前已经大量使用在豪华车、高中档合资品牌汽车和部分国产汽车上。缸内直喷原理,如图4.39所示。

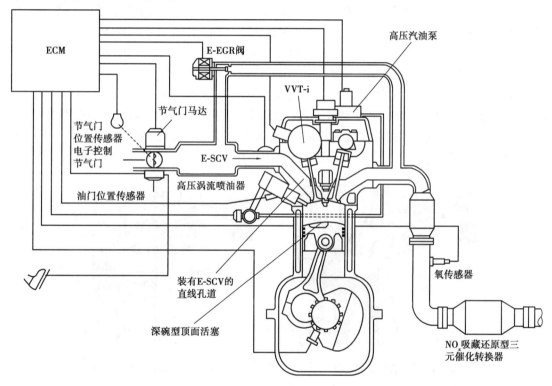

图4.39　缸内直喷原理图

采用缸内直喷的发动机除了材质上的讲究,就连活塞、燃烧室也都经过特别设计。但是缸内直喷科技也并非无敌,因为从经济层面来看,采用缸内直喷的供油系统除了在研发过程必须花费更大成本,其零部件的价格也比传统供油系统昂贵,因此这些也都是未来缸内直喷发动机尚待克服的要素。

情境2　二次喷射系统

1989年,大众集团开始在柴油发动机制造领域发展TDI,最先用在公交车的增压柴油机上,从1993年开始装配大众集团在欧洲最成功的车型高尔夫。他们利用电子控制系统把相似的原理用在汽油机上也就造就了今天的FSI发动机。2000年年底,大众第一次用FSI发动机配备路波(Lupo),1.4L发动机可以输出77 kW,平均油耗在5 L以下。最近FSI发动机又被用在高尔夫、宝来上,所采用的1.6L 81 kW FSI发动机,油耗仅为6.2 L/100 km,拥有了比以前更强劲的动力输出,与油耗 6.9 L/100 km,输出 77 kW 的普通发动机的差距显而易见。FSI 系统使发动机的污染更小、燃油经济性更好,而且使发动机输出更加强劲。已经日趋成熟起来的 FSI 技术,首先在大众集团内普及已经是大势所趋。

FSI 是 Fuel Stratified Injection 的词头缩写,意指燃油分层喷射。燃油分层喷射技术是发动机稀薄燃烧技术的一种。"稀薄燃烧",顾名思义就是发动机混合气中的汽油含量低,汽油与空气之比可达 1:25 以上。

FSI 燃油分层喷射工作原理,如图 4.40 所示,FSI 发动机利用一个高压泵,使汽油通过一个分流轨道(共轨)到达电磁控制的高压喷射气门。其特点是在进气道中已经产生可变涡流,使进气流形成最佳的涡流形态进入燃烧室内,以分层填充的方式推动,使混合气体集中在位于燃烧室中央的火花塞周围。如果稀燃技术的混合比达到 25:1 以上,按照常规是无法点燃的,因此必须采用由浓至稀的分层燃烧方式。通过缸内空气的运动在火花塞周围形成易于点火的浓混合气,混合比达到 12:1 左右,外层逐渐稀薄。浓混合气点燃后,燃烧迅速波及外层。

FSI 发动机的特点:能够降低泵吸损失,在低负荷时确保低油耗,但需要增加特殊催化转换器以有效净化处理排放气体。另外,FSI 发动机喷射器的加入导致了对设计和制造的要求都相当高,如果布置不合理、制造精度达不到要求,导致刚度不足甚至漏气,就会得不偿失。另外,FSI 发动机对燃油品质的要求也比较高,目前国内的油品状况可能很难达到 FSI 发动机的要求,所以部分装配了 FSI 的车型也会出现"水土不服"的情况。FSI 作为大众集团在发动机

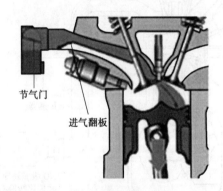

(a)均质稀混合气进气过程

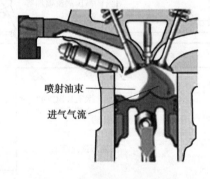

(b)均质稀混合气喷油过程

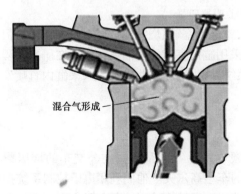

(c)均质稀混合气形成过程

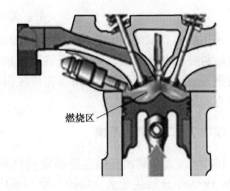

(d)均质稀混合气燃烧过程

图 4.40　FSI 燃油分层喷射工作原理图

新技术上与 VTEC、VVT-i 等比拼的王牌,是近几年脱颖而出的新型汽油发动机,它的问世引起行内人士的高度重视。如果国内的燃油市场能尽快得到改善,燃油品质尽快得到提高,相信有越来越多的车型能用上这种与国际同步的发动机。

实践训练8　进气系统的认识与检测

一、目的及要求

①认识发动机进气系统的整体结构。
②了解空气滤清器结构。
③掌握空气滤清器的清洁方法。

二、实训设备

①汽车发动机及拆装台。
②汽车示教台。
③相关教具、录像片及教学挂图。
④空气滤清器、压缩空气、气枪。

三、实训内容

①在发动机上确认进气系统的位置和空气流经的通路。
②检查、清洁空气滤清器。

四、实训步骤

①观察发动机试验台进气系统,认识各个部分,并掌握各个部分的装配关系。
②空气滤清器的检查及更换。
　　A. 打开发动机舱盖,确认空气滤清器的位置(一般位于发动机舱右侧,即右前轮上方位置,有条粗软橡皮胶管连着的黑色方形塑料盒)。
　　B. 设计时就是考虑方便车主经常拆卸清理,一般车型都不会使用螺丝固定,轻轻掰开朝向车尾方向的两只金属卡子,即可将整个空气滤清器盒盖朝前掀起。也有的车型会在盒盖的卡箍上安装螺丝,这时需要选取合适的螺丝刀将空气滤清器卡箍上的螺丝拧下。
　　C. 将整个空气滤清器盒盖朝前掀起。
　　D. 将空气滤芯取出,检查是否有较多尘土,可轻轻拍打滤芯端面,用压缩空气由里向外清除滤芯上的尘土,切勿用汽油或水洗刷。如果空气滤清器已经发生严重堵塞则需要更换新的。
　　E. 在装复空气滤清器之前要确认空气滤芯以及进气盒中没有水分残留。
　　F. 拆除时一定要记住工序,这是为了在安装时能够顺利进行。如果安装时出现问题,应找出原因,不可使用蛮力。
③注意事项。
现在市面上的空气滤芯有很多种型号,不仅不同车型的不一样,就是同一车型不同年代的

产品形状也有所区别。如果自己动手更换,最好先把旧件拆下来,去信誉度高的配件经销商处对照着买。优质的空气滤芯滤纸非常密实,且质地、颜色均匀,滤纸和塑料边都没有毛茬,支撑滤纸的铁丝网也很整齐,没有异味,而不具备上述特征的空气滤芯则有可能是假冒产品或是用再生材料制成的劣质产品。

五、实训考核

①认识发动机进气系统各部件名称、安装位置及工作原理。
②能回答教师给出的问题。
③填写作业单及实训报告。
④回答实践思考题。

实践训练9 燃油供给系统的认识与检测

一、目的及要求

①认识燃油供给系统的组成以及各元件的安装位置。
②熟悉燃油供给系统及各元件的工作过程。
③掌握各主要元件的检测方法。

二、实训设备

①设备。汽车一辆,电喷发动机4台。
②工量具。4套工具,万用表,燃油压力表。

三、实训内容

①就车或发动机台架观察燃油供给系统。
②燃油供给系统各元件的检测。

四、实训步骤

(1)就车或发动机台架观察燃油供给系统
①就车或发动机台架观察燃油供给系统的组成,如图4.41所示。
②熟悉电动燃油泵、燃油滤清器、供油总管、油压调节器、电磁喷油器的安装位置及安装关系。
(2)燃油供给系统各元件的检测
燃油供给系统应分成以下4步进行,其结构如图4.42所示。
1)燃油压力的检测
①找出油压检测孔或拆下供油总管接头,接上燃油压力表。
②在继电器盒处找到油泵继电器,将其拔出,短接触点在插座处的插孔。
③接通点火开关,此时油压应达到350 kPa以上。
④启动发动机,怠速时油压应为250~300 kPa。

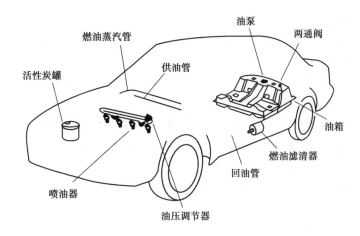

图 4.41　燃油供给系统结构图

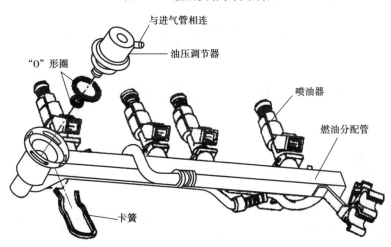

图 4.42　油压调节器及喷油器安装图

2)电动燃油泵检测

①若检查油压时,油压为 0 或低于正常值,可对电动燃油泵进行检查。

②在油泵继电器插孔处测量油泵电阻值,正常值为 1~3 Ω,若电阻值偏大,说明线路不良或油泵电机接触不良。

③在油泵继电器触点插孔处串联电流表,接通点火开关,油泵正常工作电流为 3~6 A,若电流偏小,说明电路接触不良或供电电压低,若电流偏大,说明油泵电机局部短路。

④拆下燃油滤清器进油管,接上量杯,给油泵通电 40 s,泵油量应不少于 1 L。

3)油压调节器检测

①发动机在怠速运转时,拔下油压调节器的真空管,怠速转速应上升 100 r/min。

②夹紧回油管,油压应上升 50 kPa 以上。

③若转速或油压都上升,说明调节器良好,若车速和油压都不上升,说明油压偏低的原因是供油不足造成的。

4)喷油器检查

①拔下喷油器插线,用万用表测量喷油器线圈电阻值,高阻型为 11~17 Ω,且每个汽缸的

喷油器电阻值都应相同。

②给每个喷油器线圈通上蓄电池电压,应能听到清脆的吸合声,每次通电的时间要短,以免喷油器线圈过热而烧毁。

③将喷油器连同供油总管一起拆下,并用铁丝将喷油器和供油总管进行固定,给电动燃油泵通电,在油压正常的情况下,喷油器的漏油量为 1 滴/min。

④接着进行喷油量及喷油效果检查,在喷油器下方放置量杯,给喷油器通电 15 s,喷油量应为 50~60 mL,同时观察喷出来的油应该是形成一定锥度的均匀雾状。

如果喷油器漏油量偏多或喷油质量不佳,可对喷油器进行清洗;将喷油器从车上拆下来后,装到喷油器清洗机上清洗,然后再进行检测,如果还不能恢复正常,则需要更换新件。

五、实训考核

①画出燃油供给系统的组成简图,并能说明工作过程。
②准确指出各元件的安装位置。
③叙述电动燃油泵、油压调节器、电磁喷油器的检测方法。

实践训练 10 排气系统的认识与检测

一、目的及要求

①了解三元催化结构。
②掌握三元催化检测方法。

二、实训设备

三元催化器。

三、实训内容

三元催化转换器的检查与拆装。

四、实训步骤

(1)三元催化转换器的拆装
①安全地顶起汽车。
②在三元催化转换器冷却后,拧下连接排气管与三元催化转换器的 4 个螺栓和螺母。
③拆下三元催化转换器和密封垫片。
④换上两片新密封垫片,放在前后排气管上。
⑤安装三元催化转换器,拧紧螺栓和螺母,其拧紧扭矩为 43 N·m。
(2)三元催化转换器的检查
通过人工检查可以从一开始判断三元催化转换器是否有损坏。用橡皮槌轻轻敲打三元催化转换器,听有无"咔啦"声,并伴随有散碎物体落下。如有此异响,则说明三元催化转换器内部催化物质剥落或蜂窝陶瓷载体破碎,那么就必须更换整个转换器。如果没有上述异响,应检查三元催化转换器是否堵塞。三元催化转换器芯子堵塞是比较常见的故障,可用以下两种方法进行。

第一种方法是检测进气歧管真空度法。将废气再循环(EGR)阀上的真空管取下,将管口塞住,避免产生虚假真空泄漏现象。将真空管接到进气歧管上,让发动机缓慢加速到 2 500 r/min。若真空表读数瞬间又回到原有水平(47.5~74.5 kPa)并能维持 15 s,则说明三元催化转换器没有堵塞。否则应怀疑是 TWC 或排气管堵塞。

第二种方法是检测排气背压法。从二次空气喷射管路上脱开空气泵止回阀的接头,再在二次空气喷射管路中接一个压力表。在发动机转速为 2 500 r/min 时观察压力表的读数,此时读数应小于 17.24 kPa,如果排气背压大于或等于 20.70 kPa,则表明排气系统堵塞。若观察三元催化转换器、消声器及排气管没有外伤,则可将三元催化转换器出口和消声器脱开后观察压力表读数是否有变化。若压力表显示排气背压仍然较高,则为三元催化转换器损坏;若压力表显示排气背压陡然下降,则说明堵塞发生在三元催化转换器出气口后面的部件。

五、实训考核

①认识发动机进气系统各部件名称、安装位置及工作原理。
②能回答教师给出的问题。
③填写作业单及实训报告。
④回答实践思考题。

实践训练 11　发动机故障诊断仪的使用

一、目的及要求

①了解故障自诊断系统的工作原理。
②掌握故障码的读取与清除方法。
③掌握解码器的使用方法。

二、实训设备

①汽车一辆。
②远征 X431 一套。
③数字万用表一个。
④常用工具一套。

三、实训内容

掌握发动机故障诊断仪的使用。

四、实训步骤

此实验以桑塔纳 2000 型为例,讲述实验步骤:

图 4.43　X431 实物图

①根据车型,选择测试卡。

②发动汽车,预热到 85 ℃,然后关闭电门和所有电器的开关。

③软件测试卡插入修车王主机底部的接口(软件卡带"↑"的朝上),并确认到位。

④把通用车系专用接插件(插头)与主机电缆相连接,并插入该车诊断座内,图 4.43 为 X431 解码器。

⑤根据 X431 的提示选择该车的出厂年代(按"↑,↓"键)后,按"确认"键,屏幕则出现车款选择菜单。

⑥根据 X431 的提示,按"↑,↓"键找到所需测试的车款,再按相应的"数字"键,确定所选车款,屏幕则出现测试功能选择菜单(注:屏幕右边的"↓";告诉你按"↓"键,还有车款提供选择)。

⑦测试功能主要有发动机系统测试、自动变速器系统测试、ABS 系统测试等。

⑧选择一项功能,如发动机系统测试,按"OK"进入,屏幕则出现各种功能菜单。其功能有系统测试 1、系统测试 2、读取数据流、读取故障代码、清除故障代码以及元件测试等。

⑨选择一项,按"OK"进入,可进行各项功能操作,结束后,按"BACK"返回。

⑩操作结束后,将修车王主机及插头从所测试的汽车上取下,擦干净,放回主机箱内。

五、实训考核

①掌握发动机故障分析仪的使用方法,能够读故障码。

②能回答教师给出的问题。

③填写作业单及实训报告。

④回答实践思考题。

习题与思考

1. 填空题

(1)车用汽油机工况变化范围很大,根据汽车运行的特点,可将其分为＿＿＿＿＿＿、＿＿＿＿＿＿、＿＿＿＿＿＿、＿＿＿＿＿＿、＿＿＿＿＿＿5 种基本工况。

(2)电子控制汽油喷射系统的控制供给系统由＿＿＿＿、＿＿＿＿和＿＿＿＿组成。

(3)汽车排放控制有＿＿＿＿、＿＿＿＿、＿＿＿＿、＿＿＿＿等类型。

(4)按喷油器的结构不同,喷油器可分为＿＿＿＿和＿＿＿＿两种。

2. 简答题

(1)影响汽油机燃烧过程的使用因素有哪些?

(2)分析不同成分混合气对发动机动力性和经济性的影响。

(3)燃油供给系统常见故障有哪些?

(4)简述发动机电控燃油喷射系统的工作原理。

模块五
柴油机燃料供给系统

===

　　柴油机不只没有点火系统,而且其燃料供给系统也与汽油机有很大的不同,这是柴油机的核心技术。本模块主要讲述柴油机的燃料供给系统的组成及有关电子燃油喷射的技术,对当前节油能力有突出表现的共轨技术也有所介绍。

===

知识要点

- 柴油机燃料供给系统的作用及组成;
- 柴油机燃料供给系统各部件的结构、工作原理及检修方法;
- 柴油机电控喷射系统的原理;
- 柴油机共轨技术。

学习目标

- 掌握柴油机燃料供给系统的功能和构成;
- 掌握喷油器、喷油泵和输油泵等主要部件的结构、工作原理和检修方法;
- 掌握电控柴油喷射的主要构成及工作原理;
- 掌握电控柴油喷射系统的检测方法;
- 了解柴油机的共轨技术及相关元件的检测。

案例导入

关于柴油机

　　柴油发动机的工作过程其实跟汽油发动机一样,每个工作循环经历进气、压缩、做功、排气4个行程。但柴油机用的燃料是柴油,其黏度比汽油大,不易蒸发,其自燃温度较汽油低,因此可燃混合气的形成及点火方式都与汽油机不同。

　　柴油机在进气行程中吸入的是纯空气。在压缩行程接近终了时,柴油经喷油泵将油压提高到 10 MPa 以上,通过喷油器喷入汽缸,在很短时间内与压缩后的高温空气混合,形成可燃混合气。由于柴油机压缩比高(一般为 16～22),所以压缩终了时汽缸内空气压强可达 3.5～

4.5 MPa,同时温度高达 750～1 000 K(而汽油机在此时的混合气压力为 0.6～1.2 MPa,温度达 600～700 K),大大超过柴油的自燃温度。因此柴油在喷入汽缸后,在很短时间内与空气混合后便立即自行发火燃烧。汽缸内的气压急速上升到 6～9 MPa,温度也升到 2 000～2 500 K。在高压气体推动下,活塞向下运动并带动曲轴旋转而做功,废气同样经排气管排入大气中。

普通柴油机的燃油供给系统是由发动机凸轮轴驱动,借助于高压油泵将柴油输送到各缸燃油室。这种供油方式要随发动机转速的变化而变化,做不到各种转速下的最佳供油量。而现在已经越来越普遍采用的电控柴油机的共轨喷射式系统可以较好地解决这个问题。

共轨喷射式供油系统由高压油泵、公共供油管、喷油器、电控单元(ECU)和一些管道压力传感器组成,系统中的每一个喷油器通过各自的高压油管与公共供油管相连,公共供油管对喷油器起液力蓄压作用。工作时,高压油泵以高压将燃油输送到公共供油管,高压油泵、压力传感器和 ECU 组成闭环工作,对公共供油管内的油压实现精确控制,彻底改变了供油压力随发动机转速变化的现象。其主要特点有以下 3 个方面:

①喷油正时与燃油计量完全分开,喷油压力和喷油过程由 ECU 适时控制。

②可根据发动机工作状况调整各缸喷油压力,喷油始点、持续时间,从而追求喷油的最佳控制点。

③能实现较高的喷油压力,并能实现柴油的预喷射。

相比汽油机,柴油机具有燃油消耗率低(平均比汽油机低 30%),而且柴油价格较低,所以燃油经济性较好;同时柴油机的转速一般比汽油机来得低,扭矩要比汽油机大,但其质量大、工作时噪声大,制造和维护费用高,同时排放也比汽油机差。但随着现代技术的发展,柴油机的这些缺点正逐渐被克服,现在高级轿车都已经开始使用柴油发动机了。

学习任务 21 柴油机燃料供给系统的认知

柴油机具有良好的燃油经济性(同等状况下比汽油机省油 30%)、可靠性、耐久性和排放低等优点,因此被广泛应用于轿车、货车、客车及各种专用汽车上。

特别是近几年来车用柴油机采用先进技术(如柴油高压共轨喷射系统),已使柴油机的一些缺点(如 NO 排放、冒黑烟、噪声等)得到明显改善,排放已能达到欧洲 2005 年才开始实施的 Ⅳ 号排放标准。目前欧洲生产的轿车中,柴油轿车占 30% 以上。

柴油机以柴油作为燃料。与汽油相比,柴油的黏度大、蒸发性差、自燃温度低。因此,柴油机的混合气的形成、点火和燃烧方式都不同于汽油机,需要借助喷油泵和喷油器将柴油在接近压缩终了时以高压、高速的方法喷入燃烧室,由此决定了柴油机燃料供给系统的组成、构造及其工作原理与汽油机有较大的区别。

情境 1 柴油机燃料供给系统的构成

(1)柴油机燃料供给系统的作用及特点

柴油机燃料供给系统的作用主要是完成柴油的储存、滤清和输送工作,按柴油机各种不同工况的要求,定时、定量、定压并以一定的喷油质量将柴油喷入燃烧室,使其与空气迅速地混合并燃烧,最后再将废气排入大气。在石油蒸馏过程中,温度为 200～350 ℃ 的馏分即为柴油。

柴油分为轻柴油和重柴油。轻柴油用于高速柴油机,重柴油用于中、低速柴油机。汽车柴油机均为高速柴油机,所以用轻柴油。

柴油有 3 个重要的特性:十六烷值、终馏点及含硫量。十六烷值是柴油发火性指标,十六烷值越高,燃油的发火性越好。

轻柴油的牌号和规格如下:

按质量分:优等品、一等品和合格品。

按凝点分:10、0、-10、-20、-35 和 -50 等 6 种牌号。

与汽油机相比,柴油机具有以下特点:

①压缩比大,热效率高,经济性好,无点火系统,故障少。

②混合气的形成、点火和燃烧方式不同于汽油机,高压柴油喷入燃烧室后,在燃烧室内形成混合气体,经过压缩后边喷边燃。

③柴油机的 CO 和 C_xH_y 排放较低,但 NO 较多,大负荷易产生碳烟,如图 5.1 所示。

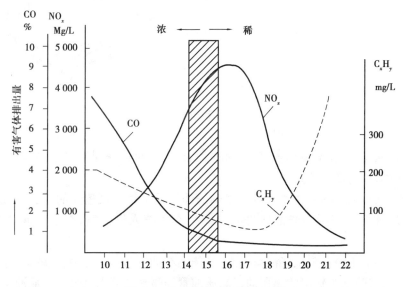

图 5.1　柴油机有害气体排出量

④柴油机质量大,加工精度高,制造成本较高。

⑤柴油机的排气噪声大,废气中含 SO_2 较多。

(2)柴油机燃料供给系统的组成

柴油机燃料供给系统由燃油供给系统、空气供给系统、混合气形成和废气排出与燃油供给线路 5 部分组成。柴油机普遍采用柱塞式喷油泵燃油供给系统,其他形式的柴油供给系统的主要组成基本相似,现以柱塞式喷油泵为例加以说明。

柱塞式喷油泵燃料供给系统的基本组成,如图 5.2 所示。

①燃油供给装置。由柴油箱、输油泵、低压油管、柴油滤清器、喷油泵(包括调速器)、高压油管、喷油器、回油管组成。

②空气供给装置。由空气滤清器、进气管、进气道组成。

③混合气形成装置。由燃烧室组成。

④废气排出装置。由排气道、排气管、排气消声器组成。

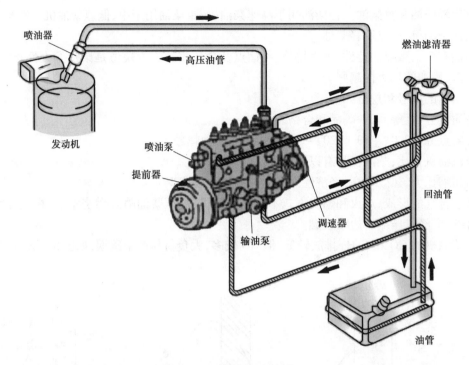

图 5.2　柴油供给系统结构图

⑤燃油供给线路。

低压油路:从柴油箱到喷油泵入口的这段油路中的油压是由输油泵建立的,压力为 0.15～0.30 MPa,称为低压油路。

高压油路:从喷油泵到喷油器这段油路中的油压是由喷油泵建立的,压力一般在 10 MPa 以上,称为高压油路。高压的柴油通过喷油器呈雾状喷入燃烧室,与空气混合形成可燃混合气。

燃油回流:柴油由输油泵从柴油箱吸出,经柴油粗滤器被吸入输油泵并泵出,经柴油细滤器,进入喷油泵,自喷油泵输出的高压油经高压油管和喷油器喷入燃烧室。输油泵的供油量比喷油泵供油量大得多,过量的柴油便经回油管回到输油泵低压回路。

【扩展知识 5.1】

柴　油

柴油及适用性柴油按直馏分类可分为轻柴油和重柴油两种。轻柴油是内燃机车、柴油汽车等普通高速(转速在 1 000 r/min 以上)柴油机燃料,重柴油是中速(转速在 500～1 000 r/min)和低速(转速在 300～400 r/min)柴油机燃料。柴油发动机有进气、压缩、做功、排气 4 个冲程。柴油的性能指标及表示有五大品质要求:良好的蒸发和雾化性能;良好的低温流动性能;良好的燃烧性能;良好的安定性和抗腐蚀性及低磨损性。

(1)蒸发性和雾化性

为了保证高速柴油机的正常运转,轻柴油要有良好的蒸发性,以便与空气形成均匀的可燃混合气,柴油的蒸发性用馏程和闪点两个指标来评定。

①馏程温度:200～365 ℃。

②闪点又称闪火点,它是在规定条件下,加热油品所逸出的蒸汽组成的混合物与火焰接触

瞬间闪火时的最低温度,以℃表示。柴油的闪点既是控制柴油蒸发性的指标,也是保证柴油安全性的指标。

(2)流动性

柴油的流动性主要用黏度、凝点和冷滤点来表示。

①黏度是柴油重要的使用性能指标,在标准要求的黏度范围内,才能保证柴油对发动机燃油系统的良好润滑性,保证柴油有较好的雾化性能和供给量,从而保证柴油有较好的燃烧性能。

②凝点是指在规定条件下,柴油遇冷开始凝固而失去流动性的最高温度,是柴油储存、运输和收发作业的界限温度。

③冷滤点是指柴油在一定条件下不能通过滤网的最高温度。同种柴油,冷滤点高于凝点4~6℃。

(3)燃烧性

柴油的燃烧性也称发火性或抗爆性,它表示柴油自燃的能力。评定柴油燃烧性能的指标是十六烷值。十六烷值是指和柴油燃烧性能相同的标准燃料中所含正十六烷的体积百分数。使用十六烷值高的柴油易于启动,燃烧均匀而且完全,发动机功率大,油耗低。

(4)安定性

柴油的安定性是指柴油在储运和使用过程中抵抗氧化的能力。评定轻柴油安定性的指标主要用总不溶物和10%蒸余物残碳表示,其值越大,说明柴油的安定性越差,越易氧化变质,颜色加深变黑,胶质增大,越容易在发动机生成积碳,对柴油的储存和使用有很大影响。

(5)腐蚀性

不论是轻柴油还是重柴油,都不能有大的腐蚀性,否则会腐蚀发动机部件,缩短使用寿命。柴油的腐蚀性用含硫量、酸度、铜片腐蚀3个指标控制。

轻柴油按规格和使用凝点分为10,5,0,-10,-20,-35和-50号7个牌号。选用柴油牌号必须以保证柴油冷滤点高于使用环境的最低气温为原则,根据不同地区、气温和季节,选用不同牌号的轻柴油。气温低,选用凝点较低的轻柴油;反之,则选用凝点较高的轻柴油。一般可按下列情况选用:

10号轻柴油——适合于有预热设备的高速柴油机使用。

5号轻柴油——适合于风险率为10%的最低气温在8℃以上的地区使用。

0号轻柴油——适合于风险率为10%的最低气温在4℃以上的地区使用。

-10号轻柴油——适合于风险率为10%的最低气温在-5℃以上的地区使用。

-20号轻柴油——适合于风险率为10%的最低气温在-14℃以上的地区使用。

-35号轻柴油——适合于风险率为10%的最低气温在-29℃以上的地区使用。

-50号轻柴油——适合于风险率为10%的最低气温在-44℃以上的地区使用。

情境2　柴油机燃烧室

柴油机燃烧室做压缩冲程终了时活塞顶和汽缸盖之间的全部空间,因为柴油机的混合气体的形成和燃烧均在燃烧室内进行,所以燃烧室的结构直接影响混合气体的形成和燃烧。对燃烧室的要求:一是配合喷油形成良好均匀的混合气体,改善燃烧;二是结构紧凑,减少热量损失,提高热效率。

汽车柴油机的燃烧室可分为直接喷射式燃烧室和分隔式燃烧室两大类。

(1)直接喷射式燃烧室

直接喷射式燃烧室常见的结构形式,如图5.3所示,是由凹形活塞顶与汽缸盖底面所包围的空间组成,也称统一式燃烧室。几乎全部燃烧室容积都在活塞顶面上,按活塞顶面形状的不同,又可分为ω形、球形。

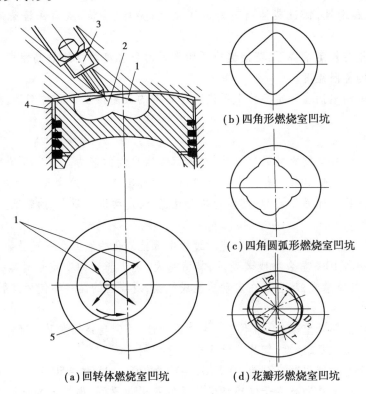

(b)四角形燃烧室凹坑

(c)四角圆弧形燃烧室凹坑

(a)回转体燃烧室凹坑　　　　　(d)花瓣形燃烧室凹坑

图5.3　直接喷射式燃烧室

1—四孔喷油器喷油轨迹;2—柴油机燃烧室;3—四孔喷油器;
4—柴油机活塞;5—涡流流向

1)ω形燃烧室

ω形活塞配合孔式喷油器,可使得喷注在燃烧室内形成ω形涡流,促使燃油与空气的混合。目前,新型的燃油共轨系统多采用此种形式的燃烧室和活塞,如图5.4所示。

优点:形状简单,结构紧凑,燃烧室与水套接触面积小,散热少,可减少热损失,热效率高,经济性较好。

缺点:工作粗暴,喷射压力高,为17~22 MPa,制造困难,喷孔易堵。

2)球形燃烧室

球形燃烧室采用螺旋进气道,油膜蒸发能混合充分,如图5.5所示。

优点:工作柔和,噪声小,又称轻声发动机。

缺点:启动困难,螺旋形进气道,结构复杂,制造困难。

(2)分隔式燃烧室

分隔式燃烧室由两部分组成:一部分位于活塞顶与汽缸盖底面之间,称为主燃烧室;另一部分在汽缸盖中,称为副燃烧室。两部分之间有一个或几个孔道相连。分隔式燃烧室常见的形式有涡流室式燃烧室和预燃室式燃烧室两种,如图5.6所示。

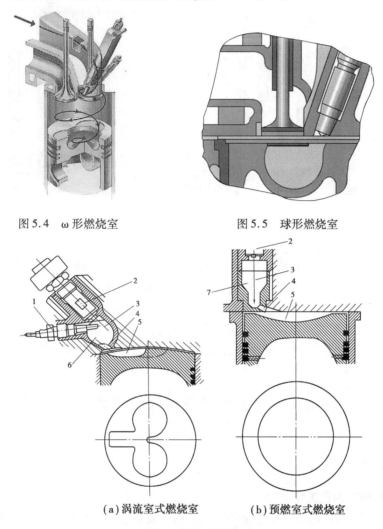

图5.4　ω形燃烧室　　　　　　　　图5.5　球形燃烧室

（a）涡流室式燃烧室　　　　　（b）预燃室式燃烧室

图5.6　分隔式燃烧室

1—冷启动喷油器;2—轴针式喷油器;3—轴针式喷油器喷射轨迹;
4—连接孔道;5—主燃烧室;6—涡流室式副燃烧室;7—预燃室式燃烧室

1）涡流室式燃烧室

涡流室式燃烧室如图5.7所示,其主、副燃烧室之间的连接通道与副燃烧室切向连接,在压缩行程中,空气从主燃烧室经连接通道进入副燃烧室,在其中形成强烈的有组织的压缩涡流,因此称副燃烧室为涡流室。涡流室式燃烧室一般采用平顶活塞,在压缩行程期间,涡流室内形成旋涡气流,多数燃油在涡流室内被点燃。然后,其余燃油在主燃烧室内继续燃烧。多用于轿车和轻型汽车的柴油机上。

优点:工作柔和,空气利用率较高,喷射压力也较低,为12~14 MPa。

缺点:热损失大,经济性差,启动困难。

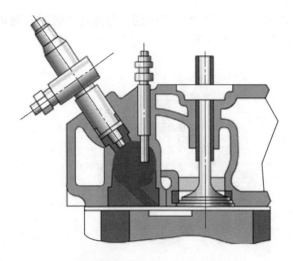

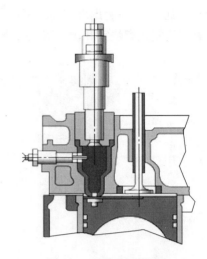

图5.7 涡流室式燃烧室　　　　　　图5.8 预燃室式燃烧室

2）预燃室式燃烧室

预燃室式燃烧室如图5.8所示,其主、副燃烧室之间的连接通道不与副燃烧室切向连接,且截面积较小。在压缩行程中,空气在副燃烧室内形成强烈的无组织的紊流。燃油迎着气流方向喷射,并在副燃烧室顶部预先发火燃烧,故称副燃烧室为预燃室。

由于自燃主要发生在副燃烧室内,而主燃烧室内主要是扩散燃烧,因此,这种燃烧室工作较柔和,噪声较小。但是,因为散热面积较大,放热效率较低,目前,较少采用。

学习任务22　柴油机燃料供给系统的结构与维修

情境1　喷油器

(1)喷油器的结构及工作原理

喷油器安装在汽缸盖上,其作用是将高压柴油雾化成容易着火和燃烧的喷雾,并使喷雾和燃烧室大小、形状相配合,分散到各燃烧室与空气充分混合。喷油器除了影响燃油的雾化质量、贯穿度及分布等喷雾特性外,还对喷油压力、喷油起始点、喷油延续时间和喷油率等喷油特性有重大影响。所以,喷油器对柴油机的性能起着决定性作用。

喷油器应具有的工作要求如下:

①有一定的喷射压力和射程。

②合适的喷射锥角,良好的雾化质量。

③喷油终了迅速停油,无滴漏现象。

喷油器的种类很多,目前,中小功率高速柴油机多采用闭式喷油器,即喷油器除喷射柴油的时刻外,喷油器内部与柴油机燃烧室之间被喷油器的针阀隔断。

柴油机喷油器常见的形式有孔式喷油器和轴针式喷油器两种。孔式喷油器主要用于直接喷射式燃烧室,轴针式喷油器多用于分隔式燃烧室。

1)孔式喷油器

孔式喷油器主要用于直接喷射式燃烧室的柴油机上,喷孔为2~7个,喷孔直径为0.25~0.50 mm。喷孔多,孔径小,雾化好,但需较高的喷油压力和喷孔容易被积碳堵塞。

孔式喷油器的结构主要由针阀、针阀体偶件、喷油器体、顶杆、调压弹簧、调压垫片、进油管接头及滤芯、回油管接头等零件组成。

其中最重要的部件是针阀和针阀体,却是用优质合金钢磨制的,二者合称针阀偶件,如图5.9所示。针阀上部的圆柱表面和针阀体的相应内圆柱面作高精度的滑动配合,其配合间隙为0.002~0.003 mm。此配合间隙过大则可能发生漏油而使油压下降,影响喷雾质量;配合间隙过小时,针阀将不能自由滑动。

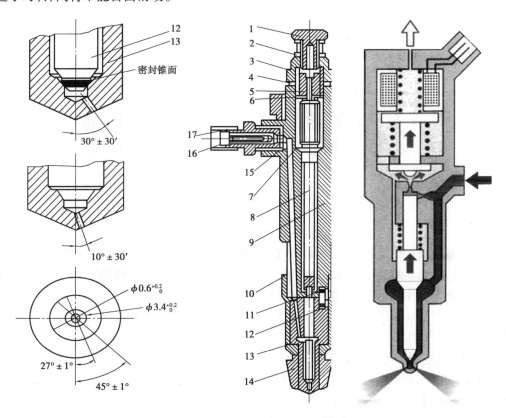

图5.9　孔式喷油器

1—回油管螺栓;2—回油管衬垫;3—调压螺钉护帽;4—调压螺钉垫圈;5—调压螺钉;
6—调压弹簧垫圈;7—调压弹簧;8—推杆;9—喷油器壳体;10—紧固螺套;
11—定位销;12—针阀;13—针阀体;14—密封铜锥体;15—进油管接头衬垫;
16—滤芯;17—进油管接头

针阀中部的锥面全部露在针阀体的环形油腔中来承受油压,故称为承压锥面。针阀下端的锥面与针阀体上相应的内锥面配合来密封喷油器内腔,称为密封锥面。

喷油器在工作时,喷油泵输出的高压柴油从进油管接头经过喷油器体与针阀体中的油孔道进入针阀中部周围的环状空间,即高压油腔,油压作用在针阀的承压锥面上,造成一个向上的轴向推力,当此推力克服了调压弹簧的预紧力后,针阀即上移而打开喷孔,高压柴油便从针阀体下端的喷油孔喷出。当喷油泵停止供油时,油压迅速下降,针阀在调压弹簧作用下及时回位,将喷孔关闭,喷油器停止喷油。

可见,针阀的开启压力即喷射开始时的喷油压力取决于调压弹簧的预紧力,预紧力大,喷油压力高。调压弹簧预紧力可通过调压垫片或调压螺钉调节。

在喷油器工作期间,会有少量柴油从针阀与针阀体之间的间隙处缓慢泄漏。这部分柴油对针阀起润滑作用,并沿顶杆周围空隙上升,通过中间的油孔进入回油管,然后流回油箱。

2)轴针式喷油器

轴针式喷油器适于对喷雾要求不高的分隔式燃烧室。其构造与孔式喷油器类似,不同之处在于针阀下端的密封锥面以下还延伸出一个轴针,形状可以是倒锥形或圆柱形,如图5.10所示。

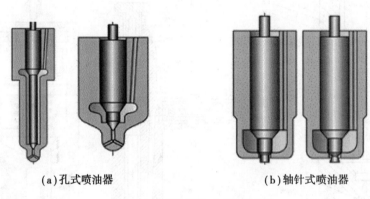

(a)孔式喷油器　　　　　　　　　　(b)轴针式喷油器

图5.10　喷油器的喷头结构图

为了使柴油机工作柔和,改善燃烧条件,喷油器最好在每一循环的供油过程中,初期喷油少,中期喷油多,后期喷油少。因此轴针喷油器的轴针做成可变的节流断面,通过密封锥面及轴针处的节流断面作用,可较好地满足喷油特性要求,轴针式喷油器具有以下特点:

①不喷油时针阀关闭喷孔,使高压油腔与燃烧室隔开,燃烧气体不致冲入油腔内引起积碳堵塞。

②喷孔直径较大,便于加工且不易堵塞。

③针阀在油压达到一定压力时开启,供油停止时,又在弹簧作用下立即关闭,因此,喷油开始和停止都干脆利落,无滴油现象。

④不能满足对喷油质量有特殊要求的燃烧室。

常见的轴针式喷油器只有一个喷孔,孔径为1~3 mm。因为喷孔直径较大,孔内的轴针又上下运动,喷孔不易积碳,而且还有自行清理积碳的功能。轴针式喷油器喷孔形状与喷雾锥角取决于轴针的形状和升程,因此要求轴针的形状加工非常精确,通常轴针与孔的径向间隙为0.05 mm,如图5.11所示。

喷油时,油压作用在承压锥面上,针阀上移,喷孔打开,高压柴油喷出,当喷油泵停止供油时,高压油室中油压下降,针阀在调压弹簧作用下,迅速回位,密封锥面,关闭喷孔,喷油停止。

(2)喷油器的检修

1)分解

喷油器分解时首先应注意工作场地及所用的设备、工具、清洗油剂等的清洁。同时,操作时要细心,以免碰坏零件的精密表面。解体前,应确认汽缸顺序的标记,按缸序拆卸喷油器,并保证能正确装回原位。

2)清洗

在清洁的柴油中清洗针阀偶件。可用木条清除针阀轴针上的积碳,阀座外部积碳用铜丝刷清除。疏通喷油孔时,可根据喷孔的大小选用不同直径的钢丝进行。不得用手接触针阀的配合表面,以免手上的汗渍遗留在精密表面引起锈蚀。

3)检验

①针阀和阀座的配合表面不得有烧伤或腐蚀等现象。

②针阀的轴针不得有变形和其他损伤。

③针阀偶件的配合间隙检验可按如图 5.12 所示方法进行。将针阀体倾斜 60°左右,针阀拉出 1/3 行程,放开针阀后应能靠自重平稳地滑入针阀座之中;重复上述动作,每次转动针阀在不同位置,如针阀在某位置不能平稳下滑,说明针阀座变形或表面损伤;若下滑速度过快,说明间隙因磨损而过大,出现以上两种情况都应更换针阀偶件。

图 5.11　轴针式喷油器
1—调压弹簧;2—顶杆;3—喷油器体;
4—针阀体;5—针阀;6—紧固螺套;
7—进油管接头;8—滤芯;9—垫圈;
10—调压螺钉;11—护帽;
12—回油管接头螺栓

4)装合

喷油器分解检修后,应彻底洗净并重新装配,装配时喷油器的针阀和针阀体不能互换。对一些起密封作用的紫铜垫圈、橡胶密封件应予以更新。装配后进行检验调试,使其性能达到技术要求。

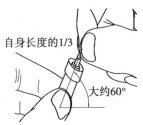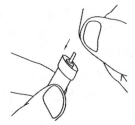

自身长度的1/3　大约60°

图 5.12　针阀的检查

(3)喷油器总成的检验调试

喷油器虽然容易发生故障,但在检修时一般以检验调试为主。

1)喷油压力的检查调整

在喷油器洗净后,装在喷油器试验器上测试,开始喷油压力和喷射雾化质量,如图 5.13 所示。测试前,应操纵喷油试验器手柄,反复作多次压油动作,使喷油器和高压油管内完全充满柴油,然后再缓慢压油(以 60 次/min 为宜),同时观察压力表。当读数开始下降时,即为喷油器开启压力,应符合标准。若不符,应视结构拧动调压螺钉或更换调整垫片加以调整,调定后将锁紧螺母拧紧并再次测试开始喷油压力,直到符合要求为止。

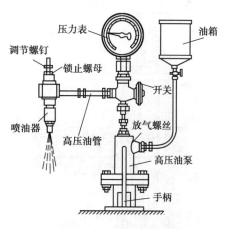

图 5.13　喷油压力的检测

2）喷射质量检查

喷射质量检查包括雾流形状、断油干脆程度和喷雾锥角的检查。最常用的检查方法是目测喷雾形状，倾听喷雾声响，检查喷雾锥角。

检查雾流形状时，以 3～5 次/s 的速度压手柄（相当于喷油泵怠速时的泵油速度）。这时喷出的油雾应是细小均匀的，不允许有肉眼可分辨出来的线条状油流或断续飞溅的较大油粒。放慢手柄速度（1 次/s）时，喷雾颗粒会变粗，但基本仍应保持发散而成油雾状，不允许呈线条状油流。对多孔式喷油器，各喷孔应形成一个雾化良好的小锥状油束，各油束间隔角应符合原厂规定。

3）密封性检查

检查阀座密封性时，可操纵压油手柄，使喷油器试验器的油压保持在比开始喷油压力标准值小 2 MPa 的位置 10 s，这时喷油嘴端部不应有油滴流出（稍有湿润是允许的）；且油压从 19.6 MPa 下降到 17.6 MPa 的时间在 10 s 以上。若时间过短，则可能是油管接头处漏油、针阀体与喷油器体平面配合不严、密封锥面封闭不严、导向部分磨损造成间隙过大等原因。

情境 2　喷油泵

喷油泵的作用是按照柴油机的工况定时、定量地向喷油器输送高压燃油。对多缸柴油机的喷油泵还应满足下列要求：

①喷油泵的供油次序应符合柴油机各缸的工作次序。

②向喷油器供给足够压力的燃油，以保证良好的雾化质量。

③根据柴油机工作负荷的大小，供给相应的循环供油量。

④各缸供油提前角一致，相差不大于 0.50 曲轴转角。

⑤保证各缸供油量均匀，不均匀度在标定工况下不大于 3%～4%。

⑥断油迅速，操纵性好。

喷油泵的压力可以将柴油提高到 10～20 MPa，所以喷油泵又称为高压泵。车用柴油机的喷油泵大体可分为柱塞式喷油泵、转子分配式喷油泵和喷油泵—喷油器一体式喷油泵三类。

（1）柱塞式喷油泵

1）柱塞式喷油泵的结构与原理

柱塞式喷油泵是由分泵、油量调节机构、传动机构及泵体 4 个部分组成，如图 5.14 所示。

①分泵。分泵是用来泵油的，每台喷油泵都由数个结构和尺寸相同的分泵组成，它的数目和柴油机的缸数相同，各分泵安装在同一泵体中，由同一凸轮轴驱动，并对供油量进行统一调节。

A.分泵的结构。分泵主要由柱塞、柱塞套、柱塞弹簧、弹簧座、出油阀、出油阀座、出油阀弹簧等零件组成，如图 5.15 所示。

B.泵油原理。当柱塞自上止点向下移动时，其上方泵腔容积增大，产生真空度，当柱塞上端面低于柱塞套上进油孔上缘时，燃油自低压油腔经油孔被吸入，并充入泵腔及柱塞头部凹穴处，直至下止点，完成进油过程，如图 5.16 所示。

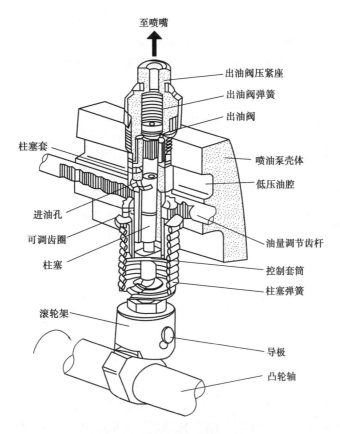

图 5.14 柱塞式喷油泵结构图

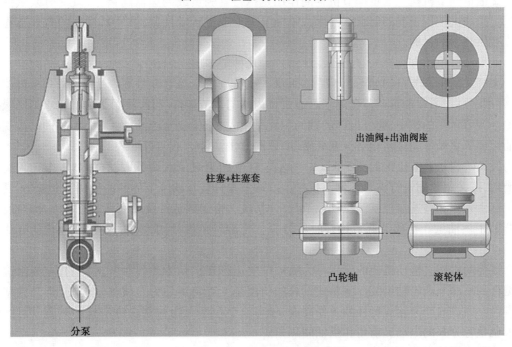

图 5.15 柱分泵结构图

随后柱塞由下止点上移,最初有一部分燃油被挤回低压油腔,直到柱塞上部的圆柱面将进油孔完全封闭为止。柱塞继续上移,柱塞上部的燃油压力突然增高到足以克服出油阀弹簧的作用力时,出油阀便上升。当出油阀上的圆柱形环带离开出油阀座时,高压燃油便自泵腔通过高压油管流向喷油器。

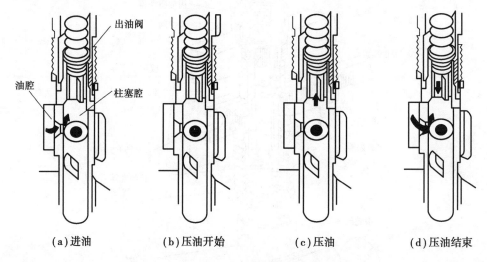

(a)进油　　　　(b)压油开始　　　　(c)压油　　　　(d)压油结束

图 5.16　泵油原理图

柱塞继续上移,当柱塞上的斜槽与油孔开始接通时,泵腔内的燃油便经柱塞上的直槽、斜槽和油孔流向低压油腔。此时,泵腔中油压迅速下降,出油阀在弹簧压力作用下立即复位,喷油泵供油立即停止。此后柱塞仍继续上行,直到到达上止点为止,但不泵油。

②油量调节机构。油量调节机构的作用是执行驾驶员或调速器的指令,改变分泵供油量以满足柴油机使用工况的要求。柱塞式喷油泵一般通过转动柱塞,改变其柱塞的有效行程达到改变供油量的目的。

油量调节机构有齿杆式、拨叉式、球销式等几种基本形式。

齿杆式油量调节机构如图 5.17(a)所示。油量调节套筒套在柱塞套上,上部套有可调齿圈,并用螺钉锁紧在油量调节套筒上。通过调齿圈与调节齿杆啮合,柱塞下端的十字形凸缘嵌入油量调节套筒的槽中,调节齿杆的轴向位置是由人工或调速器控制的。移动齿杆时,齿圈连同油量调节套筒带动柱塞相对柱塞套转动,以调节供油量。

拨叉式油量调节机构如图 5.17(b)所示。柱塞的下端压入调节臂,臂的球头端插入拨叉的槽内,拨叉用紧固螺钉夹紧在调节拉杆上。调节拉杆装在油泵下体的油量调节套筒中,其轴向位置由人工和调速器控制。拉动调节拉杆时,拨叉带动调节臂及柱塞相对于柱塞套转动,从而调节了供油量。在移动调节拉杆时各分泵柱塞旋转角度相同,所以,各缸供油量的变化也相同。

③传动机构。传动机构的作用是为喷油泵的运行提供动力并控制其运动的,主要由滚轮式挺杆和喷油泵凸轮轴组成。滚轮式挺杆的功用是变旋转运动为直线往复运动,推动柱塞上行供油。通过改变滚轮式挺杆的工作高度,便可改变柱塞封闭柱塞套进油孔的时刻,因此,可用来调整各分泵的供油提前角和供油间隔角。

滚轮式挺杆有调整垫块式、调整螺钉式和不可调整式 3 种,如图 5.18 所示。

④泵体。泵体是支承和安装喷油泵所有零件的基础。泵体在工作中同时承受较大的载

荷,因此,泵体应有足够的强度和刚度。泵体分组合式和整体式两种。整体式泵体刚度好,密封性强,是目前国内外新型泵体的主要形式。

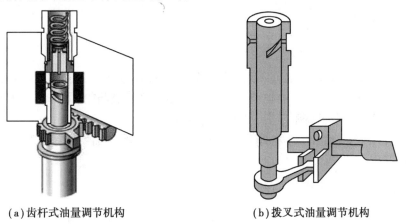

（a）齿杆式油量调节机构　　　　　（b）拨叉式油量调节机构

图 5.17　油量调节机构

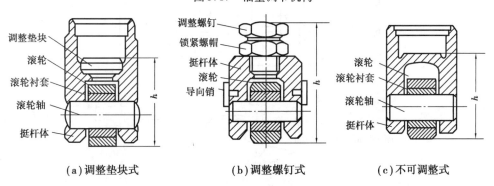

（a）调整垫块式　　　（b）调整螺钉式　　　（c）不可调整式

图 5.18　传动机构结构图

泵体下端的凸轮室有机油保证传动机构的润滑。喷油泵的润滑方式有两种:一种是独立润滑,单独向喷油泵壳体及调速器壳体中加注机油,此种方式需经常检查和加换机油;另一种是压力润滑,将喷油泵、调速器和柴油机的润滑系连通,并使机油不断循环。泵体中的机油用油管从柴油机润滑系统主油道引来,并经回油管流回油底壳。

2)柱塞式喷油泵的检修

①柱塞的滑动性能试验。先用洁净的柴油仔细清洗柱塞偶件,并涂上干净的柴油后进行试验。将柱塞套倾斜60°左右,并拉出柱塞全行程约1/3处。放手后,柱塞应在自重作用下平滑缓慢地进入套筒内。然后转动柱塞,在其他位置重复上述试验,柱塞均应能平稳地滑入套筒内。如下滑时,在某个位置有阻滞现象,可用抛光剂涂在柱塞表面,并插入柱塞套内研配。如果有毛刺可用细质油石磨去毛刺,然后清洗干净,涂上抛光剂与柱塞套互研至无阻滞时为止。如果下滑很快,说明磨损过甚,必须成对更换。

②柱塞的密封性试验。

A.将各分泵机构中的出油阀拆除,放出泵内的空气,将喷油器试验器的高压油管接入出油阀接头。

B.移动供油量调节机构的齿条或拉杆,使喷油泵处在最大供油位置。转动喷油泵凸轮轴,使被测柱塞移动到行程的中间部位,柱塞顶面应完全盖住进油孔和回油孔。

C.将喷油器试验器的压力调至 20 MPa 后停止泵油,测定压力下降至 10 MPa 时所用时间应不小于下式的计算结果,即

$$时间 = 48 - (4 \times d)$$

(2)泵喷嘴

泵喷嘴是喷油泵和喷油器之间不用高压油管而直接连接在一起的喷油装置,如喷油器一样,直接安装在柴油机各个汽缸的缸盖上。有的直接由柴油机凸轮轴驱动,即为凸轮驱动式。因为没有高压油管,适合于高压喷射,可改善喷油特性。

在美国康明斯公司和日本小松制作所合作生产的 PT 型供油系统中采用了泵喷嘴,其结构如图 5.19 所示。

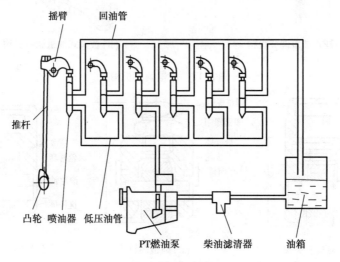

图 5.19　PT 燃油泵的结构图

PT 燃油泵为低压燃油泵,它提供给喷油器的供油压力最大为 2 MPa。PT 燃油泵的基本功能是将燃油从油箱输送至发动机;为 PT 喷油器提供规定流量和压力的燃油;控制和调节发动机的转速、负荷及工况。

PT 燃油泵主要由齿轮泵、减震器、节流轴、调速器、停车阀等几部分组成。

(3)转子分配式喷油泵

转子分配式喷油泵简称分配泵,它与柱塞式喷油泵相比,具有以下特点:

①能保证各缸供油均匀和供油时间一致,分配泵单缸供油量和供油提前角不需要调整。

②分配式喷油泵凸轮升程小,柱塞行程小,一般为 2.0 ~ 3.0 mm,同时喷油压力高,缩短了喷油时间,有利于提高转速,对四冲程柴油机,其转速可达到 6 000 r/min。

③分配式喷油泵内部零件依靠泵内部的燃油进行润滑和冷却。整个喷油泵制成一个密封的整体,泵内外的灰尘杂质和水分不易进入。

目前轿车和轻型载货汽车车用柴油机多用轴向压缩式喷油泵,也称单柱塞分配泵或 VE 分配泵,由德国 BOSCH 公司研发。

VE 分配泵主要由滑片式输油泵、高压泵、驱动机构和断油电磁阀等组成,其结构如图5.20 所示。

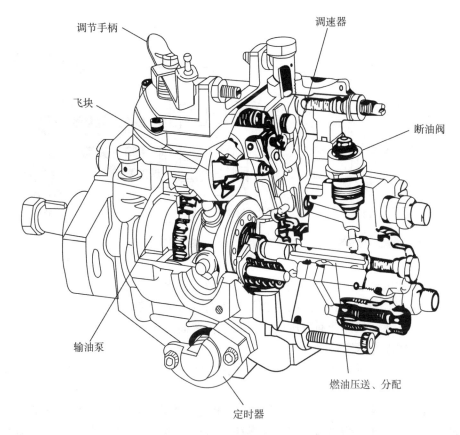

图 5.20　VE 分配泵

1）滑片式输油泵

滑片式输油泵的作用是把由膜片式输油泵（一级输油泵）从油箱吸出并经柴油滤清器过滤后的柴油适当增压后送入分配泵内，保证分配泵必要的进油量，并用调压阀控制输油泵的压力，同时还使柴油在泵体内循环，达到润滑和冷却喷油泵的作用。

滑片式输油泵装在喷油泵前部，其转子与喷油泵轴通过半圆键连接，其结构如图 5.21 所示，由转子、滑片、偏心环、调压阀等组成。

转子在驱动轴作用下旋转，滑片装在转子上的滑片槽内，并且能够在槽内自由移动。转子中心与偏心环内孔中心偏移，转子旋转时，使由转子外圆、滑片、偏心环内孔壁三者所形成的容积不断变化。当容积由小变大时为吸油腔，由大变小时为压油腔。吸油腔和进油口相通，压油腔和出油口相通。

2）高压泵

高压泵的作用是实现进油、压油、配油。VE 分配泵的高压泵采用单柱塞式，由滚轮体总成、端面凸轮盘、柱塞回位弹簧、柱塞、柱塞套、油量控制套筒、出油阀等组成，如图 5.22 所示。

柱塞上沿周向分布有若干个进油槽（进油槽数等于汽缸数）、一个中心油道、一个配油槽和一个泄油孔。配油槽通过径向油孔与中心油道相通，中心油道末端与泄油孔相连。柱塞套筒上有一个进油道及若干分配油道和出油阀，并且分配油道和出油阀数目与汽缸数目是相等的。

柱塞旋转中只要配油槽和任意一个分配油道相对，则中心油道中的高压油通过分配油道送到喷油器,实现配油作用。

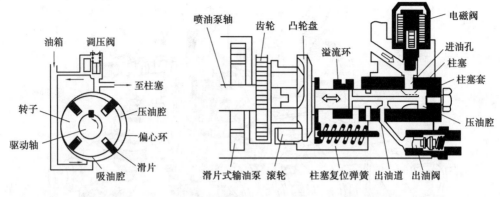

图 5.21 分配泵的输油泵　　　　　图 5.22 分配泵的高压泵

3)驱动机构

分配泵的驱动机构如图 5.23 所示,VE 分配泵的动力经发动机驱动轴输入泵中,在泵内带动滑片式输油泵、调速器驱动齿轮、联轴器总成及端面凸轮盘转动。端面凸轮上有传动销带动柱塞一起旋转。柱塞回位弹簧通过压板将柱塞压在端面凸轮的驱动柱塞面上,并且使端面凸轮与滚轮体总成的滚轮紧密接触。

滚轮体总成空套在泵体和联轴器总成之间,在供油提前角自动调节机构活塞的作用下,通过拨动销才能转动。

当端面凸轮在滚轮上滚动时,凸起部分与滚轮接触推动柱塞向右运动;凹下部分与滚轮接触则推动柱塞向左运动,周而复始,完成柱塞往复运动。端面凸轮上凸峰的数目与柴油机汽缸数相对应。

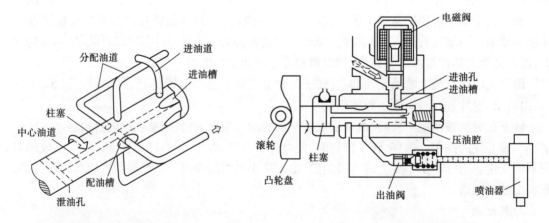

图 5.23 分配泵的驱动机构　　　　　图 5.24 VE 分配泵的进油过程

(4)VE 分配泵的工作原理

1)进油过程

VE 分配泵的进油过程如图 5.24 所示,滚轮由凸轮盘的凸峰移到最低位置时,柱塞弹簧将柱塞由右向左推移,在柱塞接近终点位置时,柱塞头部的一个进油槽与柱塞套上的进油孔相通,柴油经电磁阀下部的油道流入柱塞右端的压油腔内并充满中心油道。

此时柱塞配油槽与分配油路隔绝,泄油孔被柱塞套封死。

2)压油与配油过程

VE分配泵的压油与配油过程如图5.25所示,随滚轮由凸轮盘的最低处向凸峰部分移动,柱塞在旋转的同时,也自左向右运动。此时,进油槽与泵体进油道隔绝,柱塞泄油孔仍被封死,柱塞配油槽与分配油路相通,随着柱塞的右移,柱塞压油腔内的柴油压力不断升高,当油压升高到足以克服出油阀弹簧力而使出油阀右移开启时,则柴油经分配油路、出油阀及油管被送入喷油器。

由于凸轮盘上有4个凸峰(与汽缸数相等),柱塞套上有4个分配油路,因此,凸轮盘转一圈360°,柱塞反复运动4次,配油槽与各缸分配油路各接通1次,轮流向各缸供油1次。

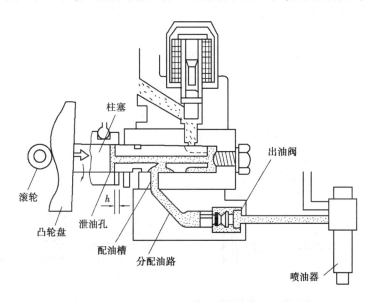

图5.25 VE分配泵的压油与配油过程

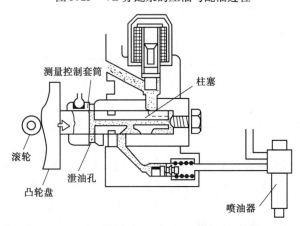

图5.26 VE分配泵的供油结束

3)供油结束

VE分配泵的供油结束过程如图5.26所示,柱塞在凸轮盘推动下继续右移,柱塞左端的泄油孔露出油量控制滑套的右端面时,泄油孔与分配泵内腔相通,高压油立即经泄油孔流入泵内腔中,柱塞压油腔、中心油道及分配油路中油压骤然下降,出油阀在其弹簧作用下迅速左移关闭,停止向喷油器供油。停止喷油过程持续到柱塞到达其向右行程的终点。

4)供油量控制

从柱塞上的配油槽与出油孔相通至泄油孔与分配泵内腔相通时柱塞所走过的距离为有效供油行程 h。

柱塞上的泄油孔什么时候和泵室相通,靠控制套筒(油量控制滑套)的位置来控制,当移动控制套筒时,柱塞上的泄油孔与分配泵内腔相通的时刻改变,即结束供油的时刻改变,从而使供油有效行程 h 改变。控制套筒向左移动,供油行程缩短,结束供油时刻提前,供油量减少;控制套筒向右移动则相反。可见,在使用中这种分配泵油量的调节是靠驾驶员通过加速踏板控制调速器使控制套筒轴向移动来实现的。

5)柴油机停车

柴油机停车过程如图 5.27 所示,当需要柴油机停车时,可转动控制电磁阀的旋钮,使电路触点断开,线圈对进油阀的吸力消失,在进油阀弹簧的作用下,进油阀下移,使泵体进油道关闭,停止供油,柴油机熄火。

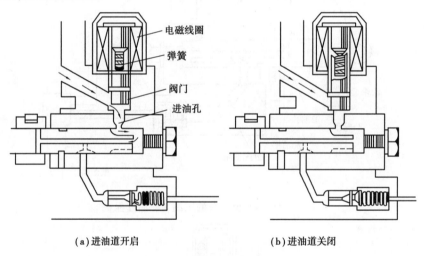

(a)进油道开启   (b)进油道关闭

图 5.27 柴油机停车过程

情境 3　调速器

调速器是根据发动机负荷变化而自动调节供油量,从而保证发动机的转速稳定在较小的范围内变化。

在柴油机工作时,柴油机在外界负荷变化时应有比较稳定的转速,但实际上喷油泵的速度特性无法达到这一要求。柴油机在运行时,路面的变化造成负荷随着改变,而转速也必然变化,要想维持原来的转速不变,就必须在负荷变化时来改变泵油量。但喷油泵在转速变化时,将导致发动机随负荷的变化使转速降低或升高的不良现象。因此,要想维持柴油机稳定运转,就必须采用调速器这一专门装置来保证在要求的转速范围内,喷油泵随着柴油机负荷的变化而自动调节供油量,以满足汽车在行驶中的要求。

调速器按作用原理可分为机械离心式调速器、真空膜片式调速器和复合调速器。其中机械离心式调速器在柱塞泵上广泛应用,真空膜片式应用较少,复合调速器是把机械离心式和真空模式相结合,本模块只介绍离心式调速器。离心式调速器常用的是两速式调速器和全速式调速器。

（1）两速式调速器

两速式调速器能保持柴油机的平稳怠速，防止熄火；又能限制柴油机不超过某一最大转速，从而防止超速"飞车"；中间转速时，可利用人工来调节供油量。该调速器多用于车用柴油机，如图 5.28 所示。

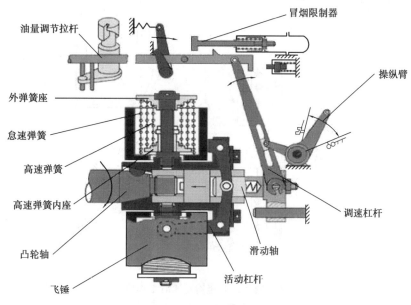

图 5.28　RQ 两速式调速器

两速式调速器的作用是自动稳定和限制柴油机最低与最高转速，而在所有中间转速范围内则由驾驶员控制。其工作原理如下：

怠速时，飞锤在凸轮轴后端轴和高速弹簧座之间移动，高速弹簧不起作用，如图 5.29 所示。怠速转速升高，飞锤外张，油量调节拉杆后移，减油。怠速转速降低，飞锤收拢，油量调节拉杆前移，加油。当转速超过最高额定转速时，飞锤继续外张，同时压缩高速弹簧和怠速弹簧，

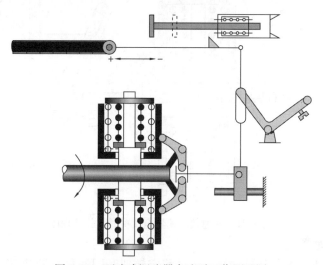

图 5.29　两速式调速器怠速时工作原理图

油量调节拉杆向减油的方向移动,使转速降低,如图5.30所示。飞锤与高速弹簧内座相抵时不能将弹簧压缩,调速器不起作用,这样就防止了"飞车",如图5.31所示。

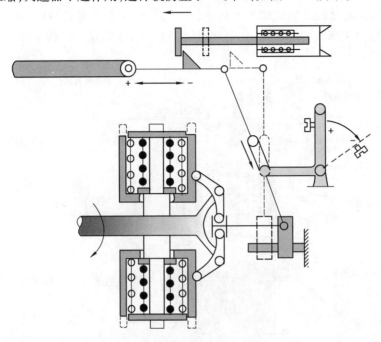

图5.30 两速式调速器超速时工作原理图

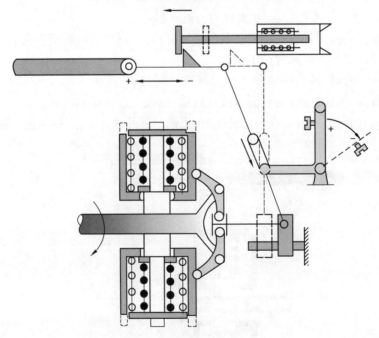

图5.31 两速式调速器全负荷时工作原理图

(2)全速式调速器

全速式调速器不仅能保持柴油机的最低稳定转速和限制最高转速,而且能根据负荷的大小,保持和调节柴油机在任一选定的转速下稳定工作。其中,应用比较广泛的是 VE 分配泵全速式调速器,如图 5.32 所示。其工作原理如下:

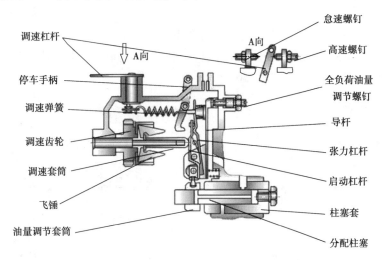

图 5.32　VE 分配泵调速器结构原理图

1)启动

启动开始,飞锤收拢,如果将油门踏板踩到底,调速杠杆抵住高速螺钉,调速弹簧拉伸,启动弹簧使启动杠杆上端和调速套筒左移到极限位置,并在张力杠杆凸起销和启动杠杆之间,出现间隙 A,油量调节套筒左移至最大供油量位置,如图 5.33 所示。

2)怠速

调速杠杆抵住怠速限位螺钉,调速弹簧无张力,调速弹簧被压缩,飞锤离心力和怠速弹簧弹力相互作用。如果怠速时转速升高,张力杠杆压缩怠速弹簧右移,油量调节套筒左移,供油量减少。反之,相应零件运动方向相反,供油量增加,如图 5.34 所示。

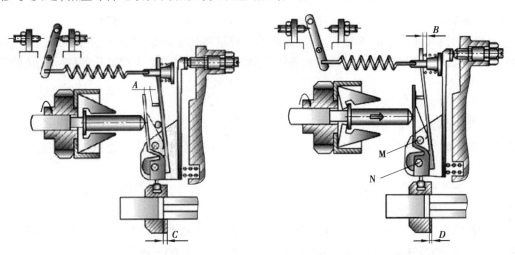

图 5.33　VE 分配泵调速器启动工况　　　图 5.34　VE 分配泵调速器怠速工况

3)中速和高速

调速杠杆抵住高速限位螺钉,如果转速升高,离心力增大,调速套筒右移,同时推动启动、张力杠杆顺时针摆动,油量调节套筒左移,供油量减少,转速不再升高,反之亦然,如图5.35所示。

4)超速

调速杠杆处于高速位置时,如果负荷突然减少,则转速突然升高。此时,飞锤的离心力迅速增大,调速套筒右移,推动启动、张力杠杆以其轴心顺时针转动,油量调节套筒左移,供油量减少从而防止柴油机"飞车",如图5.36所示。

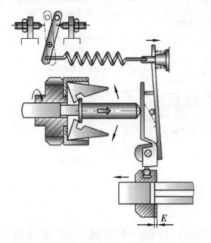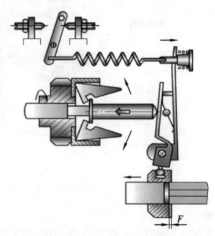

图5.35　VE分配泵调速器中高速工况　　　图5.36　VE分配泵调速器超速工况

(3)调速器的检修

1)调速弹簧的检验

调速弹簧出现扭曲、裂纹、弹力减弱及折断等,应更换新件。

2)飞块支架及铰链连接部位的检修

对采用飞块结构的调速器,应保证飞块、支架及销轴三者的配合间隙。如果飞块支承孔和飞块推脚磨损严重,将使飞块实际摆动中心向内偏移,飞块推脚半径缩短。

在发动机转速一定的情况下,调速套筒的位移量将比未磨损前小,从而影响调速器的调速特性。若上述三者的配合达不到技术条件的要求,可通过铰削飞块销轴孔,更换加粗的销轴来解决。

3)调速套筒的检修

在调速弹簧为拉力弹簧的调速器中,其调速套筒环槽与浮动杠杆横销将产生磨损,配合间隙超过规定时,可将浮动杠杆上的横销和调速套筒一起拆下,然后转动90°再装复,可以减小配合间隙。

调速套筒的内孔磨损后,应更换新衬套。修理后,调速套筒在轴上应运动自如,无卡滞。调速套筒端面的推力轴承,应视情况更换。

调速器各操纵连接部位应连接可靠,运动灵活,配合间隙符合规定,在操纵臂位置不变动的情况下,供油拉杆或齿杆的轴向位置游动量应为0.5~1.00 mm。

情境4　输油泵

输油泵的作用是把燃油从油箱中吸出来,经燃油滤清器滤清后输送至喷油泵。并维持一定的油量和油压来克服管路中和柴油滤清器中的阻力,并维持柴油在低压油路中循环。

(1)输油泵的结构与原理

输油泵的结构类型很多,常见的有活塞式、转子式、滑片式、齿轮式。活塞式输油泵工作可靠,应用较广泛。活塞式输油泵主要由泵体、机械油泵总成、手油泵总成、止回阀类和油道等组成。其结构如图5.37所示。

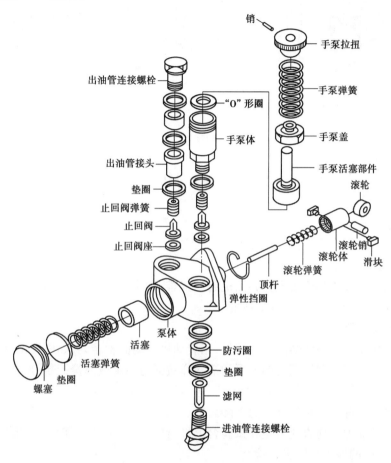

图5.37 活塞式输油泵的结构图

机械泵总成有滚轮、滚轮轴、滚轮架、顶杆、活塞、活塞弹簧等,由喷油泵凸轮轴上的偏心轮通过滚轮部件推动顶杆和活塞向下运动,活塞弹簧推动活塞回位,这样实现活塞的反复运动。在进油和出油侧分别装有止回阀,以控制进出油口和活塞室的开闭,如图5.38所示。其工作原理如下:

1)吸油和压油行程

活塞式输油泵的偏心轮转动,活塞上行,下腔容积增大,产生真空,进油阀开启,柴油经进油口进入下泵腔。同时,上泵腔容积缩小,压力增大,出油阀关闭,上泵腔中的柴油经出油口压出。

2)准备压油行程

活塞式输油泵的偏心轮推动滚轮、挺杆和活塞向下运动,下泵腔油压增高,进油阀关闭,出油阀开启,柴油从下腔流入上腔。

173

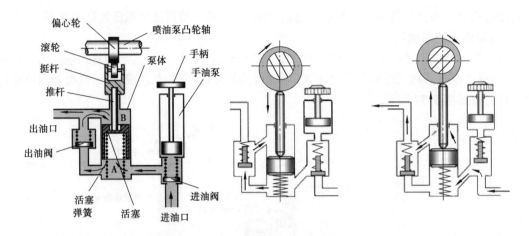

图 5.38　输油泵工作原理图

3）输油量的自动调节

输油泵供油量大于喷油泵需要量时，上泵腔油压增高，与活塞弹簧弹力相平衡时，活塞便停止泵油。

4）手油泵工作

手油泵上下运动来泵油清除燃油系统内的空气。

（2）输油泵的检修

输油泵的常见故障主要表现为柴油机启动困难、功率下降。这些故障主要是输油泵的供油能力下降、漏气漏油和工作不良造成的。

1）供油能力下降

打开喷油泵或燃油滤清器的放气螺钉，用启动机带动曲轴转动，如放气螺钉处来油不畅称为供油能力下降。其主要原因是输油泵的活塞弹簧弹力不足或弹簧折断、弹簧座磨损、活塞与泵体座孔的配合间隙过大、活塞运动不灵活、进出油阀不密封、推杆与壳体之间的密封圈损坏、进油口滤网堵塞等都会引起供油能力下降。

输油泵供油能力的检查通常是在试验台上进行的，检查后或使用中发现输油泵供油能力下降时，应按试验的检查步骤进行检查。

2）输油泵漏油、漏气

输油泵的进出油口、手油泵、推杆等部位往往会因垫片损坏、松动、密封圈损坏等原因而出现漏油或漏气现象。输油泵漏油、漏气可以通过密封性试验来检查。

3）手油泵工作不良

手油泵常见故障是活塞与泵体孔之间磨损而漏油、漏气；进、出油阀不密封；手油泵使用后没有及时将手柄拧紧等原因。判断手油泵性能的方法：在输油泵进油口接一根内径为 8 mm 的油管，先将管内的空气排净，再将油管的一端插在油平面较输油泵低 1 m 的油池内，然后用 120 次/min 的速度拉压手柄，要求在 1 min 内吸上燃油；否则，应更换损坏的零部件或总成。

情境 5　柴油滤清器

柴油滤清器的主要作用是除去柴油中的尘土、水分或其他机械杂质，并且在温度变化及空气的接触过程中，从柴油中析出少量的石蜡，以降低对精密偶件的磨损，从而提高功率，降低油耗。

柴油滤清器的功能是滤除柴油中的任何杂质,对滤清器的基本要求是阻力小、寿命长、过滤效率高。目前常用的是两级式柴油滤清器,如图 5.39 所示,它由两个结构基本相同的滤清器串联而成,两个滤清盖合成为一体,第一级粗滤采用纸质滤芯。第二级细滤采用毛毡及绸布滤芯。柴油经过两级滤清后,可以得到纯净的油料。

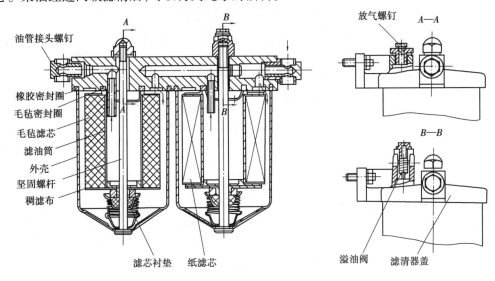

图 5.39　两级式柴油滤清器的结构图

柴油滤清器的工作过程:输油泵将柴油压出,经进油管接头进入壳体,再渗透过滤芯而进入滤芯内腔,最后经出油管接头输出给喷油泵。在上述柴油流动的过程中,柴油中的机械杂质和尘土被滤去,水分沉淀在壳体内。当管路油压超过溢流阀的压力时,溢流阀便开启,多余的柴油流回油箱,从而保证管路内油压保持在一定的限度内。

情境 6　废气涡轮增压

增压是指在增压器中压缩进入发动机进气管前的充量,增加其密度和压力,使进入汽缸的实际进气量比自然吸气的进气量多,达到增加发动机功率、改善燃料经济性和排放性能的目的。

发动机中常见的增压方法有机械增压、气波增压、废气涡轮增压和复合增压。废气涡轮增压最早在柴油机上得到应用,目前仍是发动机增压的主要方式,它广泛应用于柴油机和大功率的汽油机上。

废气涡轮增压系统的工作原理,如图 5.40 所示。涡轮机和压气机做成一体称为增压器,涡轮增压器实际上就是一个空气压缩机。涡轮是位于排气管内的,作为动力源的发动机排出的废气推动着涡轮室内的涡轮,涡轮又带动同轴的叶轮,叶轮位于进气道内,叶轮压缩由空气滤清器管道送来的新鲜空气,再送入汽缸。通过涡轮的废气最后排入大气。当发动机转速加快,废气排出速度与涡轮转速也同步加快,空气压缩程度就得以加大,发动机的进气量就相应地得到增加,从而可以增加发动机的输出功率。涡轮增压的最大优点是它可在不增加发动机排量的基础上,大幅度提高发动机的功率。其功率提高可达 30% ~ 100%,甚至更多。

涡轮增压器上装有排气减压阀,以防增压压力过高。如果增压压力达到一定值,减压驱动

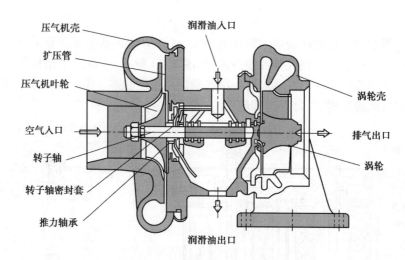

图 5.40　废气涡轮增压结构图

器就打开排气减压阀,使一部分排出的气体绕过涡轮直接从出口排出,这就降低了增压压力。

　　由于涡轮增压器的轴转动的速度非常高,因而对它的润滑、冷却就非常重要,增压器采用压力润滑。中间有进、出油口与发动机主油道相通,增压器必须保持适量的润滑油。有些涡轮增压器的部件是采用水冷却的,并且加装中间冷却器。其结构与水冷却系统的散热器相似安装在散热器的前方,热空气在其管道内通过,利用风扇和迎面风进行冷却。

　　【扩展知识5.2】

关于涡轮增压

　　涡轮增压的英文名为 Turbo,一般来说,如果在轿车尾部看到 Turbo 或者 T,即表明该车采用的发动机是涡轮增压发动机。例如,奥迪 A6 1.8T、帕萨特 1.8T、宝来 1.8T 等。应用涡轮增压技术来提升发动机的功率,已经有 30 多年的历史了,1998 年以后,国内的汽车制造厂也开始使用 Turbo 技术。尤其是南、北大众出的汽车,如 AudiA6 1.8T、Bora 1.8T、PasstB5 1.8T(百千米加速时间只有 10 s 多点)等。

　　涡轮增压的主要作用是提高发动机进气量,从而提高发动机的功率和扭矩,让车子更有动力。一台发动机装上涡轮增压器后,其最大功率与未装增压器时相比可增加40%,甚至更高。这就意味着同样一台发动机在经过增压之后能够产生更大的功率。拿常见的 1.8T 涡轮增压发动机来说,经过增压之后,动力可达到 2.4L 发动机的水平,但耗油量却比 1.8L 发动机高不了多少。从另一个层面上来说,就是提高燃油经济性和降低尾气排放。

　　奥迪 A6 1.8T 的发动机在其动力输出上就充分体现了废气涡轮增压技术的优势。随着发动机转速的提高,其功率逐渐增大,在 5 700 r/min 时达到最大值 110 kW。这与未装增压器的 1.8L 发动机相比,最大功率提高了大约 20%。观察其扭矩变化,在低转速时(1 750 r/min 以下)发动机具有良好的扭矩特性。在 1 750 r/min 时,发动机输出最大扭矩为 210 N·m,并在 1 750～5 700 r/min 一直保持这个最大扭矩,这一点与未装增压器的发动机有所不同。与奥迪 A6 1.8T 相比,安装增压器后,其最大扭矩增加了 25%。

　　奥迪 A6 2.4T 的发动机排量比 1.8T 的要大许多,而其最大功率和最大扭矩却相差不多。但不难看出,在低转速时,1.8T 的扭矩和功率要比 2.4T 的小。这是因为涡轮增压在中、高转速时作用更明显。因此表现为,奥迪 A6 1.8T 的起步就要比 2.4T 略慢,若匹配自动变速器,这点更为明显。不过,当发动机转速较大时,涡轮增压凭借其宽广的"扭矩高原"优势便会突出。但仅以发动机来讲,1.8T 满足车辆一般性需要,已是绰绰有余了。

情境 7 供油提前角

供油提前角是指喷油泵开始供油至活塞到达上止点之间的曲轴转角。它的大小关系到柴油机喷油提前角的大小,对柴油机的工作过程有很大影响的最佳供油提前角,就是在转速和供油量一定的条件下,能获得最大功率及最小油耗的供油提前角。柴油机的供油提前角和喷油提前角类似于汽油机的点火提前角,它不是一个常数,而是随着柴油机的负荷(供油量)和转速而变化的。负荷越大、转速越高,供油提前角应越大。

车用柴油机是根据某个常用工况确定一个供油提前角数值,在将喷油泵安装到柴油机上时已调好,称为初始角。要保证柴油机在整个工作转速范围内都能良好工作,就必须使供油提前角在初始角基础上随转速而变化。因此,目前的车用柴油机上都装有供油提前角自动调节装置。

目前,国内外车用柴油机供油提前角自动调节装置是适应转速的变化而自动改变供油提前角。对柱塞泵一般采用机械离心式供油提前角自动调节装置,对 VE 泵则采用液压式供油提前角自动调节装置。

(1)机械离心式供油提前角自动调整装置

机械离心式供油提前角自动调节装置位于联轴器和喷油泵之间,联轴器的从动部分即为调节装置的驱动部分,调节装置的从动部分即为喷油泵凸轮的驱动部分,如图 5.41 所示。

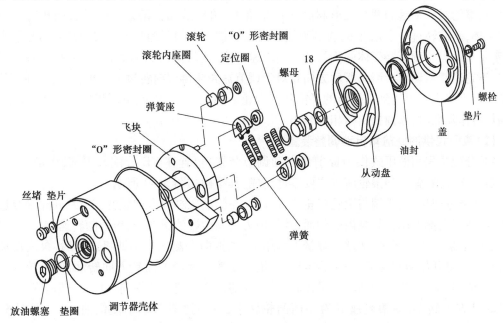

图 5.41 机械离心式供油提前角自动调整装置结构图

调节器壳体用螺栓与联轴器相连,为主动元件,两个飞块套在调节器壳体端面的两个销钉上,外面还套装两个弹簧座,飞块的另一端各压装一个销钉,每个销钉上各松套着一个滚轮和滚轮内座圈。从动盘与喷油泵凸轮轴相连接。从动盘两臂的弧形侧面 E,如图 5.42 所示,与滚轮接触,平侧面 F 则压在两个弹簧上,弹簧的另一端支于弹簧座上。整个调节器是一个密封体,内腔充满机油以润滑。

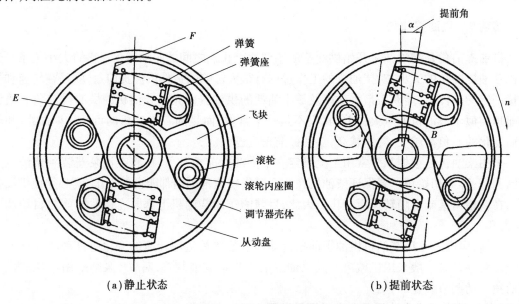

（a）静止状态　　　　　　　　　　　　　　　　　（b）提前状态

图 5.42　机械离心式供油提前角自动调整原理图

机械离心式供油提前角自动调整装置的工作原理,如图 5.42 所示。柴油机工作时,在曲轴的驱动下,调节器壳体及飞块沿图中箭头方向旋转,受离心力的作用,两个飞块的活动端向外甩开,滚轮对从动盘的两个弧形侧面 E 产生推力,迫使从动盘沿箭头所示方向相对于调节器的壳体,超前转过一个角度 α,直到弹簧作用在 F 侧面上的压缩弹力与飞块离心力相平衡为止,于是从动盘与调节器壳体同步旋转。当转速升高,飞块离心力增大,其活动端进一步向外甩出,滚轮迫使从动盘沿箭头所示方向相对于调节器壳体再超前转过一个角度,直到弹簧的压缩弹力与飞块离心力达到一个新的平衡状态为止。因此,供油提前角便相应地增大;反之,当柴油机转速降低时,供油提前角相应减小。

（2）液压式供油提前角自动调整装置

VE 分配泵采用液压式供油提前角自动调节装置,位置在 VE 分配泵下部,由液压缸、活塞、拔销、连接销、弹簧和滚轮座等主要零件组成,其结构如图 5.43 所示。

活塞通过连接销、拔销与滚轮座相连接,活塞左侧液压缸内有弹簧并与滑片式输油泵进油道相通,活塞右侧液压缸与泵内腔相通,其作用力为泵内燃油压力,其压力随转速增加而增加。

在喷油泵静止状态时,活塞在弹簧力作用下,被推向右侧。当柴油机工作后,泵内燃油压力升高。活塞开始向左移动,通过连接销、拔销推动滚轮座沿顺时针方向转动,即滚轮座相对于平面凸轮转动,迫使平面凸轮提早顶起,供油提前角增大使供油提前。反之,转速降低,滚轮座逆时针方向转动,即滚轮座顺着平面凸轮转动,供油提前角减小使供油滞后,如图 5.44 所示。

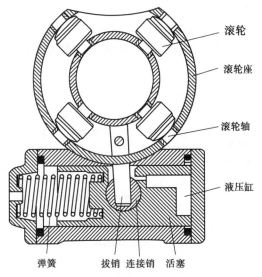

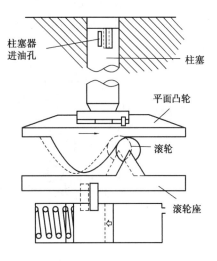

图5.43　液压式供油提前角自动调整装置结构图　　　　图5.44　供油提前角调整装置

（3）供油提前角的调整

①对刚调试好的喷油泵,可以松开并拆下联轴节上的传动螺栓,然后顺着喷油泵凸轮轴的工作方向转动凸轮轴,使喷油泵上的供油正时板和供油自动调节器正时刻线对正,再拧紧传动螺栓。

②对用了比较久的喷油泵,机件有所磨损,基准缸的供油时刻已发生了变化。即供油正时板与供油自动调节器正时刻线对正后,如果第一缸油管接头的油面还没有动静。就不能采用上述方法调整。应转动曲轴至飞轮与飞轮壳上的供油时刻线对正,喷油泵供油正时记号在同一方向。拆下联轴节上的传动螺栓,拆下第一缸上的高压油管,将油门操纵臂推到最大供油位置,若喷油滞后,应顺着喷油泵工作方向转动凸轮轴到第一缸油管接头内的油面流出,最后装上传动螺栓并拧紧。

③供油提前角调整完毕,应启动柴油机,根据运转情况来判断供油时间是否恰当。将汽车走热后,以高挡最低稳定车速行驶,然后将加速踏板踩到底,使汽车急加速运行。此时,若能听到柴油机有轻微的着火敲击声,且随着车速的提高短时间后消失,则为供油时间过早;如果听不到着火敲击声,且加速不灵、动力不足,则为供油时间过晚。

学习任务23　电控柴油机燃料供给系统

柴油机功率大,燃油消耗率低且 CO_2 排放率较汽油机低,在国内外的应用率越来越高。为了改善柴油机的运转性能和降低燃油消耗率,同时也为了适应严格的柴油机排放标准的需要,从20世纪80年代初期开始,各种电控柴油喷射系统相继问世。

情境1　电控柴油机燃料供给系统概述

电控柴油喷射系统由传感器、ECU 和执行机构3个部分组成。ECU 根据转速传感器和油门位置传感器的输入信号,首先计算出基本喷油量,然后根据水温、进气温度、进气压力等传感器的信号进行修正,确定最佳喷油量及喷油提前角,实现对喷油量以及喷油正时随运行工况的实时控制。同时,ECU 经过计算处理,按照最佳值对废气再循环阀、预热塞等执行机构进行控制,使柴油机工作状态达到最佳,如图5.45 所示。

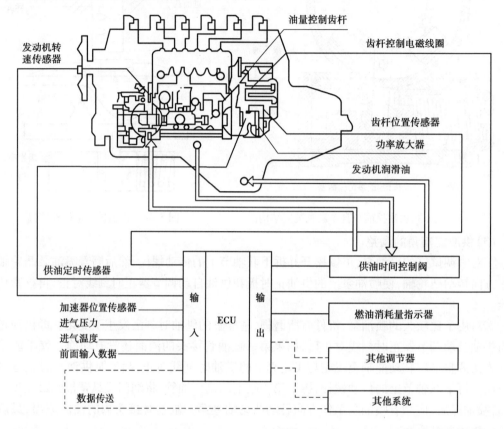

图 5.45　电控柴油发动机示意图

　　传感器:实时检测柴油机、车辆运行状态及驾驶员的操作信息等,并传送给控制器。基本传感器有齿杆位移传感器、发动机转速传感器、喷油提前角传感器及加速踏板位置传感器等。

　　控制器:其核心部分是计算机,负责处理所有信息,执行程序,并将运行结果作为控制指令输出到执行器。此外,还有一种通信功能,即和其他的控制系统——如传动装置控制器进行数据传输和交换,同时考虑其他系统的实时情况,适当修正燃油系统的执行指令,即适当修正喷油量、喷油提前角等。与此同时,还可向其他控制系统送出必要的信息。

　　执行器:根据控制器送来的执行指令驱动调节喷油量及喷油正时的相应机构,从而调节柴油机的运行状态。在直列泵系统中,有调节喷油泵的齿杆位移的调速器执行器,调节发动机驱动轴和喷油泵凸轮轴的相位差的提前器执行器,从而调节喷油时间,在分配泵系统中也还有一些独特的执行器。

情境 2　共轨式柴油喷射系统

　　共轨电喷系统是通过微机控制发动机使它工作在最佳条件下,共轨电喷系统通过各种传感器获得发动机的各种工作参数(包括发动机转速、加速踏板操作情况、冷却水温度等),全面控制循环喷油量、喷油正时、喷油压力等。

微机控制系统具有诊断功能、失效保险功能和报警功能,它能提供主要发动机电器部件的自诊断,发现异常及时向驾驶员发出警报,保护功能在微机检测到严重故障时能自动停机,失效保险功能在微机出现故障时能保证切换到备用系统,保证发动机继续工作。

(1) 系统组成

柴油共轨电喷系统按功能可分为燃油系统和控制系统两部分。

1) 燃油系统

从供油泵出来的高压燃油通过共轨分配到各个缸和控制系统。喷油器喷油的开始和停止是通过喷油器内的电磁阀的开启和关闭来实现的,如图 5.46 所示。

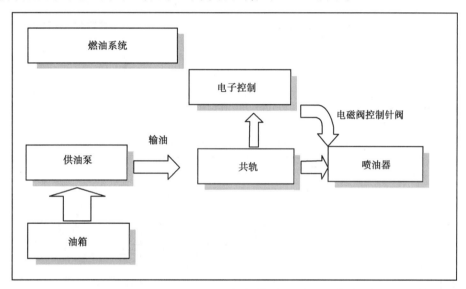

图 5.46　共轨燃油供给系统燃油系统示意图

2) 控制系统

为保证喷射适量的燃油和按照设定的控制程序执行喷油动作,ECU 会根据安装在发动机和底盘上的各种传感器计算出喷油周期和喷油脉冲宽度。

控制系统按照电器元件的功能不同可分为传感器、微机处理器(电子控制单元)和执行器,如图 5.47 所示。

(2) 工作原理

共轨系统由供油泵、共同油轨(共轨)、喷油器、ECU 控制的部件和各种传感器组成,如图 5.48 所示。通过供油泵的曲轴驱动的输油泵,将油箱内的油吸上来,送往滤清器,将杂质过滤掉,再送往供油泵,如图 5.49 所示。

柴油过滤器内设有溢流阀,当过滤器的自身压力超过 319 kPa 时,阀门打开,经溢流阀返回油箱。

供油泵将送往供油泵的油变为高压,通过压力管输送到共同油轨上。供油泵采用立式(两缸),用发动机机油进行强制润滑,维修方便。此外,该系统还设有三通进油阀,当泵体内的压力达到 255 kPa 时,阀门打开,通过三通管返回油箱。

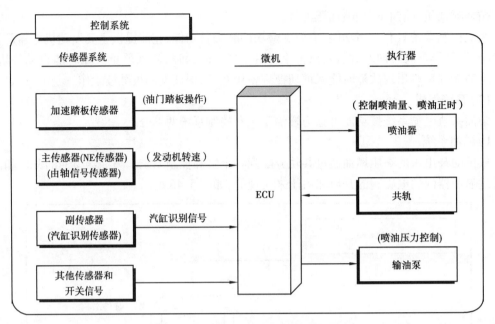

图 5.47　共轨燃油供给系统控制系统示意图

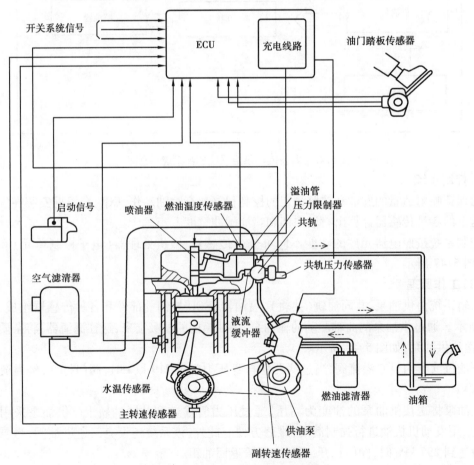

图 5.48　共轨燃油供给系统组成图

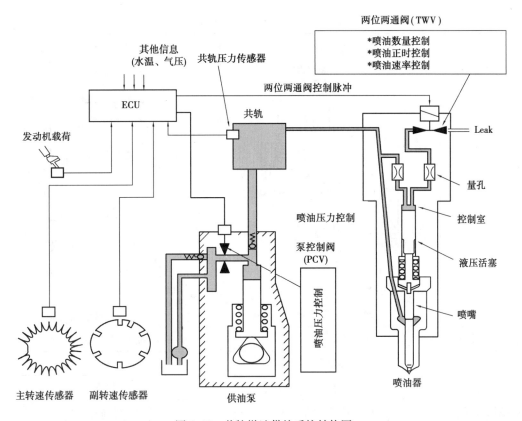

图 5.49　共轨燃油供给系统结构图

供油泵向共轨压送高压燃油,燃油压力的大小是通过控制每次压送燃油的数量来实现的,ECU 通过发送控制信号控制 PCV 阀(泵控制阀)的开和关实现压送燃油数量的控制。共轨接收供油泵产生的高压燃油并分发到各个汽缸,安装在共轨上的共轨压力传感器检测到油轨的压力,控制系统实施反馈控制,因此,实际的油轨压力会随着发动机的转速和载荷与系统设计的压力值保持一致。

共轨的油压通过喷油器进油管作用在喷油嘴上和控制室内。通过喷油器上的两位两通阀(TWV)的接通和断开,喷油器实现了喷油量和喷油正时的精确控制。当 TWV(两位两通阀)处于加电时(ON 接通),燃油回路打开,控制室的高压燃油通过量控流出,针阀被喷油嘴一侧的高压燃油向上顶起,喷油开始。当两位两通阀(TWV)断开时(OFF),燃油回路关闭,高压燃油流向控制室,针阀下落,喷油结束。

因此,喷油正时是受两位两通阀的电路接通时间的控制,喷油量是受两位两通阀的电路接通时间长短控制的。

(3)控制优势

电子控制单元根据各个传感器的信息进行分析、计算、完成各种处理后,求出最佳喷油时间和喷油量,并且计算出在什么时刻、在多长时间范围内向喷油器发出开启或关闭电磁阀的指令等,从而精确控制发动机的工作过程。其最大特点是柴油机的循环供油量、喷油压力、喷油时刻、喷油规律不受发动机转速和负荷的影响,从而实现独立控制,并用各个影响因素来修正喷油量、喷油时刻和喷油时间。比电控直列泵结构简单,控制精确,而且能够达到理想的经济性、动力性和排放性,其区别见表5.1。

表 5.1　直列泵和共轨系统的区别

系　统	直列泵	共轨系统
结构示意图	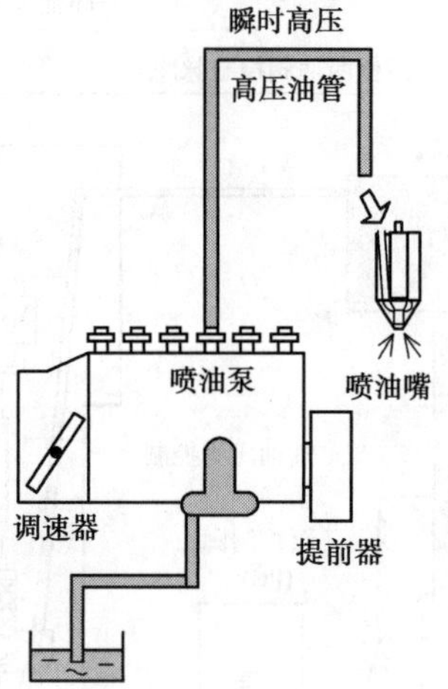	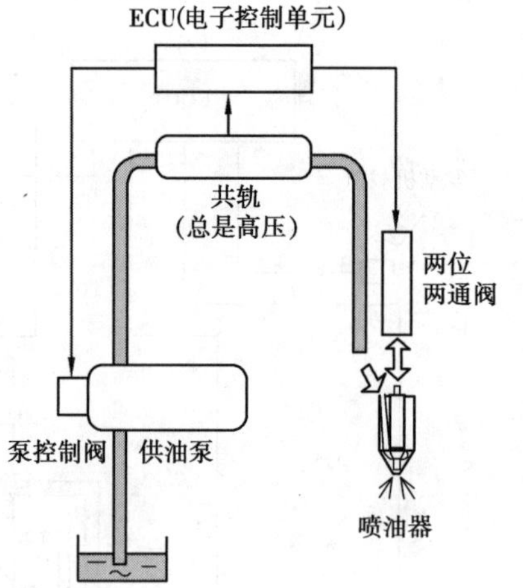
喷油量调整	喷油泵(调速器)	ECU、喷油器(两位两通阀)
喷油正时调整	喷油泵	ECU、喷油器(两位两通阀)
升压	喷油泵	供油泵
分配	喷油泵	共轨
喷油压力调整	(根据转速、喷油量)	供油泵

实践训练 12　柴油机燃料供给系统的认知及供油正时的调整

一、目的及要求

①了解柴油机燃料供给系统的组成及位置。

②掌握柴油机燃料供给系统的主要部件名称及作用。

③掌握柴油机的拆卸方法。

④掌握柴油机供油正时的检查方法和验证方法。

二、实训设备

①汽车柴油机一台,专业工具常用工具一套,A 型喷油泵一台,喷油泵试验台一台。

②汽车示教台。

③相关教具、录像片及教学挂图。

三、实训内容

①在柴油机上找出各个部件的名称及所在位置。

②对各个部件的作用加以说明。

③掌握柴油机燃料供给系统的拆卸方法。

④掌握燃料供给系统的供油正时的调节方法和检测方法。

四、实训步骤

①观察柴油机的运行,掌握柴油机各个部件的工作原理及组成部分。

②按照维修手册对柴油机进行拆卸,方法合乎规范。

③能对供油正时进行调整。

④能在试验台上进行供油正时的验证。

⑤3~5人一组,把全班分成若干组,完成以上内容,就有异议的问题讨论并请教老师协助解决。

五、实训考核

①认识柴油机燃料供给系统各部件名称、安装位置及工作原理。

②能回答教师给出的问题。

③能按照规范操作去完成实践内容。

④填写作业单及实训报告。

⑤回答实践思考题。

习题与思考

1.选择题

(1)改变喷油泵柱塞斜槽与柱塞油孔的相对位置,其目的是(　　　)。

　　A.改变柱塞有效行程,以调节供油量　　　　B.改变柱塞总行程,以调节供油量

　　C.改变柱塞总行程以调节供油时刻　　　　　D.改变柱塞有效行程以调整供油时刻

(2)喷油泵每循环供油量取决于(　　　)。

　　A.柱塞行程　　　　　　　　　　　　　　　B.柱塞有效行程

　　C.针阀升程　　　　　　　　　　　　　　　D.供油提前角

(3)喷油泵和调速器的润滑方式有(　　　)两种。

　　A.压力润滑和飞溅润滑　　　　　　　　　　B.定期润滑和压力润滑

　　C.独立润滑和飞溅润滑　　　　　　　　　　D.压力润滑和独立润滑

(4)若喷油器的调压弹簧过软,会使得(　　　)。

　　A.喷油量过多　　　　　　　　　　　　　　B.喷油时刻滞后

　　C.喷油初始压力过低　　　　　　　　　　　D.喷油初始压力过高

(5)4125A型柴油机,空转时,当转速由怠速提高到最高转速时,其每循环供油量(　　　)。

　　A.变大　　　　　B.变小　　　　　C.不变　　　　　D.略有增加

(6)6102型柴油机,当脚踏板位置不变时,汽车上坡,此时其运行速度(　　　)。

　　A.变大　　　　　B.变小　　　　　C.不变　　　　　D.略有减小

185

(7)喷油泵高压油管内的残余压力的大小与出油阀弹簧力的大小有关,(　　)。

    A. 弹力大,残压高 　　　　　　　　　　B. 弹力大,残压低

    C. 弹力小,残压高 　　　　　　　　　　D. 弹力小,残压低

(8)柴油机输油泵每循环泵油量的多少取决于(　　)。

    A. 活塞弹力 　　　　　　　　　　　　B. 活塞行程

    C. 凸轮偏心距 　　　　　　　　　　　D. 发动机转速

(9)柴油机工作时由进气管进入汽缸的是(　　)。

    A. 汽油 　　　　　　B. 空气 　　　　　　C. 混合气 　　　　　　D. 柴油

(10)柴油机的混合气形成装置是(　　)。

    A. 喷油器 　　　　　　B. 输油泵 　　　　　　C. 喷油泵 　　　　　　D. 燃烧室

(11)柴油机工作时,柴油直接喷入汽缸是通过(　　)。

    A. 进气管 　　　　　　B. 输油泵 　　　　　　C. 喷油泵 　　　　　　D. 喷油器

(12)柴油机工作时,将柴油变为高压油的是 (　　)。

    A. 柴油滤清器 　　　　　　　　　　　B. 输油泵

    C. 喷油泵 　　　　　　　　　　　　　D. 喷油器

2. 简答题

(1)柴油机燃料供给系统的功用是什么?

(2)柴油机燃料供给系统主要由哪几部分组成? 各部分的功用是什么?

(3)柴油机燃料供给系统是如何工作的?

(4)柴油机工作时为什么直接将柴油喷入汽缸?

(5)VE 型分配式喷油泵燃油供给系统主要组成有哪些? 是如何工作的?

模块六
冷却系统

发动机冷却系统的工作是否正常，将直接关系着发动机的动力性、经济性与工作的可靠性，本模块通过介绍冷却系统的基本结构等知识，掌握发动机冷却系统的工作原理及其功用组成。

知识要点

- 发动机冷却系统的作用及组成；
- 发动机冷却系统大小循环；
- 发动机冷却系统常见故障。

学习目标

- 熟悉汽油冷却系统的类型、组成和工作原理；
- 掌握冷却系统主要部件的结构及检修方法；
- 了解发动机冷却系统常见故障现象及其诊断方法。

案例导入

汽车发动机冷却液应用

在汽车工业发展初期，人们开始使用的冷却液要比今天简单得多。最早的冷却介质为纯净水，但是为了确保冬季发动机能够正常运行，福特汽车公司开始使用甲醇作为高级冷却液。不久由于甲醇过低的沸点和较强的毒性，直接影响了汽车在冬天的安全运行和使用者的健康，于是到 20 世纪 30 年代甲醇就被淘汰。乙醇具有比甲醇更高的沸点和较低的毒性而成为其替代品，长时间占据世界冷却液市场的主流地位，但是到了夏天则与甲醇一样需要换成纯净水，以防因蒸发而导致发动机过热。第二次世界大战后大量的军事技术转为民用，发动机强化系数越来越高，发出更多的热量，这就需要选用冷却效果和使用稳定性更好的化学物质来作为冷却液。于是原本为第二次世界大战军用飞机和军用汽车开发的乙二醇加水的混合液，因其沸点更稳定，而结冰的温度比纯净水还要低，可以在冷却系统内全年使用，因而在第二次世界大战后民用领域内,这种冷却液被广泛使用至今。

汽车工业发展到今天,发动机冷却液已不仅仅停留在冷却和防冻两大功能上,随着汽车功率不断地增长,促使能源的消耗和不断恶化的环境产生的矛盾日益尖锐,为解决这一矛盾汽车技术迅猛发展,发动机冷却系统中各种金属材料的使用条件日益苛刻,于是很快发动机冷却液的防腐功能、防垢功能和防沸功能成为其主要技术指标。如今冷却液产品的研发也主要是集中在这5个方面。

目前国内用户对汽车发动机冷却液的认识,基本上还停留在夏天用水作为发动机冷却系统中的工作介质,进入冬季换用冷却液。由于认识上存在这一误区,因此,本该全年使用的冷却液,到夏季却排掉换成水,到冬天又重新加注冷却液,如此这般以后,冷却液在我国用户的习惯中就成为季节性的"防冻"液。也因这一误区,让国内诸多的不法商贩钻了空子,凡是只要加在水中能降低水冰点的物料(如乙醇、甲醇、无机盐)都往水中加,将水变成"防冻"液供用户使用。因此一系列使用问题就应运而生:新换的冷却液要么不久冰点就上升了,冻裂发动机;要么还没出冬季,水箱因腐蚀出现泄漏,发动机被腐蚀,不仅影响车辆正常运转,还造成了很大的经济损失。这一切,其实就是忽视了冷却液对发动机五大功能的重要性所致。

结论:据统计目前在世界范围内,轻负荷发动机故障20%来自冷却系统故障,重负荷发动机故障40%来自冷却系统故障,由此可见,科学合理地保养冷却系统对汽车发动机的正常运行是非常重要的。

学习任务 24　冷却系统的认知

情境 1　冷却系统的组成

(1)冷却系统的功用

冷却系统的功用是使发动机在所有工况下都保持在适当的温度范围内。冷却系统既要防止发动机过热,也要防止冬季发动机过冷。在冷发动机启动之后,冷却系统还要保证发动机迅速升温,尽快达到正常的工作温度。

在发动机工作期间,最高燃烧温度可能高达 2 500 ℃,即使在怠速或中等转速下,燃烧室的平均温度也应在 1 000 ℃以上。因此,与高温燃气接触的发动机零件受到强烈的加热。在这种情况下,若不进行适当的冷却,发动机将会过热,工作过程恶化,零件强度降低,机油变质,零件磨损加剧,最终导致发动机动力性、经济性、可靠性及耐久性的全面下降。但是,冷却过度也是有害的。不论是过度冷却还是发动机长时间在低温下工作,均会使散热损失及摩擦损失增加,零件磨损加剧,发动机工作粗暴,发动机功率下降及燃油消耗率增加。

(2)冷却系统的分类

发动机的冷却系统有风冷和水冷之分。

如果把发动机中高温零件的热量直接散入大气而进行冷却的装置称为风冷系统,如图6.1(b)所示。发动机汽缸和汽缸盖采用传热较好的铝合金铸成,为了增大散热面积各缸一般都分开制造,在汽缸和汽缸盖表面分布许多均匀排列的散热片,以增大散热面积,利用车辆行驶时的高速空气流,将热量吹散到大气中去。

而把这些热量先传给冷却水,然后再散入大气而进行冷却的装置称为水冷系统,如图6.1(a)所示。水冷系统冷却均匀,效果好,而且发动机运转噪声小,目前汽车发动机上广泛采用的是水冷系统。

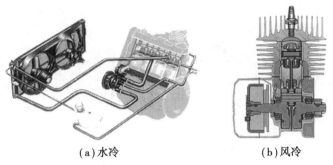

(a)水冷　　　　　　　　(b)风冷

图6.1　冷却系统分类图

虽然风冷却系统与水冷却系统比较,具有结构简单、质量小、故障少,无须特殊保养等优点,但是由于材料质量要求高、冷却不够均匀、工作噪声大等缺点,目前在汽车上很少使用。因此,本学习任务中只介绍水冷系统。

(3)冷却系统的组成

汽车发动机的冷却系统为强制循环水冷系统,即利用水泵提高冷却液的压力,强制冷却液在发动机中循环流动。强制循环水冷系统由水泵、散热器、冷却风扇、节温器、补偿水桶、发动机机体和汽缸盖中的水套以及其他附属装置等组成,如图6.2所示。

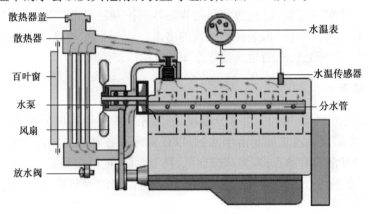

图6.2　冷却系统组成图

情境2　冷却系统循环水路

汽车发动机的冷却系统利用水泵提高冷却液的压力,强制冷却液在发动机的冷却水道中循环流动,将发动机多余的热量带走,使其保持在最佳工作温度。这种为发动机降温的循环模式称为主循环,而主循环模式还必须设置成两种不同的冷却循环模式来保证发动机在不同工况下更好的工作,即常说的小循环与大循环。

小循环是指在发动机冷启动后,温度较低的冷却液不会将节温器打开,此时冷却液只经过水泵在发动机的水道中进行循环,目的是使发动机尽快达到正常的工作温度,等发动机温度上升,冷却液温度达到节温器设定值(一般为80 ℃)时,节温器阀门打开,冷却液进行大循环,这时冷却液从发动机水道中流出,经过车头位置的散热器,进行散热,水泵再将散热冷却后的冷却液送入发动机进行冷却循环,节温器负责控制循环模式的切换,使发动机尽量保持在最佳工作温度,冷却液循环路线,如图6.3所示。

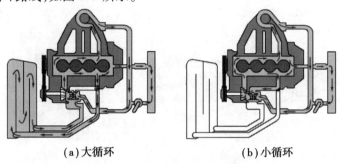

(a)大循环   (b)小循环

图6.3   大小循环路线示意图

有些发动机的水冷系统,其冷却液的循环流动方向与上述相反,可称为逆流式水冷系统。在这种水冷系统中,温度较低的冷却液首先被引入汽缸盖水套,然后才流过机体水套。由于它改善了燃烧室的冷却而允许发动机有较高的压缩比,从而提高发动机的热效率和功率。

大多数汽车装有暖风系统。暖风机是一个热交换器,也可称为第二散热器。在装有暖风机的水冷系统中,热的冷却液从汽缸盖或机体水套经暖风机进水软管流入暖风机芯,然后经暖风机出水软管流回水泵。吹过暖风机芯的空气被冷却液加热后,一部分送到挡风玻璃除霜器,一部分送入驾驶室或车厢。

冷却系统的大小循环实质,就是通常利用节温器来控制通过散热器冷却水的流量。节温器装在冷却水循环的通路中(一般装在汽缸盖的出水口),根据发动机负荷大小和水温的高低自动改变水的循环流动路线,从而达到调节冷却系统的冷却强度。

情境3   冷却液

冷却液由水、防冻剂、添加剂3个部分组成,按防冻剂成分不同可分为酒精型、甘油型、乙二醇型等类型的冷却液。乙二醇易溶于水,可以任意配成各种冰点的冷却液,其最低冰点可达−68 ℃,这种冷却液具有沸点高、泡沫倾向低、黏温性能好、防腐和防垢等特点,是一种较为理想的冷却液,目前国内外发动机所使用的和市场上所出售的冷却液几乎都是这种乙二醇型冷却液。

(1)普通冷却水的选择

水冷式发动机应使用清洁软水(即含 Ca^{2+}、Mg^{2+} 少的水,如不受污染的雨水、雪水、自来水等)作冷却液,否则在水套中易产生水垢,使汽缸体、汽缸盖传热效果差,发动机容易过热。

若只有硬水,则需经过软化后,方可注入冷却系统中使用。硬水软化的常用方法是:在1 L水中加入碳酸钠(纯碱)0.5 ~ 1.5 g 或氢氧化钠(烧碱)0.5 ~ 0.8 g,或将硬水煮沸后,冷却后再使用。

(2)防冻液的选择

水的冰点较高,在0 ℃时结冰,若冬季冷却水结冰,只要体积膨胀9%,就可以使缸体、散热器等破损。为防止在冬季室外停车时冷却水冻结,在最低气温下保持其流动性,冷却系统须加注防冻冷却液,简称防冻液。防冻液的配制方法:在冷却水(蒸馏水)中加适量的可以降低

冰点、提高沸点的乙二醇、甘油或酒精等防冻剂。根据防冻剂的不同,防冻液可以分为以下3种:

1)酒精与水型防冻液

该防冻液中,酒精含量达40% ~50%(质量比)时,蒸发出来的气体就有着火的危险。防冻液最低冰点只能在 -30 ℃左右。

2)甘油与水型防冻液

甘油的沸点高,挥发损失较小,故不易发生火灾。但甘油降低冰点的效率很低,使用不经济。

3)乙二醇与水型防冻液

乙二醇是一种无色略有甜味的黏性液体,沸点为197 ℃。它能与水及有机溶剂以任何比例混合。乙二醇与水混合后,其冰点可显著降低,最低可达 -68 ℃。用不同比例的乙二醇与水可以配制各种冰点的防冻液。乙二醇型防冻液有毒性,使用中严禁用嘴吸吮;因乙二醇的沸点比水高得多,故使用中蒸发的主要是水,发现体积减小时,添加适量的蒸馏水即可继续使用。表6.1是用工业乙二醇配制的防冻液配方(乙二醇的浓度)与冰点的关系。

表6.1　防冻液配方与冰点的关系

冰点/℃	乙二醇(容积)/%	水(容积)/%	密度/(g·cm^{-3})
-10	26.4	73.6	1.024 0
-20	36.4	63.6	1.050 6
-30	45.6	54.4	1.062 7
-40	52.6	47.4	1.071 3
-50	58.0	42.0	1.078 0
-60	63.1	36.9	1.083 3

(3)冷却液的功用

目前,很多轿车的发动机均采用了强制冷却液循环、高压封闭式冷却系统。此时冷却系统中的冷却介质不再是单纯的水,而是由蒸馏水和冷却液添加剂组成的冷却液。冷却液是汽车发动机不可缺少的一部分。它在发动机冷却系统中循环流动,将发动机工作中产生的多余热能带走,使发动机能以正常工作温度运转。当冷却液不足时,将会使发动机水温过高,而导致发动机机件的损坏。车主一旦发现冷却液不足,应及时添加。不过冷却液也不能随便添加,因为除了冷却作用外,冷却液还应具有以下功能:

1)冬季防冻

为了防止汽车在冬季停车后,冷却液结冰而造成水箱、发动机缸体胀裂,要求冷却液的冰点应低于该地区最低温度10 ℃左右,以备天气突变。

2)**防腐蚀**

冷却系统中散热器、水泵、缸体及缸盖、分水管等部件是由钢、铸铁、黄铜、紫铜、铝、焊锡等金属组成,由于不同金属的电极电位不同,在电解质的作用下容易发生电化学腐蚀;同时冷却液中的二元醇类物质分解后形成的酸性产物、燃料燃烧后的酸性废气也可能渗透到冷却系统中,促进冷却系统腐蚀。冷却系统腐蚀会使散热器水箱的下水室、喷油嘴隔套、冷却管道、接头以及水箱排管发生故障,同时腐蚀产物堵塞管道,引起发动机过热甚至瘫痪;若腐蚀穿孔,冷却液渗入燃烧室或曲轴箱会产生严重的破坏,因为当冷却液或水与润滑油混合时,产生油污和胶质,削弱润滑,使得阀、液压阀推杆和活塞环黏结。因而冷却液中都加入一定量的防腐蚀添加剂,防止冷却系统产生腐蚀。

3)防水垢

冷却液在循环中应尽可能地减少水垢的产生,以免堵塞循环管道,影响冷却系统的散热功能。综上所述,在选用、添加冷却液时,应慎重。首先,应根据具体情况去选择合适配比的冷却液。其次,将选择好配比的冷却液添加到水箱中,使液面达到规定位置即可。

4)高沸点(防开锅)

符合国家标准的冷却液,沸点通常都是超过105 ℃,比起水的沸点100 ℃,冷却液能耐更高的温度而不沸腾(开锅),在一定程度上满足了高负荷发动机的散热冷却需要。

冷却液在使用过程中,应注意以下事项:

①冷却液内只准加入同种冷却液添加剂。

②冷却液及其添加剂均为有毒物质,应置于安全场所。

③冷却液的使用浓度(体积比)为40% ~60%。否则,影响防冻能力。

④放出的冷却液不宜再使用,并妥善处理。

⑤更换缸盖、缸垫、散热器等,就必须更换冷却液。

⑥发动机热态时,冷却系统内仍处于高温高压状态。因此,此时切勿打开散热器盖以防烫伤。

⑦发现冷却液大量损耗,则必须待发动机处于冷态时,方可添加冷却液,以免损坏发动机。

⑧紧急情况下,若全部加入纯水,则须尽快按规定添加冷却液添加剂,使冷却液浓度恢复正常状态。

⑨冬季来临前应检查一下冷却液浓度,并按规定调配浓度,保证冷却液具有足够的防冻能力。

学习任务 25　冷却系统主要部件的结构与维修

情境 1　水泵

(1)水泵功用

对冷却水加压,加速冷却水的循环流动,保证冷却可靠。车用发动机上多采用离心式水泵。离心式水泵具有结构简单、尺寸小、排水量大、维修方便等优点。

(2)水泵结构及其工作原理

离心式水泵主要由泵体、叶轮和水泵轴组成,叶轮一般是径向或向后弯曲的,其数目一般为6~9片,结构如图6.4所示。当叶轮旋转时,水泵中的水被叶轮带动一起旋转,在离心力作用下,水被甩向叶轮边缘,然后经外壳上与叶轮成切线方向的出水管压送到发动机水套内。与此同时,叶轮中心处的压力降低,散热器中的水便经进水管被吸进叶轮中心部分。如此连续的作用,使冷却水在水路中不断循环,工作原理如图6.5所示。如果水泵因故停止工作时,冷却水仍然能从叶轮叶片之间流过,进行热流循环,不至于很快产生过热。

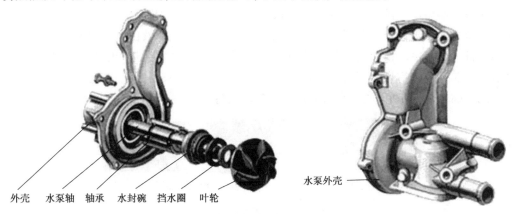

外壳　水泵轴　轴承　水封碗　挡水圈　叶轮

水泵外壳

图6.4　水泵结构图

（3）水泵检修

在发动机故障中,水泵的故障占有一定的比例,例如,水温过高是发动机的常见故障,而有相当一部分水温过高是由水泵故障引起的。水泵主要耗损形式有水泵壳体破裂、水泵泵轴磨损、轴承磨损、水封失效、叶轮破裂或轴松旷等。一般来说,发动机的水泵在使用了10万km左右时就进入了故障高发期,为了保证维修质量,很多水泵在损坏后只能采取整体更换的维修方式,只有少部分商用汽车发动机的水泵可采取单独更换轴承或水封等部件的维修方式。

情境2　散热器

图6.5　水泵工作原理图

（1）散热器功用

散热器增大了散热面积,加速水的冷却。冷却水经过散热器后,其温度可降低10~15 ℃,为了将散热器传出的热量尽快带走,在散热器后面装有风扇与散热器配合工作。

（2）散热器组成

散热器又称为水箱,发动机水冷系统中的散热器由上水室、下水室及散热器芯3部分构成,其结构如图6.6所示。冷却液在散热器芯内流动,空气在散热器芯外通过。热的冷却液由于向空气散热而变冷,冷空气则因为吸收冷却液散出的热量而升温,所以散热器是一个热交换器。

散热器上水室顶部有加水口,冷却水由此注入整个冷却系统并用散热器盖盖住。在上水室和下水室分别装有进水管和出水管。进水管和出水管分别用橡胶软管和汽缸盖的出水管和水泵的进水管相连,这样,既便于安装,而且当发动机和散热器之间产生少量位移时不会漏水。在散热器下面一般装有减震垫,防止散热器受震动

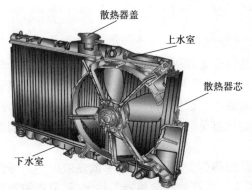

散热器盖
上水室
散热器芯
下水室

图6.6　散热器组成图

损坏。在散热器下水室的出水管上还有放水开关,必要时可将散热器内的冷却水放掉。

按照散热器中冷却液流动的方向可将散热器分为纵流式和横流式两种,其结构如图6.7所示。纵流式散热器芯竖直布置,上接进水室,下连出水室,冷却液由进水室自上而下地流过散热器芯进入出水室。横流式散热器芯横向布置,左右两端分别为进、出水室,冷却液自进水室经散热器芯到出水室横向流过散热器。大多数新型轿车均采用横流式散热器,这可以使发动机罩的外廓较低,有利于改善车身前端的空气动力性。

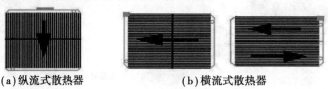

(a)纵流式散热器　　　　(b)横流式散热器

图6.7　散热器结构分类图

(3)散热器芯

散热器芯由许多冷却管和散热片组成,对散热器芯应该有尽可能大的散热面积,采用散热片是为了增加散热器芯的散热面积。散热器芯的构造形式多样,常用的有管片式和管带式两种,结构如图6.8所示。

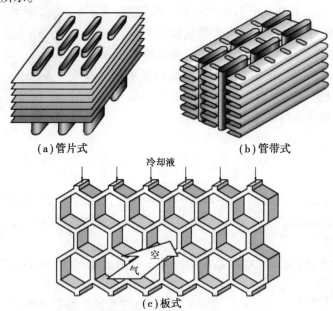

(a)管片式　　　　　　　　(b)管带式

(c)板式

图6.8　散热器芯结构图

管片式散热器芯由散热管和散热片组成。散热管是焊在进、出水室之间的直管,作为冷却液的通道。散热管有扁管也有圆管。扁管与圆管相比,在容积相同的情况下有较大的散热表面。铝散热器芯多为圆管。在散热管的外表面焊有散热片以增加散热面积,增强散热能力,同时还增大了散热器的刚度和强度。管片式散热器的优点是散热面积大、气流阻力小、结构刚度好及承压能力强等。

管带式散热器芯由散热管和波形散热带组成。散热管为扁管并与波形散热带相间地焊在一起。为增强散热能力,在波形散热带上加工有鳍片。与管片式散热器芯相比,管带式的散热能力强,制造简单,质量小,成本低,但结构刚度差。

　　板式散热器芯的冷却液通道由成对的金属薄板焊合而成。这种散热器芯散热效果好,制造简单,但焊缝多不坚固,容易沉积水垢且不易维修。

　　(4)散热器盖

　　现代的汽车发动机强制循环水冷系统都用散热器盖严密地盖在散热器加冷却液口上,使水冷系统成为封闭系统,通常称这种水冷系统为闭式水冷系统。其优点有二:一是闭式水冷系统可使系统内的压力提高98~196 kPa,冷却液的沸点相应地提高到120 ℃左右,从而扩大了散热器与周围空气的温差,提高了散热器的换热效率。散热器散热能力的增强,可以相应地减小散热器尺寸。二是闭式水冷系统可减少冷却液外溢及蒸发损失。

　　散热器盖的作用是密封水冷系统并调节系统的工作压力。当发动机工作时,冷却液的温度逐渐升高。冷却液容积膨胀使冷却系统内的压力增高。当压力超过预定值时,压力阀开启,一部分冷却液经溢流管流入补偿水桶,以防止冷却液胀裂散热器。当发动机停机后,冷却液的温度下降,冷却系统内的压力也随之降低。当压力降到大气压力以下出现真空时,真空阀开启,补偿水桶内的冷却液及部分回流到散热器,可以避免散热器被大气压力压坏,其工作原理如图6.9所示。

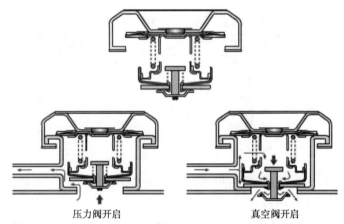

压力阀开启　　　　　　　　　真空阀开启

图6.9　散热器盖结构及工作原理图

　　(5)散热器检修

　　散热器漏水的修理。多数漏水部位在上、下水室与芯部接合处,可采用锡焊修复。如水管漏水,修复工艺较复杂。如个别管子漏水可用堵管法修复,即将漏水管上、下口堵死,但堵管数不得多于3个。如多数管子漏水,一般采取更换的方法。

　　若发现散热器芯管渗漏,应拆下检查,先确定渗漏部位,用砂布把外表面处理干净后,用烙铁锡焊。焊修后一般用压缩空气(117 kPa 压力)进行试压,持续1 min 不得渗漏,否则进行重新修理。进行修补的焊缝均应牢固可靠、美观并去除表面毛刺。允许将通冷却水的芯管掐断,但不得多于两根;掐断的管头应焊死,不得渗漏;散热器的焊补,按芯子每0.1 m² 正面面积计算,不得多于1处;否则没有修复价值,只能报废处理。

　　散热器散热片变形的修理。散热片变形将减少空气流量,使散热能力下降,发动机易过热。修理方法,一般用尖嘴钳进行,将变形的散热片修复。

情境3　节温器

（1）节温器的功用

节温器是控制冷却液流动路径的阀门。它随发动机负荷和水温的大小而自动改变冷却液的流量和循环路线，保证发动机在适宜的温度下工作，减少燃料消耗和机件的磨损。

（2）蜡式节温器的结构

蜡式节温器由上支架、下支架、主阀门、旁通阀、感应体、中心杆、橡胶管和弹簧等组成。

蜡式节温器，如图6.10所示，节温器的上支架和下支架与阀座铆成一体。中心杆上端固定在上支架的中心，其下部插入橡胶管的中心孔内，中心杆下端呈锥形。橡胶管与感应体外壳之间的空腔里装有石蜡。为了提高导热性，石蜡中常掺有铜粉和铝粉。感应体外壳上下部有联动的主阀门和旁通阀门。主阀门上有通气孔，它的作用是在加水时使水套内的空气经小孔排出，保证能加满水。

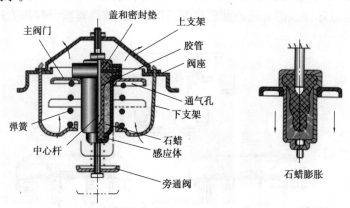

图6.10　蜡式节温器的结构图

（3）蜡式节温器的工作原理

当冷却液温度低于规定值时，节温器感温体内的石蜡呈固态，节温器阀在弹簧的作用下关闭冷却液流向散热器的通道，冷却液经旁通孔、水泵返回发动机，进行小循环。当冷却液温度达到规定值后，石蜡开始熔化逐渐变成液体，体积随之增大并压迫胶管使其收缩。在胶管收缩的同时，对推杆作用以向上的推力。由于推杆上端固定，因此，推杆对胶管和感温体产生向下的反推力使阀门开启。这时冷却液经节温器阀进入散热器，并由散热器经水泵流回发动机，进入大循环，其工作原理如图6.11所示。

国产轿车捷达、桑塔纳及奥迪100型等，均采用蜡式节温器。其特性：当冷却液温度达到85 ℃时，节温器阀开始打开。当温度达到105 ℃时，节温器阀全开，其升程应超过7 mm。

（4）节温器的布置

一般水冷系统的冷却液都是由机体流进、从汽缸盖流出。大多数节温器布置在汽缸盖出水管路中。这种布置方式的优点是结构简单，容易排除水冷系统的气泡。其缺点是节温器在工作时会产生振荡现象。例如，在冬季启动冷发动机时，冷却液温度低，节温阀关闭。冷却液在进行小循环时，温度很快升高，节温器开启。与此同时，散热器内的低温冷却液流入机体，使冷却液又冷了下来，节温器阀再次打开。直到全部冷却液的温度稳定之后，节温器阀才趋于稳定不再反复开闭。节温器在短时间内反复开闭的现象，称为节温器振荡。当出现这种现象时，将增加汽车的燃油消耗量。

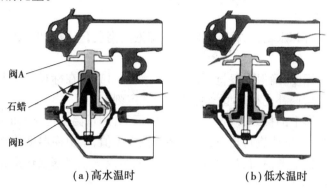

图 6.11　蜡式节温器的工作原理图

节温器也可布置在散热器的出水管中。这种布置方式可以减轻或消除节温器振荡现象，并能精确地控制冷却液温度，但其结构复杂，成本较高，多用于高性能的汽车及在冬季经常高速行驶的汽车上。奥迪 100 型轿车发动机的节温器即布置在散热器出口的管路中。

(5)节温器的检修

外观检查：检查节温器的阀门、弹簧是否有变形、失效、污物等，如有予以清理或更换。检查节温器：将节温器置于盛水容器内，逐渐加热，观察节温器始开和全开时的温度，如果开启温度不符合规定，则应更换节温器。

学习任务 26　冷却系统常见故障分析

情境 1　冷却液温度过高

汽车在运行过程中，发动机冷却液温度应保持在适当的温度(80 ～ 90 ℃)，如果水温表指针经常指在 90 ℃以上(或水温过高警告灯亮)，并伴有"开锅"的故障现象，此时说明发动机冷却液温度过高。发动机冷却液温度过高将导致润滑油黏度下降，促使金属材料的力学性能下降，以致承受不了正常的负载。温度过高还易使发动机产生爆燃。所以，一旦发现发动机冷却液温度过高应及时予以排除，否则会影响汽车的正常运行。

(1)故障现象

发动机在高负荷运行期间，出现冷却液高温报警甚至高温停机的现象。

(2)故障原因

①水箱内冷却液不足导致的水箱散热能力不足。

②曲轴箱机油太少或无机油。

③冷却液温度传感器故障，导致的检测值不准确或偏高。

④散热器通风道被堵塞，冷却风不能正常流通导致的水箱散热能力下降。

⑤散热风扇的驱动皮带松弛，风扇转速不够造成的水箱散热能力下降。

⑥发动机节温器故障，在发动冷却液温度升高时，未能正常开启大循环，导致冷却液温度过高。

⑦冷却液循环泵出问题,导致冷却液不能正常循环而出现温度过高。

(3)故障诊断与排除

①在冷机状态下打开水箱盖,检查水箱内冷却液的高度,一般以伸入的食指能触及液面为准,如果不足请补充冷却液。

②查看油标尺的标度,确保在停机 5 min 后机油液面高度在标尺的 L 与 H 位之间靠近 H 位为满油位,如果不足,请补充相同型号的机油到规定刻度。

③检查温度传感器上的接线,确保其连接牢固可靠,测量温度传感器的阻值并记录该阻值时的温度显示值,并与标准值进行比较,如果存在较大差值,请更换温度传感器。

④检查水箱散热器的散热窗,如果存在大量的油污或灰尘堵塞散热窗通风孔,请对散热器进行清洁,保证其通风顺畅。

⑤检查散热器风扇皮带的磨损情况和张紧度,按需要更换或张紧皮带。

⑥更换恒温器。

⑦检查水泵叶轮,如果损坏,应更换水泵。

情境 2　冷却液温度过低

发动机升温缓慢,会使发动机在低温下长期工作,温度过低会使可燃混合气点燃困难或燃烧迟缓,造成发动机功率下降以及燃料消耗增加。同时润滑油黏度增大,不能进入运动机件的间隙,加剧零件的磨损,同时增大了功率消耗。因温度过低而未汽化的燃料对摩擦表面(汽缸壁、活塞、活塞环等)上油膜冲刷并对润滑油稀释加剧了零件磨损。

(1)故障现象

发动机行驶乏力,发动机油耗增加,发动机工作很长时间或全部工作时间内,冷却水温达不到正常工作温度范围,低于 85 ℃。该故障现象多发生在寒冷地区或冬季行驶。

(2)故障原因

节温器失效,卡在全开位置,冷却液在低温状态下也进行大循环;散热器风扇电机发生故障、风扇电机只能以Ⅱ挡运转;水温表或水温传感器失效;环境温度太低且逆风行驶。

(3)故障诊断与排除

①检查散热器风扇电机工作状态是否正常。

②发动机启动时,检查散热器的出水管和暖风散热器出水管温度是否相同。若相同,则说明节温器常开,冷却系统直接进入大循环。因此要检修或更换节温器。

③检查水温显示系统。打开点火开关,若水温表表针停在低温区不动,说明水温表和水温传感器有故障。将水温表与水温传感器之间导线断路,若水温表表针返回高温区,说明水温表正常,水温传感器有故障。否则,说明水温表有故障。应视情况更换水温传感器或水温表。

情境 3　冷却液消耗过多

发动机冷却液消耗过多,会造成发动机冷却液不足,甚至发动机过热停机等现象,这是由于发动机冷却系统的水泵或其他部件造成冷却液泄露或冷却液混入别的通道,造成发动机冷却液不足。预防冷却液消耗过多,要多检查发动机冷却液的液位是否正常。

(1)故障现象

①冷却液消耗过多,需经常补充。

②在停车位有水迹,停车后,明显看到有冷却液滴落到地面上。

③有时候发现在油底壳内有水。

(2)故障原因

冷却系统是密封的,在正常情况下,不需要经常补充冷却液,否则说明有冷却液消耗异常故障。冷却液消耗异常的主要原因是系统有泄漏。其具体原因如下:

①放水开关关闭不严。

②水泵水封损坏。

③汽缸体变形或裂纹。

④散热器泄漏。

⑤汽缸衬垫烧蚀,冷却液漏到外部或油底壳内。

⑥系统管道老化泄漏或接头松动泄漏。

⑦缸体水堵不严。

⑧湿式缸套阻水圈密封不良。

(3)故障诊断与排除

①仔细观察冷却液化有无外漏之处,如放水开关、管接头、散热器表面、水泵等处。一经发现应及时堵漏。

②发动机启动后,排气管有水滴喷出,则多为汽缸垫损坏而使冷却水漏入汽缸。汽缸垫损坏应更换,在汽缸体与汽缸盖的水道口设有水封圈的发动机上,水封圈损坏或安装不正确也会造成冷却水漏入汽缸的现象,此时应更换水封圈。

③油底壳机油液面有升高趋势,发动机熄火后,立即检查机油,若有乳化现象,表明汽缸套阻水圈损坏或汽缸体有裂纹,穴蚀孔。阻水圈损坏,应予以更换。汽缸体有裂纹,穴蚀孔,应进行大修。

④装有水冷式机油散热器的发动机,此时还应检查散热器芯是否损坏。若散热器芯损坏,应检修或更换。

实践训练 13　冷却系统的认识与检修

一、目的及要求

①熟悉冷却系统的组成及各部件的装配关系,主要机件的构造。

②掌握冷却水的循环路线。

③掌握水泵的拆装方法和步骤。

二、实训设备

①桑塔纳发动机一台。

②发动机缸体、缸盖各一个。

③冷却系统主要部件若干。

④常用工具等。

三、实训内容

①在发动机上确认冷却液大小循环流经的通路。
②检查节温器。
③拆装水泵。

四、实训步骤

①观察散热器、风扇、水泵、百叶窗、水温表、水温传感器、节温器等的安装位置和相互之间的连接关系。

②观察散热器、风扇、水泵、缸体与缸盖水套、水温表传感器、节温器、百叶窗等主要机件的总体构造。在观察散热器芯子的构造时,可用一根较散热器芯管内孔尺寸小的软金属扁通条插入芯管中来回抽拉几次,以验证冷却水由上水室通过芯管流向下水室的情况。

③观察冷却水进行大循环和小循环的流动路线。如图6.12所示为小循环路线,如图6.13所示为大循环路线。大小循环由节温器自动控制,可将一节温器放在玻璃杯中,倒入90 ℃(363 K)以上热水,观察节温器阀门开启情况。

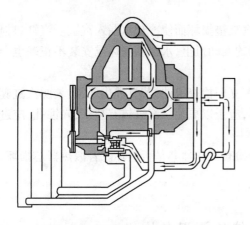

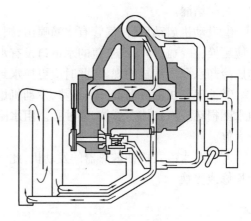

图6.12　冷却系统小循环结构图　　　　　图6.13　冷却系统大循环结构图

④水泵拆装方法与步骤。汽车上广泛采用离心式水泵,以桑塔纳2000型轿车发动机的冷却系统为例,进行冷却系统的拆装。首先放尽冷却水(液),拆下散热器进、出水软管及旁通软管,取出暖器软管,卸下V形带及带轮。然后拧下水泵的固定螺栓,拆下水泵总成。

A. 清除水泵表面脏污,将水泵固定在夹具或台虎钳上。

B. 拧松并拆下带轮紧固螺栓,拆卸带轮。

C. 用专用拉具拆卸水泵轴凸缘。

D. 拧松并拆卸水泵前壳体的紧固螺栓,将前泵壳段整体卸下,并拆下衬垫。

E. 用拉具拆卸水泵叶轮,应仔细操作,防止损坏叶轮。

F. 从水泵叶轮上拆下锁环和水封总成。

G. 如果水泵轴和轴承经检测需要更换,则先将水泵加热到75～85 ℃,然后用水泵轴承拆装器和压力机将其拆卸下来。

H. 拆卸油封及有关衬垫,从壳体上拆下浮动座。

I. 换位夹紧,拆卸进水管紧固螺栓,拆卸进水管。

J. 拆卸密封圈、节温器。

K. 安装时更换所有衬垫及密封圈。

L. 将拆卸的零件放入清洗剂中清洗。

M. 水泵安装时基本顺序与拆卸顺序相反。

五、实训考核

①认识发动机冷却系统各部件名称、安装位置及工作原理。

②能回答教师给出的问题。

③填写作业单及实训报告。

④回答实践思考题。

习题与思考

1. 填空题

(1)汽车发动机常用的冷却方式有两种,即_____和_____。

(2)水冷却式发动机工作时,冷却水温度应保持在_____范围内,这样可保证发动机有较大的_____和较好的_____,且运动件的磨损正常。

(3)轿车冷却系统中的冷却液一般是由水和冷却液添加剂组成,具有_____和_____功能。

(4)冷却系统大循环的水流路线:水泵→缸体水套→_____→_____→水泵。

(5)冷却系统小循环的水流路线:水泵→_____缸体水套→_____→_____水泵。

2. 简答题

(1)请说出发动机冷却系统的功用和类型?

(2)试述冷却液在使用过程中应注意的事项。

(3)简要分析冬季汽车冷却系统温度过低的原因?

(4)试分析汽车在路上行驶时,发动机"开锅"的故障原因?

模块七
润滑系统

==

　　发动机润滑系统是发动机正常运行的一个重要保障系统,主要起润滑、冷却、清洗、密封、减震、防锈、控制的作用。润滑系统工作不正常,将引起摩擦阻力增加,机件磨损加快,甚至在短时间内造成发动机产生事故性损坏,其控制部分不正常使发动机性能下降。因此,要汽车能正常运行,润滑系统必须保持正常的工作状态。要保证润滑系统的正常工作,则需要对其进行正确的使用、维护、保养和排除故障。

==

知识要点

- 润滑系统的功用及基本组成;
- 润滑系统主要机件的结构和工作原理;
- 润滑系统的主要故障。

学习目标

- 了解润滑系统的功用及基本组成;
- 了解润滑系统的润滑方式和滤清方式;
- 了解润滑系统主要机件的形式、结构、工作原理及检修方法;
- 掌握润滑系统的主要故障,其故障现象、可能性原因及诊断方法;
- 掌握润滑系统各机件的装配方法、连接方法和油路走向。

案例导入

汽车的"血液"

　　机油又称发动机润滑油,被誉为汽车的"血液",能对发动机起润滑、清洁、冷却、密封、减摩等作用。发动机的润滑系统,与人体的血液循环系统非常相似。人体离不开健康的血液,一旦失血过多或血液发生质变,生命将受到严重威胁,甚至失去生命。一台发动机工作质量的好坏与寿命的长短,在很大程度上取决于机油数量的多少和质量的优劣。健康的人体具备造血功能,能及时补充新鲜血液,而发动机却做不到这一点。另外,对机油作用的理解和重视程度将起着决定性的作用,发动机的"生命"就掌握在你的手中。

发动机是汽车的心脏,发动机内有许多相互摩擦运动的金属表面,这些部件运动速度快、环境差,工作温度可达 400~600 ℃。在这样恶劣的工况下,只有合格的润滑油才可降低发动机零件的磨损,延长使用寿命。如有的汽车 60 万 km 不大修,而有的几万 km 就大修,存在着巨大的差别。这里面虽然也有其他因素的影响,但润滑是最主要的原因。

在本模块将会对汽车润滑系统进行学习,首先掌握结构与原理,然后进一步去掌握汽车润滑系统的故障排除。

学习任务 27　润滑系统的认知

情境 1　润滑系统的概述

发动机工作时,各运动零件均以一定的力作用在另一个零件上,并且发生高速的相对运动,有了相对运动,零件表面必然要产生摩擦,加速磨损。因此,为了减轻磨损,减小摩擦阻力,延长使用寿命,发动机上都必须有润滑系统。

(1)润滑系统的功用

①润滑。可使发动机内部运动零件表面之间的干摩擦变为液体摩擦,减少零件表面摩擦、磨损和摩擦功率损失。

②冷却。润滑油经过摩擦表面,带走摩擦副产生的 6% ~14% 的热量,维持零件正常的工作温度。

③清洗。利用润滑油冲洗零件表面,带走零件的磨损磨屑和其他杂质。

④密封。利用润滑油的黏性,附在相互运动零件的表面之间,提高间隙密封效果,如活塞环、活塞裙部表面与汽缸壁之间的环形间隙,形成的油膜,减少了漏气和蹿油。

⑤防锈。润滑油吸附在零件表面形成的油膜,阻隔零件与大气中的水、燃烧时产生的酸性气体接触,防止零件生锈的功用。

⑥减震。具有相对运动的零件,其表面的油膜在加速以及负荷增加时,可吸收部分冲击能量,起到缓冲、减震的作用。

(2)润滑方式

因为发动机传动件的工作条件不尽相同,所以,对负荷及相对运动速度不同的传动件采用不同的润滑方式。

1)压力润滑

利用机油泵,将具有一定压力的润滑油源源不断地送往摩擦表面。例如,曲轴主轴承、连杆轴承及凸轮轴轴承、摇臂等处形成油膜以保证润滑。

2)飞溅润滑

利用发动机工作时运动零件飞溅起来的油滴或油雾来润滑摩擦表面的润滑方式称为飞溅润滑。可使裸露在外面承受载荷较轻的汽缸壁,相对滑动速度较小的活塞销,以及配气机构的凸轮表面、挺柱等得到润滑。

3)定期润滑

负荷较小的发动机辅助装置则只需定期、定量加注润滑脂进行润滑。例如,水泵及发电机轴承等。它不属于润滑系统的工作范畴。近年来,在发动机上采用含有耐磨润滑材料(如尼龙、二硫化钼等)的轴承来代替加注润滑脂的轴承。

情境2 润滑系统的组成及油路

润滑系统主要由以下几部分组成:

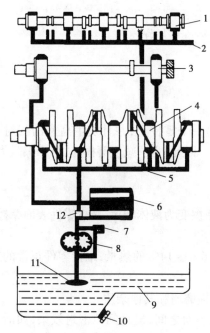

图7.1 桑塔纳轿车发动机润滑系统
1—旁通阀;2—机油泵;3—集滤器;
4—油底壳;5—放油塞;6—安全阀;
7—机油滤清器;8—主油道;9—分油道;
10—曲轴;11—中间轴;
12—机油压力开关;13—凸轮轴

①成油装置。即油底壳,其容量除考虑工作中最大循环油量外,还应根据机油自然散热的需要来决定。

②输油装置。主要有机油泵、油管和油道。机油泵一般布置在油底壳内,以减小吸油高度,且使油泵及其吸油管经常浸沉在油面下。

③滤油装置。包括集滤器、机油滤清器(常分为粗滤器和细滤器)。用来滤除机油中的各种杂质。

④检示装置。包括机油压力表、机油温度表和机油标尺。用来指示或检查润滑系统的工作状况。

⑤安全装置。包括限压阀、旁通阀(也称安全阀)和回油阀。

⑥散热装置。主要是机油散热器,功能是保持机油适宜的工作温度。

桑塔纳轿车发动机润滑系统,如图7.1所示。

机油泵2通过集滤器3从油底壳4中吸上机油,以防止大的杂质进到机油泵内。当油压太高或流量太大时,由安全阀6旁流一部分回油底壳4。具有一定压力的机油进入滤清器7进一步滤清,大部分进入发动机主油道8,另一小部分压力油首先进入凸轮轴13的轴承,再进入气门机构,之后流回油底壳。进入主油道8的压力机油又分成两路:一路经进入曲轴内部油道进入连杆大端轴承再经过连杆油道进入连杆小端轴承,最后回油底壳。另一路则进入中间轴11的轴承(AJR发动机已取消中间轴),然后回油底壳4。

情境3 机油型号

(1)机油的性能要求

汽车发动机机油在润滑系统内循环流动,循环次数可达100次/h。机油的工作条件十分恶劣,在循环过程中,机油与高温的金属壁面及空气频频接触,不断氧化变质。蹿入曲轴箱内的燃油蒸汽、废气以及金属磨屑和积碳等,使机油受到严重污染。另外,机油的工作温度变化范围很大:在发动机启动时为环境温度;在发动机正常运转时,曲轴箱中机油的平均温度可达95 ℃或更高。同时,机油还与180～300 ℃的高温零件接触,受到强烈的加热。故机油应

该有:

①适当的黏度。机油黏度对发动机的工作有很大的影响。黏度过小,在高温、高压下容易从摩擦表面流失,不能形成足够厚度的油膜;黏度过大,冷启动困难,机油不能被泵送到摩擦表面。机油的黏度随温度而变化。温度升高,黏度减小;温度降低,黏度增大。

②优异的氧化安定性。氧化安定性是指机油抵抗氧化作用不使其性质发生永久变化的能力。当机油在使用与储存过程中与空气中的氧气接触而发生氧化作用时,机油的颜色变暗,黏度增加,酸性增大,并产生胶状沉积物。氧化变质的机油将腐蚀发动机零件,甚至破坏发动机的工作。

③良好的防腐性。机油在使用过程中不可避免地被氧化而生成各种有机酸。这类酸性物质对金属零件有腐蚀作用,可能使铜铅和镉镍一类的轴承表面出现斑点、麻坑或使合金层剥落。

④较低的起泡性。由于机油在润滑系统中快速循环和飞溅,必然会产生泡沫。如果泡沫太多,或泡沫不能迅速消除,将造成摩擦表面供油不足。控制泡沫生成的方法,是在机油中添加泡沫抑制剂。

⑤强烈的清净分散性。机油的清净分散性是指机油分散、疏松和移走附着在零件表面上的积碳和污垢的能力。为使机油具有清净分散性,必须加入清净分散添加剂。

(2)机油的分类

国际上广泛采用美国 SAE 黏度分类法和 API 使用分类法,而且它们已被国际标准化组织(ISO)确认。美国工程师学会(SAE)按照机油的黏度等级,把机油分为冬季用机油和非冬季用机油。冬季用机油有 6 种牌号:SAE0W、SAE5W、SAE10W、SAE15W、SAE20W 和 SAE25W。非冬季用机油有 4 种牌号:SAE20、SAE30、SAE40 和 SAE50。号数较大的机油黏度较大,适于在较高的环境温度下使用。

API 使用分类法是美国石油学会(API)根据机油的性能及其最适合的使用场合,把机油分为 S 系列和 C 系列两类。S 系列为汽油机油,目前有 SA、SB、SC、SD、SE、SF、SG 和 SH 8 个级别。C 系列为柴油机油,目前有 CA、CB、CC、CD 和 CE 5 个级别。级号越靠后,使用性能越好,适用的机型越新或强化程度越高。其中,SA、SB、SC 和 CA 等级别的机油,除非汽车制造厂特别推荐,否则将不再使用。

我国的机油分类法参照采用 ISO 分类方法。《内燃机油分类》(GB/T 7631.3—1995)规定,按机油的性能和使用场合分为:

①汽油机油:SC、SD、SE、SF、SG、SH 6 个级别。

②柴油机油:CC、CD、CD-Ⅱ、CE、CF4 5 个级别。

③二冲程汽油机油:ERA、ERB、ERC 和 ERD 4 个级别。

【扩展知识 7.1】

机油质量的鉴别

(1)新机油质量的鉴别与选用

目前,市场出售的机油并非那么"纯洁",以次充好,以劣充优的现象普遍存在。当你需要购买机油时,如果不具备质量鉴别和牌号识别能力,应请专门的技术员或经验丰富的技工帮助选择。

1）观察机油颜色

国产正牌散装机油多为浅蓝色,具有明亮的光泽,流动均匀。凡是颜色不均、流动时带有异色线条者均为伪劣或变质机油,若使用此类机油,将严重损害发动机。进口机油的颜色为金黄略带蓝色,晶莹透明,油桶制造精致,图案字码的边缘清晰、整齐,无漏色和重叠现象,否则为假货。

2）识别机油牌号和试验黏度

以丰田纯牌机油为例,高级轿车应使用5W-40全天候机油,虽然价格较高,但它能确保高级轿车的润滑效果;增压柴油机应使用CD-30机油;一般车辆冬季使用SG10W-30机油,夏季使用SG-30机油。

3）闻气味

合格的机油应无特别的气味,只略带芳香。凡是对嗅觉刺激大且有异味的机油均为变质或劣质机油,绝对不可使用。

（2）使用中机油的鉴别

鉴别使用中机油的质量,是确定是否需要更换机油的依据。

1）搓捻鉴别

取出油底壳中的少许机油,放在手指上搓捻。搓捻时,如有黏稠感觉,并有拉丝现象,说明机油未变质,仍可继续使用,否则应更换。

2）油尺鉴别

抽出机油标尺对着光亮处观察刻度线是否清晰,当透过油尺上的机油看不清刻线时,则说明机油过脏,需立即更换。

3）倾倒鉴别

取油底壳中的少量机油注入一容器内,然后从容器中慢慢倒出,观察油流的光泽和黏度。若油流能保持细长且均匀,说明机油内没有胶质及杂质,还可使用一段时间,否则应更换。

4）油滴检查

在白纸上滴一滴油底壳中的机油,若油滴中心黑点很大,呈黑褐色且均匀无颗粒,周围黄色浸润很小,说明机油变质应更换。若油滴中心黑点小而且颜色较浅,周围的黄色浸润痕迹较大,表明机油还可以使用。

以上检查均应在发动机停机后机油还未沉淀时进行,否则有可能得不到正确结论。因为机油沉淀后,浮在上面的往往是好的机油,这样检查的只是表面现象,而变质机油或杂质存留在油底壳的底部,从而可能造成误检。

学习任务28　润滑系统主要部件的结构与维修

情境1　机油泵

机油泵的功用是保证机油在润滑系统内循环流动,并在发动机任何转速下都能以足够高的压力向润滑部位输送足够数量的机油。

目前发动机润滑系统中广泛采用的是外啮合齿轮式机油泵和内啮合转子式机油泵两种。

（1）外啮合齿轮式机油泵

齿轮式机油泵由主动轴、主动齿轮、从动轴、从动齿轮、壳体等组成，两个齿数相同的齿轮相互啮合，装在壳体内，齿轮与壳体的径向和端面间隙很小。主动轴与主动齿轮键连接，从动齿轮空套在从动轴上，如图7.2所示。

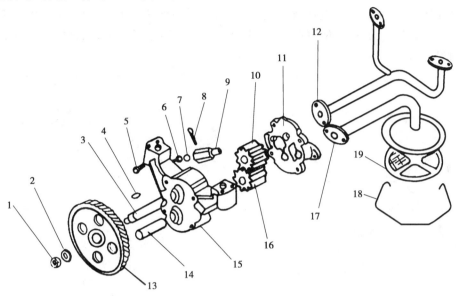

图7.2　外啮合齿轮式机油泵

1—螺母；2—锁片；3—主动轴；4—半圆键；5—弹簧座；6—限压阀弹簧；7—球阀；
8—开口销；9—阀体；10—主动齿轮；11—泵盖；12—出油管；13—传动齿轮；14—从动轴；
15—泵壳；16—从动齿轮；17—吸油管；18—卡簧；19—集滤器滤网

外齿轮式机油泵通常由凸轮轴上的斜齿轮或曲轴前端齿轮驱动。机油泵的安装位置一般在曲轴箱内，如奥迪100型轿车的发动机、BJ492Q型、东风EQ6100-1型和CA6102型汽车发动机；也可安装在曲轴箱外，如南京汽车制造厂生产的依维柯轻型货车的索菲姆柴油机的机油泵装在曲轴箱外面的附件箱内，其工作原理如图7.3所示。

机油泵壳体上加工有进油口和出油口。齿轮与壳体内壁之间留有很小的间隙。发动机工作时，齿轮按图中所示箭头方向旋转。两齿轮旋转时，充满在齿轮齿槽间的机油沿油泵壳壁由进油腔带到出油腔，在进油腔一侧由于齿轮脱开啮合以及机油被不断带出而产生真空，使油底壳内的机油在大气压力作用下经集滤器进入进油腔，而在出油腔一侧由于齿轮进入啮合和机油被不断带入而产生挤压作用，机油以一定压力被泵出。

在泵盖上卸压槽4，是为了消除因齿轮进入啮合时，啮合齿间的机油，由于容积变小在齿轮间产生很大的推

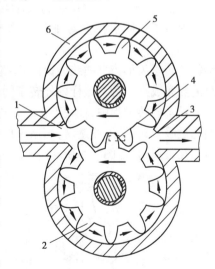

图7.3　外齿轮式机油泵工作原理图

1—进油腔；2—机油泵主动齿轮；
3—出油腔；4—卸压槽；
5—机油泵从动齿轮；6—机油泵体

207

力,使轮齿啮合时挤出的机油,通过卸压槽流向出油腔。

齿轮式机油泵结构简单,机械加工方便,工作可靠,使用寿命长,应用较广泛。

(2)内啮合转子式机油泵

转子式机油泵由壳体、内转子、外转子和泵盖等组成,如图7.4所示。内转子用键或销子固定在转子轴上,由曲轴齿轮直接或间接驱动,内转子和外转子中心的偏心距为e,内转子带动外转子一起沿同一方向转动。内转子有4个凸齿,外转子有5个凹齿,这样内外转子同向不同步的旋转。

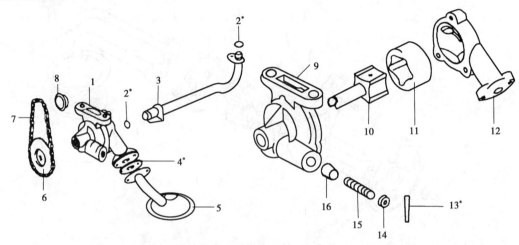

图7.4 内啮合转子式机油泵

1—机油泵总成;2*—"O"形密封圈;3—出油管;4*—衬垫;5—集滤器;6—机油泵链轮;
7—传动链;8—中间轴链轮;9—泵壳;10—内转子;11—外转子;12—泵盖;
13*—开口销;14—弹簧座;15—限压阀弹簧;16—限压阀

内转子3固定在主动轴1上,外转子4在油泵壳体内可自由转动,两者之间有一定偏心距。主动的内转子3和从动的外转子4都装在油泵壳体内。当内转子3旋转时,带动外转子4旋转。转子齿形齿廓曲线能保证:不论转子转多少角度,内外转子的每个齿的齿形齿廓曲线上总能互相成点接触。这样内外转子间便形成4个工作腔。

转子旋转过程中,任一工作腔从进油口2转过时,容积增大,产生一定的真空度,机油经进油孔被吸入;转子继续旋转,当该工作腔与出油口5相通时,腔内容积减小,油压升高,机油经出油孔被压出,如图7.5所示。

(a)进油　　　　　　(b)压油　　　　　　(c)出油

图7.5 内啮合转子式机油泵工作原理图

1—机油泵主动轴;2—进油口;3—内转子;4—外转子;5—出油口

转子式机油泵结构紧凑,外形尺寸小,质量小,吸油真空度较大,泵油量大,供油均匀度好,成本低,在中小型发动机上应用广泛。

情境2 机油滤清器

发动机工作时,金属磨屑和大气中的尘埃以及燃料燃烧不完全所产生的炭粒会渗入机油中,机油本身也因受热氧化而产生胶状沉淀物,机油中含有这些杂质。如果把这样的脏机油直接送到运动零件表面,机油中的机械杂质就会成为磨料,加速零件的磨损,并且引起油道堵塞及活塞环、气门等零件胶结。因此,必须在润滑系统中设有机油滤清器,使循环流动的机油在送往运动零件表面之前得到净化处理,保证摩擦表面的良好润滑,延长其使用寿命。

一般润滑系统中装有几个不同滤清能力的滤清器、集滤器、粗滤器和细滤器,分别串联和并联在主油道中。与主油道串联的滤清器称为全流式滤清器,一般为粗滤器;与主油道并联的滤清器称为分流式滤清器,一般为细滤器,过油量为 10% ~ 30%。

(1)集滤器

集滤器是具有金属网的滤清器,如图 7.6 所示,安装于机油泵进油管上,其作用是防止较大的机械杂质进入机油泵。浮式集滤器飘浮于机油表面吸油,能吸入油面上较清洁的机油,但油面上的泡沫易被吸入,使机油压力降低,润滑欠可靠,目前应用不多。固定式集滤器淹没在油面之下,吸入的机油清洁度较差,但可防止泡沫吸入,润滑可靠,结构简单。

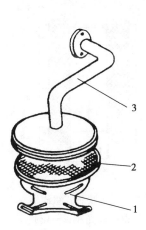

图 7.6 集滤器
1—罩;2—滤网;
3—吸油管

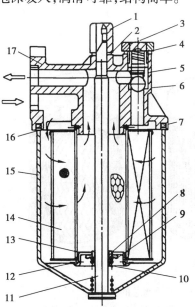

图 7.7 纸质滤芯机油粗滤器
1—螺母;2,4—密封垫圈;3—阀座;5—旁通阀;
6—球阀;7—外壳密封圈;8—拉杆密封圈;
9—压紧弹簧垫圈;10—滤芯压紧弹簧;11—拉杆;
12,16—滤芯密封圈;13—托板;14—纸制滤芯;
15—外壳;17—端盖

（2）机油粗滤器

粗滤器用于滤去机油中粒度较大的杂质，机油流动阻力小，通常串联在机油泵与主油道之间，属于全流式滤清器。粗滤器是过滤式滤清器，其工作原理是利用机油通过细小的孔眼或缝隙时，将大于孔眼或缝隙的杂质留在滤芯的外部。根据滤芯的不同，有各种不同的结构形式。传统的粗滤器多采用金属片缝隙式和绕线式，现多采用纸质式和锯末式。

纸质滤芯式粗滤清器，如图7.7所示。

滤清器壳体由铸铁上盖17和钣料压制的外壳15组成，滤芯的两端由环形密封圈12和16密封。滤芯14用经过树脂处理的微孔滤纸制成。滤清器工作时：机油由上盖17上的下孔（进油孔）流入，通过滤芯滤清后，经盖上的上孔（出油孔）流入主油道。当滤芯被积污堵塞，其内外压差达到0.15~0.17 MPa时，旁通阀的球阀6即被顶开，大部分机油不经过滤芯滤清器，直接进入主油道，以确保发动机的正常工作。

纸质滤芯的构造，如图7.8所示。芯筒2用薄铁皮制成，其上加工出许多圆孔。为了保证滤纸在最小体积内有最大的过滤面积，并提高滤芯刚度，微孔滤纸一般都折叠成折扇形[图7.8（a）]和波纹形[图7.8（b）]。滤芯与上、下端盖长期的连接，用塑胶黏合。

纸质滤清器的优点是结构简单、质量小、体积小、滤清效果好、过滤阻力小和成本低等，目前已在国内外得到广泛应用。

锯末滤芯式粗滤器，如图7.9所示。其滤芯为酚醛树脂黏结的锯末滤芯，阻力小，滤清效果好，使用寿命长。

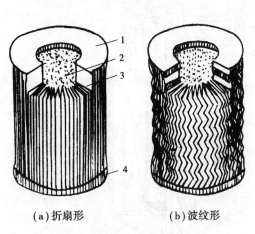

（a）折扇形　　　（b）波纹形

图7.8　纸质滤芯的结构图
1—上端盖；2—芯筒；3—微孔滤纸；4—下端盖

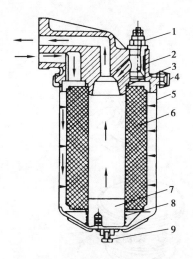

图7.9　锯末滤芯式粗滤器
1—指示器；2—外壳座；3—密封圈；
4—卡箍；5—外壳；6—滤芯；
7—滤芯座底；8—压紧弹簧；9—放油螺塞

（3）机油细滤器

机油细滤器用以清除细小的杂质，这种滤清器对机油的流动阻力较大，故多做成分流式。它与主油道并联，只有少量的机油通过它滤清后又回到油底壳。细滤器有过滤式和离心式两种。过滤式机油细滤器存在着滤清能力与通过能力的矛盾。为此多数发动机采用离心式细滤器。

　　细滤器分为过滤式和离心式两种。因过滤式细滤器的滤清阻力较大。因此,目前许多车用发动机,如东风EQ600-1型、解放CA6102型汽油发动机以及6135Q型柴油机等,均采用离心式机油细滤器。

　　离心式机油细滤器由壳体、转子轴、转子体、转子盖、进油限压阀、机油散热器开关、机油散热器安全阀、进油孔、出油孔等组成。壳体与转子轴固装,转子盖与转子体紧固在一起。转子下装有止推轴承。转子下面有两个水平安装、互成反向的喷嘴,如图7.10所示。

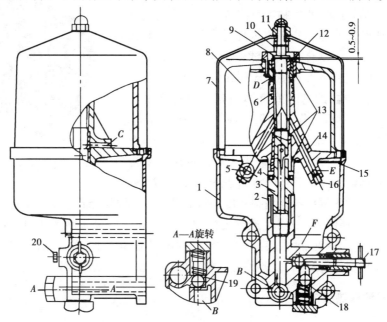

图 7.10　离心式细滤器

1—壳体;2—锁片;3—转子轴;4—止推轴承;5—喷嘴;6—转子体端套;7—滤清器盖;
8—转子盖;9—支承座;10—弹簧;11—盖形螺母;12—压紧螺母;13—衬套;14—转子体;
15—挡板;16—螺塞;17—机油散热器开关;18—机油散热器安全阀;19—限压阀;20—管接头;
A—局部图;B—滤清器进油口;C—转子体出油孔;D—转子体进油孔;
E—通喷嘴油道;F—滤清器出油孔

　　滤清器外壳1上固定着带中心孔的转子轴3。转子体14与转子体喷嘴5连成一体,其上压入3个衬套13,套在转子轴上可以自由转动。压紧螺母12将转子盖与转子体紧固在一起。转子下面装有推力轴承4。转子上面装有支承座9,并用弹簧10压紧,以限制转子轴向移动。整个转子用滤清器盖7盖住,盖形螺母11将滤清器盖7固定在壳本1上。转子下端装有两个按中心对称安装的喷嘴5。

　　发动机工作时,从油泵来的机油进入滤清器进油孔B。

　　①若油压低于0.1 MPa。进油限压阀19不开启,机油则不进入滤清器而全部供入主油道,以保证发动机可靠润滑。

　　②若油压高于0.1 MPa。进油限压阀19被顶开,机油沿壳体中的转子轴内的中心油道,经出油孔C进入转子内腔,然后经进油孔D、油道E从两喷嘴喷出。于是转子在喷射反作用力的推动下高速旋转。当压力达到0.3 MPa时,转子转速高达5 000～6 000 r/min。由于转子内腔的机油随着转子高速旋转,机油中的机械杂质在离心力的作用下被甩向转子壁。因此洁

净的机油由孔 D 进入,再经喷嘴喷出。喷出的机油经滤清器出油口 F 流回油底壳。

③若油压高于 0.4 MPa。旁通阀 18 打开,机油流回油底壳。

离心式滤清器的优点是滤清能力高,通过能力好且不受沉淀物的影响,不需更换滤芯,只需定期清洗即可。但也存在对胶质滤清效果较差的缺点。

(4)复合式机油滤清器

复合式机油滤清器是指在发动机润滑系统中既有全流滤清器又有分流滤清器的过滤机制。目前轿车上常用的复合式机油滤清器是将全流滤芯和分流滤芯共同装在一个旋装式外壳内,如图 7.11 所示。复合式机油滤清器由于结构紧凑、滤清效果较好、便于安装,越来越多地应用在发动机上。

复合式机油滤清器的滤芯就整体而言也可称为复合滤芯。在实际中,有两种不相分离的复合滤芯。一种是在全流滤芯的"肌体"内嵌入一块细滤材料。如果全流滤芯是纸滤芯,则在滤纸两端应接合或上夹处嵌入一块用深度过滤材料制成的滤块,这样就形成一个有两种过滤材料的单个滤芯。

图 7.11　复合式机油滤清器

现在部分滤芯的流量比例按各自堵塞程度自行调节。另一种复合滤芯是由多层过滤材料组成的结构。例如,用一层滤纸、一层高透气度的厚层纤维和几层金属网形成过滤层。其通过性好、阻力低、过滤精度高和强度大,克服了滤纸的深度过滤作用不足和厚层纤维的强度不够以及金属网的过滤精度低等缺陷,使各种过滤材料的长处相互补充,发挥综合优势。

情境3　机油散热装置

热负荷较大的发动机,为使润滑油保持在最有利的范围内工作,保持润滑油具有一定的黏度,装置有机油散热器以便对润滑油进行强制性冷却,使机油保持在最有利的温度范围内工作。

机油散热器有风冷式和水冷式两种形式。风冷式一般安装在发动机冷却系统散热器的前面,利用冷却风扇的风力使机油冷却。水冷式机油散热器(机油冷却器)装在发动机冷却水路中,当油温较高时靠冷却液降温,而启动期间油温较低时,则从冷却液吸热迅速提高机油温度,如图 7.12 所示。

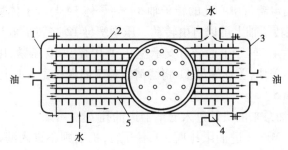

图 7.12　水冷式机油散热器
1—前盖;2—壳体;3—后盖;
4—放水开关;5—芯管及散热片

学习任务 29　润滑系统常见故障分析

情境 1　机油压力过高

(1)现象

①启动发动机后,机油压力超出规定值。

②发动机在运转过程中机油压力突然增高。

(2)原因

①润滑油牌号选择不当,黏度过大。

②机油泵内限压阀故障。

③汽缸体润滑油道堵塞,阻止了润滑油的流动。

④主轴承或连杆轴承间隙过小,影响了润滑油的流动。

⑤机油滤清器滤芯堵塞且旁通阀开启困难。

⑥润滑油压力表或传感器工作不良。

(3)诊断与排除

发现机油压力过高,应熄火查明原因,否则容易冲裂机油细滤器盖或机油压力传感器。

①机油压力过高,应首先检查机油黏度是否过大,限压阀是否调整不当(弹簧是否过硬);对新发动机应检查主轴承、连杆轴承或凸轮轴轴承是否间隙过小。

②机油压力突然变高,可先检查机油滤清器滤芯是否堵塞,旁通阀弹簧压缩过多或强硬。若上述检查无问题,则一般为润滑系统油道堵塞。

③接通启动开关,机油压力表即有指示,应检查机油表和机油压力传感器工作是否良好。

④如果更换机油后机油压力显得过高,说明机油牌号选用不当。例如,冬季选用了黏度较高的机油,则会造成机油压力过高,应重换适合季节性的机油。

情境 2　机油压力过低

(1)现象

①发动机怠速运转后,油压报警灯闪烁。

②发动机转速达到 2 150 r/min 以上后,油压报警灯闪烁,警报蜂鸣器同时发响报警(以桑塔纳为例)。

(2)原因

①机油压力传感器效能不佳。

②机油压力表失准。

③机油池油面太低。

④汽油泵膜片破裂使汽油漏入油底壳或燃烧室未燃气体漏入油底壳,将机油稀释。

⑤柴油机喷油器滴漏或喷雾不良,使未燃柴油流入油底壳,将机油稀释。

⑥机油黏度降低。

⑦机油泵齿轮磨损、泵盖磨损或泵盖衬垫太厚造成供油能力太低。

⑧内外管路有泄漏之处。

⑨机油限压阀调整不当、关闭不严或其弹簧折断。

⑩机油集滤器滤网堵塞。

⑪曲轴主轴承、连杆轴承或凸轮轴轴承磨损或轴承盖松动、减摩合金脱落或烧损。

（3）诊断与排除

①检测机油油平面，如油平面过低应加注机油。

②检查机油压力传感器及线路，如不良应检修或更换。

③检查管路有无泄漏，如泄漏应视情修理。

④检查曲轴的连杆轴承的配合间隙是否过大，如间隙过大应视情修理。

情境3　机油消耗过多

（1）现象

①发动机在使用过程中机油消耗过多（机油消耗率超过 $0.1 \sim 0.5$ L/km），需经常添加机油。

②尾气冒蓝烟。

③积碳增多。

（2）原因

①活塞与汽缸壁间隙过大，导致飞溅的润滑油从缝隙处上蹿到燃烧室而被燃烧，引起润滑油消耗量剧增。

②活塞环磨损或损坏，活塞环对口或装反。

③进气门导管磨损过甚，以及气门杆油封失效，导致进气行程在进气管真空度的作用下，润滑油从气门杆与导管孔的配合间隙处大量进入汽缸而被燃烧。

④润滑油的黏度过低，易上蹿，且油膜薄，易被烧掉；另外黏度低的润滑油易挥发。

⑤油路有渗漏现象。油封损坏、管路破裂、结合处不密封等均会引起润滑油泄漏，使机油消耗量增加。

⑥曲轴箱通风装置堵塞，使曲轴箱内气体压力和润滑油的温度升高，不但造成润滑油的渗漏、蒸发，而且还能使油底壳衬垫或气门盖边盖衬垫冲破。

（3）诊断与排除

①检查有无渗漏油处。检查曲轴的前、后油封处、机油滤清器有无渗漏，润滑油管有无破裂漏油现象。油封漏油常因油封破损、装配不当、老化或曲轴皮带轮与油封接触表面磨损过甚引起。

②检查曲轴箱的通风情况，有无堵塞现象。

③观察是否存在排气管大量冒蓝烟现象。

当加大油门发动机高速运转时，若排气管大量冒蓝烟，机油加注口也会大量冒烟或脉动冒烟，说明活塞、活塞环与汽缸壁磨损过甚，使机油蹿入燃烧室而燃烧，应拆下活塞连杆组进行检查分析；另外需检查第一道环的端隙、背隙和侧隙，若这些间隙过大，会使泵油现象加重。

当发动机大负荷运转时，排气管冒浓蓝烟，但加机油口并不冒烟，这是飞溅到气门室内的机油沿气门导管间隙被吸入燃烧室的结果。

若短时间冒蓝烟，而曲轴箱机油量不减，是空气滤清器堵塞或油面过高。

情境 4 机油变质

(1)现象

①颜色发生明显变化,失去黏性。

②含有水分,机油乳化,乳浊状并有泡沫。

(2)原因

①活塞环漏气。

②机油使用时间太长,机油因持续在高温和氧化作用下逐渐老化变质。

③机油滤清器堵塞而失去滤清作用。

④曲轴箱通风不良,机油中混杂废气中的燃油,促使机油变质。

⑤发动机缸体或缸垫漏水。

(3)诊断与排除

①用机油尺取几滴机油滴在中性纸上,若发黑则说明机油变质。

②用手捻搓,有滑腻感,说明机油内混有燃油。

③若取出的机油为乳浊状且有泡沫,说明机油中进水。

④机油过脏,更换机油及机油滤清器。

实践训练 14　润滑系统的拆装与检验

一、目的及要求

①掌握润滑系统主要机件的拆装要领和调整方法。

②能正确分析出润滑系统的油路。

③掌握润滑系统组成及各机件的装配关系。

④掌握润滑系统主要机件的构造与检验方法。

二、实训设备

①汽车发动机及拆装台。

②汽车示教台。

③相关教具、录像片及教学挂图。

④常用工具 1 套,厚薄规 1 把。

⑤机油泵、滤清器。

三、实训内容

①润滑系统油路的分析。

②拆装机油泵。

③检查机油泵。

四、实训步骤

观察机油泵、滤清器、限压阀、旁通阀等机件的安装位置及相互间的连接关系。

(1)机油泵的拆卸与分解

①旋松分电器轴向限位卡板的紧固螺栓,拆下卡板。

②拔出分电器。

③旋松并拆下两个机油泵壳与发动机机体的连接长紧固螺栓,将机油泵及吸油部件一起拆下。

④拧松并拆下吸油管组紧固螺栓,拆下吸油管组,检查并清洗滤网。

⑤旋松并取下机油泵盖短螺栓,取下机油泵盖,检查泵盖上的安全阀,观察泵盖接合面的磨损情况。

⑥分解主、从动齿轮,再分解齿轮和齿轮轴。

(2)机油泵的检查

①检查主、从动齿轮与泵盖接合面的间隙:检查时,将机油泵盖拆下,检查主、从动齿轮与机油泵盖接合面间隙。正常间隙应为 0.05 mm,磨损极限值为 0.15 mm,如图 7.13(a)所示。

②检查齿轮啮合间隙:检查时,将机油泵盖拆下,用塞尺在互成 120°角 3 个位置测量机油泵主、从动齿轮的啮合间隙。新机油泵齿轮啮合间隙为 0.05 mm,磨损极限值为 0.20 mm,如图 7.13(b)所示。

③检查主动轴的弯曲度:将机油泵主动轴支承在 V 形架上,用百分表检查弯曲度。如果弯曲度超过 0.03 mm,则应对其进行校正或更换。

④检查主动齿轮轴与泵壳的配合间隙:主动齿轮轴与泵壳配合的间隙应为 0.03 ~ 0.075 mm,磨损极限值为 0.20 mm;否则,应对轴孔进行修复,如图 7.13(c)所示。

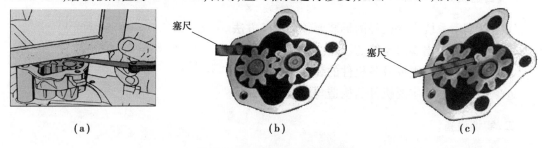

图 7.13　机油泵的间隙检查图

⑤检查泵盖:泵盖如有磨损、翘曲和凹陷超过 0.05 mm,应以车、研磨等方法进行修复。

⑥检查安全阀:检查安全阀弹簧有无损伤、弹力是否减弱,必要时予以更换。检查安全阀配合是否良好、油道是否堵塞、滑动表面有无损伤,必要时更换安全阀。

(3)机油泵的装配

机油泵的安装顺序基本上与拆卸及分解顺序相反,但应注意以下两点:

①更换所有的垫片。

②按规定力矩拧紧螺栓。

(4)机油滤清器的拆卸与安装

①用机油滤清器专用拆装工具拆下滤清器。

②安装滤清器时,应在密封圈上涂上干净的机油。

③用手轻轻拧紧机油滤清器直到感觉有阻力为止,再用专用工具重新拧紧机油滤清器3/4圈。

(5)可拆式滤清器的拆装

①拧开滤清器底部的放油螺塞,放出滤清器内的润滑油,然后从汽缸体上拆下滤清器总成。

②拆开卡箍,取出滤芯。检查滤芯上下密封圈,若有损伤应更换新件。更换滤芯时,需将新滤芯在清洁的润滑油中浸泡4 h以上。

③用汽油或煤油将滤清器外壳、端盖及油孔清洗干净并晾干。

④将新滤芯安装到外壳内,注满干净的润滑油后,使滤芯与端盖装合并用卡箍固定。

五、实训考核

①能正确进行润滑系统的油路分析。

②能进行机油泵的拆装和调整。

③填写作业单及实训报告。

④回答实践思考题。

习题与思考

1. 填空题

(1)汽车发动机润滑系统具有 _____ 、_____ 、_____ 、_____ 、_____ 等功能。

(2)润滑系统按润滑油供应方式不同,可分为 _____ 、_____ 、_____ 等。

(3)曲轴箱通风有 _____ 、_____ 两种方式。

(4)机油泵通常具有 _____ 、_____ 两种结构形式。

(5)滤清器根据其滤清能力不同一般有 _____ 、_____ 、_____ 、_____ 4种。

2. 简答题

(1)简述润滑系统的功用及组成。

(2)一般润滑油路中有哪几种机油滤清器,它们应该是串联还是并联? 为什么?

(3)桑塔纳2000型轿车发动机润滑系统是如何循环的?

(4)试分析发动机机油压力过高的原因。

(5)怎样诊断机油变质?

(6)机油压力过低怎样诊断处理,机油压力过高又应怎样诊断处理?

(7)机油消耗量过多应怎样诊断处理?

模块八
点火系统

==

点火系统是发动机能够保持持续运转的重要系统,它在合适的时候把混合气体点燃,使气体燃烧做功,柴油机是把燃料压燃的,所以没有点火系统,现代的点火系统发展迅速,目前大面积应用的是计算机控制点火系统。

==

知识要点

- 点火系统的分类及组成;
- 点火系统的工作原理;
- 计算机控制点火系统的工作原理及控制电路;
- 点火系统的检测方法。

学习目标

- 掌握点火系统的分类及组成;
- 了解电子点火的控制电路;
- 掌握计算机控制点火的结构原理及控制方法;
- 掌握点火系统的检测方法;
- 掌握点火系统的辅助控制。

案例导入

关于火花塞

一般用车者相信都会到维修站做一些基本的保养维修工作,如换机油、火花塞等,但是,是否认识到这些简单的东西,如果选择合理的话,对汽车的保护及性能将有很大的功用。

汽车改装的基本动作是从引擎的点火系统和进气系统着手。火花塞和高压导线就是点火系的首步改动。

火花塞俗称火嘴。它的作用是把高压导线(火嘴线)送来的脉冲高压电放电,击穿火花塞两电极间空气,产生电火花以此引燃汽缸内的混合气体。高性能发动机的基本条件:高能量稳定的火花、混合均匀的混合气、高压缩比。可见火花塞的重要程度。

大家常听说普通火嘴、白金火嘴、铱金火嘴,其实这是对火花塞电极材料的不同而区分出来的特殊称谓。一般汽车的原厂火花塞,其电极材料由镍锰合金制成(即普通火嘴),它们一般在行驶 10 000 km 或 1 年后都要进行检查或更换。而白金火花塞则可实现 10 万 km 内免检查更换,而近来才出现的铱金属火花塞同样能达到这样的水平。这给用车带来极大的方便,不过这里提醒一句,在修发动机时若没特别申明,修理厂是不会换上白金火花塞的,因为一只普通火花塞仅几十元,而原厂的白金产品则上百才有交易(一般只有奔驰、宝马一类高档轿车和部分丰田轿车才原厂配用白金火花塞),所以必须谨记普通火花塞的保养时限,并时常检查为妙(无非就是颜色、火花塞间隙等,此处不再赘述)。

白金、铱金火花塞的售价比较昂贵,毕竟是稀有金属。其实它们的分量很少,仅在两电极的尖端焊上一小丁点,不过不要小看这么一点。为什么要用稀有金属,正如前述所说,首先是耐用。汽缸在工作时,混合气压缩、燃烧产生极高的温度和压力,使火花塞电极温度高达 900 ℃左右,此时还要火花塞点火,电极上的高温程度可想而知。由于银、金的熔点太低所以不能用作电极材料,而镍则有接近 1 500 ℃的熔点且价格便宜,因此被广泛应用。白金则接近 2 000 ℃才被熔掉,其稳定性和抗烧蚀自然比镍要好。而新近出现的铱金材料则比白金有更高的熔点,所以更加适合高性能发动机长时间、高转速情况下使用。另外,化学特性比较稳定是稀有金属的本质,所以白金、铱金在极高转速的高温和高压下,依然能提供准时、强劲的火花。要知道在这种极限情况下,普通火花塞极有可能发出不稳定、不准时的火花,甚至有可能"失火",引擎的工作因此大打折扣。

明白为什么改装高性能火花塞之后,在改装火花塞时需结合自己车辆的情况和使用习惯,不要盲目跟风。

学习任务30　点火系统的认知

点火系统的基本功用是在发动机各种工况和使用条件下,在汽缸内实时、准确、可靠地产生电火花,以点燃可燃混合气。在汽油机工作中,能适时在燃烧室内产生电火花的装置,称为点火系统。柴油机中的燃料是柴油,其沸点和着火点都比较低,在压缩冲程末时就达到了其着火点,为压燃式内燃机,所以柴油机中没有点火系统。

情境1　点火系统的作用和要求

点火系统的性能对发动机的工作有十分重要的影响,为此要求点火系统必须在发动机各种工况和使用条件下,都能及时、可靠地点火。点火及时是要求点燃混合气的时间适当,汽油机最佳的点火时间应保证缸内最高压力点出现在压缩上止点后 10°~15°,此时发动机的性能最好。点火可靠是要求产生的电火花有足够的能量,以保证能点燃汽缸内的混合气。汽油机在工作中,点火系统点燃混合气的时间一般用点火提前角表示。点火提前角是指某汽缸的火花塞跳火到该汽缸活塞运行至压缩上止点时曲轴转过的角度。

点火系统应在汽油发动机各种不同工况和使用条件下,保证可靠而准确地点燃混合气。点火装置应满足以下 3 个基本要求。

（1）产生足以击穿火花塞间隙的高电压

汽车在行驶中，发动机在满载低速时需 8～10 kV 的高电压，启动时需要 19 kV，正常点火一般均在 15 kV 以上。为保证可靠点火，点火系统所能产生的最高电压必须总是高于火花塞的击穿电压。通常点火装置的设计能力为 30 kV。

（2）火花应具有足够的能量

为使混合气点燃可靠，火花应具有一定的能量。发动机正常工作时，由于混合气压缩终了的温度已接近其自燃温度，所需的火花能量很小（1～5 mJ）。传统点火系统能发出 15～50 mJ 的火花能量，足以点燃混合气。但在发动机启动、怠速及节气门突然急剧打开时，需较高的火花能量。为了保证可靠点火，一般应保证有 50～80 mJ 的点火能量，启动时应大于 100 mJ 的火花能量。

（3）点火时刻应适应发动机的工况变化

不同发动机有不同的最佳点火提前角，而且同一发动机在不同工况和不同使用条件下的最佳点火提前角也不相同。影响最佳点火提前角的因素有转速、负荷、汽油的辛烷值、混合气成分和进气压力等。为使发动机在把热能转换成机械能的过程中输出最大功率，点火系统必须适应上述因素的变化，实现在不同工况下的最佳点火提前角自动调节。

情境2　点火系统的分类及组成

在汽油发动机中，汽缸内的混合气是由高压电火花点燃的，而产生电火花的功能是由点火系统来完成的。点火系统将电源的低电压变成高电压，再按照发动机点火顺序轮流送至各汽缸，点燃压缩混合气；并能适应发动机工况和使用条件的变化，自动调节点火时刻，实现可靠而准确的点火。

汽油机点火系统按所用电源不同可分为磁电机点火系统和蓄电池点火系统。在发动机工作时，由蓄电池或发电机向点火系统提供电能的称为蓄电池点火系统，而由磁电机向点火系统提供电能的称为磁电机点火系统。车用汽油发动机均采用蓄电池点火系统，磁电机点火系统已经淘汰。

汽油机点火系统在产生电火花前，都必须将从电源获取的能量储存起来，以便在瞬间释放产生高压电火花。按储存能量的元件不同，汽油机点火系统又可分为电感储能式点火系统和电容储能式点火系统。电感储能式点火系统将点火能量以磁场能量的方式储存在电感线圈（点火线圈）中，电容储能式点火系统将点火能量以电场能量的方式储存在电容中。车用汽油机的点火系统一般都属电感储能式点火系统，在此对电容储能式点火系统不作介绍。

汽油机点火系统最主要的功能是控制点火提前角。按对点火提前角的控制方式不同，车用汽油机的点火系统可分为传统点火系统、普通电子点火系统和电控电子点火系统 3 种类型。

（1）传统点火系统

传统点火系统又称为机械触点式点火系统，它利用机械触点控制点火提前角，并利用机械离心装置和真空装置对点火提前角进行自动调节。发动机工作时，为保证点火顺序，传统点火系统利用分电器给各缸配电。

传统点火系统主要由电源、点火开关、附加电阻、点火线圈、分电器（包括断电器、配电器、点火提前机构）、电容器、火花塞等组成，如图 8.1 所示。

传统点火系统的电路可分为低压电路和高压电路。低压电路的作用是控制点火线圈初级电路的通断,使点火线圈内磁场产生突变而使点火线圈次级绕组产生高压电。低压电路主要包括蓄电池、电流表(有些车辆没有)、点火开关、附加电阻、点火线圈初级绕组、断电器、电容器等。高压电路的作用是在点火线圈初级电路被切断时生出高压电,击穿火花塞间隙,点燃可燃混合气。次级电路主要包括点火线圈次级绕组、中心高压线、配电器、分缸高压线、火花塞等。

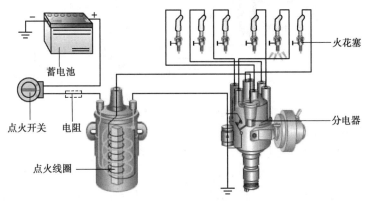

图 8.1　传统点火系统示意图

发动机工作时,由发动机凸轮轴以 1:1 的传动关系驱动分电器轴。分电器上的凸轮使断电器触点交替地闭合和打开。当触点闭合时,接通点火线圈初级绕组的电路;当触点打开时,切断点火线圈初级绕组的电路,使点火线圈的次级绕组中产生高压电;经火花塞的电极产生电火花,点燃混合气。

传统点火系统的结构简单、成本低,在汽油机上应用最早。传统点火系统在汽车上的使用已有近一个世纪的历史,但由于机械触点的存在导致其点火能量低、工作可靠性差、对火花塞积碳敏感、对无线电干扰大,已不能适应现代汽车发展的要求,点火性能好、工作可靠、点火提前角控制精度更高的电子点火系统和计算机控制点火系统已取代了传统点火系统,传统点火系统已经被淘汰。

(2)普通电子点火系统

普通电子点火系统的功能和工作原理与传统点火系统基本相同,只是控制点火提前角的元件用电子点火器取代了断电器,它利用三极管的导通和截止来控制点火线圈初级绕组回路的通断,而三极管的导通和截止则用点火信号发生器产生的信号来控制。普通电子点火系统仍保留了机械离心式和真空式点火提前角自动调节装置。

车用汽油机电感储能式普通电子点火系统,按点火信号发生器的结构原理不同,又分为电磁式、霍尔式和光电式 3 种类型。电磁式电子点火系统的点火信号发生器利用电磁感应原理产生点火信号,霍尔式电子点火系统的点火信号发生器利用霍尔效应原理产生点火信号,光电式电子点火系统的点火信号发生器利用光电效应产生点火信号。

电子点火系统主要由电源、点火开关、点火线圈、点火控制器、分电器(包括配电器、点火提前机构)、火花塞等组成,如图 8.2 所示。

当发动机工作时,信号发生器不断发出正、负(或高低)的点火电压信号,正(或高)电压信号使三极管导通,负(或低)电压信号使三极管截止。三极管导通时,接通初级电路,产生初级电流;三极管截止时,切断初级电路,使次级产生高压。

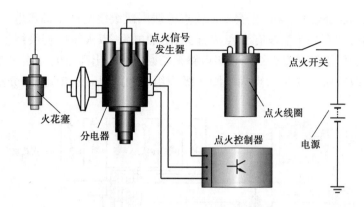

图 8.2 电子点火系统结构示意图

由于信号发生器所发出的信号电压往往较低,波形也不规则,一般不能直接控制三极管的导通与截止,因此在实际的点火电路中往往还有信号放大电路、信号整形电路及直流放大器,将信号发生器发出的点火信号放大,整理成标准方波,通过直流放大器将信号进一步放大,再用来控制三极管的导通与截止。通常将信号的放大电路、整形电路、直流放大器及大功率三极管等单独做成一个整体,称为点火控制器(点火模块、点火器)。在点火系统工作时,点火信号发生器产生出点火电压信号,将信号送入点火控制器,在点火控制器中,点火的电压信号经过信号放大、整形、直流放大,控制大功率三极管的导通与截止。接通与切断初级电路,完成点火功能,如图 8.3 所示。

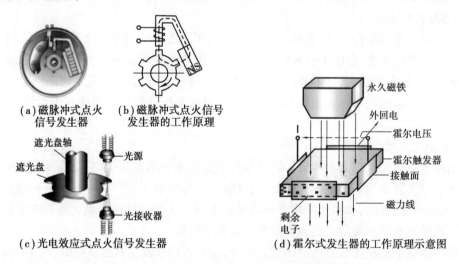

(a)磁脉冲式点火
信号发生器

(b)磁脉冲式点火信号
发生器的工作原理

(c)光电效应式点火信号发生器

(d)霍尔式发生器的工作原理示意图

图 8.3 电子点火系统点火发生器的工作原理图

这种电子点火系统虽然比传统的电子点火系统寿命延长很多,抗干扰能力强,又可以实现闭合角控制和恒流控制,但是它对点火提前角的控制有比较大的误差,不能实现精确控制,而且此种点火系统结构比较复杂,所以在轿车上,逐渐被计算机电控电子点火所取代,现代的汽车都是电子控制单元直接控制点火线圈点火。

(3)电控电子点火系统

在电控电子点火系统中,用 ECU(汽车中的计算机)来控制和修正点火提前角,甚至取消了分电器,取消机械装置,成为全电子点火系统。电控电子点火系统由于减少机械装置、点火控制器和信号发生器,与其他点火系统相比,不仅结构简单,而且点火提前角的控制精度更高,能量损失少,对无线电干扰小、工作可靠。

计算机控制点火系统主要包括各种传感器、电子控制单元(电控单元、ECU)、执行器(点火器、火线圈、火花塞)等,如图8.4所示。

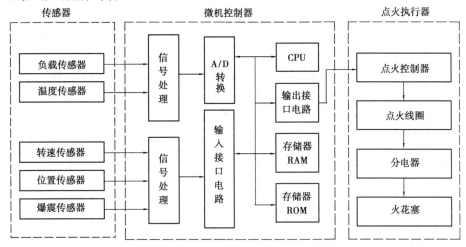

图8.4 有分电器的计算机控制点火系统图

传感器(包括各种开关)主要有空气流量计(或绝对压力传感器)、曲轴位置传感器、发动机转速传感器、节气门位置传感器、水温传感器、车速传感器、爆震传感器、空调开关信号等。

计算机控制单元的作用是根据发动机各传感器输入的信息及内存的数据,进行运算、处理、判断,然后输出指令(信号)控制有关执行器(如点火器)动作,实现对点火系统的精确控制。执行器根据计算机控制单元或其他控制元件的指令(信号),执行各自的功能。

电控电子点火系统除点火提前角控制功能外,还具有爆燃控制、通电时间控制等多种功能。随着汽车电子控制技术的发展和普及,电控电子点火系统的应用也越来越多,逐渐把电子点火取代。

本模块主要介绍电控电子点火系统(微机控制点火系统)。

学习任务 31 电控电子点火系统的结构与维修

情境 1 电控电子点火系统的结构及检测

在微机控制的电子点火系统中,由各种传感器检测发动机的工况信息,并送给 ECU 进行分析和计算。ECU 根据曲轴位置确定初始点火提前角,并根据发动机转速和负荷信号从存储器中调出基本点火提前角的原始数据,再根据进气温度、冷却液温度、节气门位置等传感器信号和各种开关信号,对基本点火提前角进行修正,最后 ECU 向点火控制器发出控制信号,使其在最佳时刻接通和断开点火线圈初级电路,在点火线圈次级绕组中产生高压电,使火花塞跳火,点燃混合气。

计算机控制点火系统具有以下特点:

①在所有的运行工况及各种运行环境下,均可自动获得最佳的点火提前角,使发动机在动力性、经济性、排放性及工作稳定性等方面均处于最佳状态。

②在整个工作范围内,均可对点火线圈的导通时间进行控制,使线圈中存储的点火能量保持恒定,不仅提高了点火的可靠性,同时又可有效地减少能源消耗,防止线圈过热。此外,该系统很容易实现在整个工作范围内提供稀薄燃烧所要求恒定点火能量的目标。

③采用闭环控制技术,可使发动机燃烧过程控制在接近爆燃的临界状态,以获得最佳的燃烧过程,有利于发动机各种性能的提高。

微机控制点火系统主要包括各种传感器、微机控制器(电控单元、ECU)、执行器(点火器、点火线圈、火花塞)等。传感器(包括各种开关)主要有空气流量计(或绝对压力传感器)、曲轴位置传感器、发动机转速传感器、节气门位置传感器、水温传感器、车速传感器、爆震传感器、空调开关信号等。

(1)微机控制器(ECU)

1)结构

微机控制器又称 ECU(Electronic Control Unit),"行车电脑""车载电脑"等,从用途上讲则是汽车专用微机控制器,也称汽车专用单片机,如图 8.5 所示,它和普通的单片机一样,由微处理器(CPU)、存储器(ROM,RAM)、输入/输出接口(I/O)、模数转换器(A/D)以及整形、驱动等大规模集成电路组成。电控单元的功用是根据其内存的程序和数据对各种传感器输入的信息进行运算、处理、判断,然后输出指令。其主要功能是接收来自各种传感器的信号,加以综合分析,计算出一个正确的点火时间,给点火线圈发指令进行点火。电控单元由微型计算机、输入、输出及控制电路等组成。

图 8.5　ECU 实物图

2)检测与维修

ECU 的电压工作范围一般为 6.5 ~ 16 V(内部关键处有稳压装置)、工作电流为 0.015 ~ 0.1 A、工作温度为 −40 ~ 80 ℃。能承受 1 000 Hz 以下的振动,因此 ECU 损坏的概率非常小,在 ECU 中 CPU 是核心部分,它具有运算与控制的功能,发动机在运行时,采集各传感器的信号,进行运算,并将运算的结果转变为控制信号,控制被控对象的工作。

它还实行对存储器(ROM,RAM)、输入/输出接口(I/O)和其他外部电路的控制;存储器 ROM 中存放的程序是经过精确计算和大量实车验证实验取得数据为基础,这个固有程序在发动机工作时,不断地与采集来自各传感器的信号进行比较和计算。用比较和计算的结果控制发动机的点火、空燃比、怠速、废气再循环等多项参数。它还具有故障自诊断和保护功能,当系统产生故障时,还能在 RAM 中自动记录故障代码并采用保护措施从上述的固有程序中读取替代程序来维持发动机的运转,使汽车能开到修理厂。如果确认 ECU 的输出电压不准或者没有输出,则直接更换 ECU。

(2)点火线圈

1)结构

点火线圈的作用是将电源提供的 12 V 低压电变成 15～30 kV 的高压电。点火线圈按磁路特点可分为开磁路和闭磁路两种类型。

①开磁路式点火线圈。开磁路式点火线圈的结构,如图 8.6 所示,主要由铁芯、初级绕组、次级绕组、导磁钢套、瓷座、外壳等组成。

点火线圈的中心是用硅钢片叠成的铁芯,在铁芯外面套上绝缘的纸板套管,纸质套管上绕有直径为 0.06～0.10 mm、11 000～26 000 匝的次级绕组;初级绕组用直径为 0.5～1.0 mm、绕 230～370 匝的高强漆包线,绕在次级绕组的外面,以利于散热。绕组和外壳之间装有导磁钢套,底部有瓷质绝缘支座,上部有绝缘盖,点火线圈内部浸以石蜡和松香的混合物,以增强绝缘,并防止潮气侵入。

②闭磁路式点火线圈。闭磁路式点火线圈由铁芯、初级绕组和次级绕组等组成,结构和外形如图 8.7 所示,图 8.7 也是目前轿车用的最广泛的点火线圈。

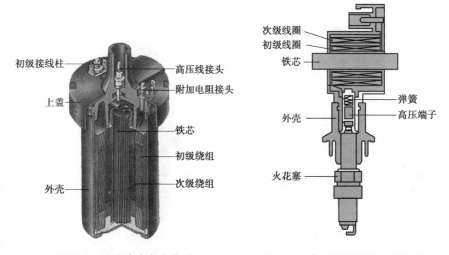

图 8.6 开磁路式点火线圈   图 8.7 常见的闭磁路式点火线圈

闭磁路式点火线圈有"口"字形和"日"字形之分。与开磁路式点火线圈不同的是绕组在铁芯中形成的磁通,通过铁芯形成闭合磁路,称为闭磁路式点火线圈。与开磁路式点火线圈相比,闭磁路式点火线圈具有漏磁少,磁路的磁阻小,能量损失小,其能量转换率可高达 75%(开磁路式点火线圈只有 60%)。其次,体积小,不仅结构紧凑,并可有效降低次级电容,在无触点的点火系统中被广泛采用。现代都采用闭磁路式点火线圈。

2)检测与维修

点火线圈应从以下两个方面检测:

①在点火开关闭合时,用万用表直流电压挡检查点火线圈初级绕组"+"接线柱是否为蓄电池电压。若无电压,则应检查蓄电池至点火线圈初级绕组"+"接线柱之间的导线是否断路。

②在点火开关断开时,用万用表电阻挡测量初级和次级绕组的电阻值,如果测出的电阻不在规定的范围之内,说明点火线圈内部有短路或断路的故障。但有时点火线圈的电阻符合要

求,但并不一定说明点火线圈的性能就一定良好,必要时,可将点火线圈从车上拆下后再进行性能测试试验。如果确认有故障,直接更换。

(3)火花塞

火花塞的工作条件极其恶劣,它要受到高压、高温以及燃烧产物的强烈腐蚀。因此,要求火花塞必须具有足够的机械强度、能够承受冲击性高压电的作用、能承受剧烈的温度变化且具有良好的热特性,并要求火花塞的材料能抵抗燃气的腐蚀。

1)结构

火花塞的结构如图8.8所示,中心电极用镍铬合金制成,具有良好的耐高温、耐腐蚀性能,中心电极做成两段,中间加有导电玻璃,由于导电玻璃和瓷绝缘体的膨胀系数相近,因此,导电玻璃主要起密封作用。

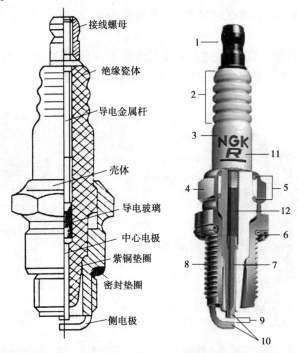

图 8.8　火花塞的结构图
1—接线螺母;2—高氧化铝陶瓷绝缘体;3—商标;
4—钢质壳体(六角形);5—内垫圈(密封导热);
6—密封垫圈;7—中心电极导电杆;8—火花塞裙部螺纹;
9—电极间隙;10—中心电极和侧电极;
11—型号;12—去干扰电阻

火花塞的热特性指火花塞裙部的温度特性。实践证明,火花塞裙部温度保持在 500 ~ 600 ℃时,落在绝缘体上的油滴能立即燃烧,通常称这个温度为火花塞的自净温度。

火花塞的热特性主要取决于绝缘体裙部的长度,分成热型火花塞和冷型火花塞,如图8.9所示。根据我国工业和信息化部公布的汽车行业标准《道路车辆火花塞产品型号编制方法》的规定,火花塞型号由3部分组成:

第1部分为字母,表示火花塞的结构类型及主要形式尺寸,选取部分火花塞类型及尺寸见

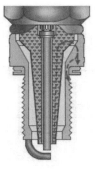
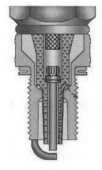
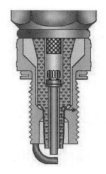

　　(a)低热值火花塞　　　　(b)中热值火花塞　　　　(c)高热值火花塞

图8.9　不同热特性的火花塞

表8.1。

　　第2部分为阿拉伯数字,表示火花塞热值,见表8.2。

　　第3部分为汉语拼音字母,表示火花塞派生产品、结构特性、材料特性及特殊技术要求等,见表8.3。

表8.1　火花塞结构类型及主要形式尺寸

代表字母	螺纹规格	安装座形式	螺纹旋合长度/mm	六角对边/mm
J	M8×1	平座	19	16
W	M9×1	平座	19	16
A	M10×1	平座	12.7	16
B	M10×1	平座	19	16
CZ	M12×1.25	锥座	11.2	16
DZ	M12×1.25	锥座	17.5	16
C	M12×1.25	平座	12.7	17.5
D	M12×1.25	平座	19	17.5
CH	M12×1.25	平座	26.5	17.5
DE	M12×1.25	平座	12.7	16
DF	M12×1.25	平座	19	16
DK				
DH	M12×1.25	平座	26.5	16
VH	M12×1.25	平座	26.5	14
E	M14×1.25	平座	12.7	20.8
F	M14×1.25	平座	19	20.8
FH	M14×1.25	平座	26.5	20.8
H	M14×1.25	平座	11	20.8
KE	M14×1.25	平座	12.7	16
K	M14×1.25	平座	19	16
KH	M14×1.25	平座	26.5	16

227

表 8.2　不同热值的火花塞

热值代号	1	2	3	4	5	6	7	8	9	10	11
热特性	热型↔冷型										

表 8.3　火花塞特征及其代表数字或字母

字母或数字	代表特征	字母或数字	代表特征
R	电阻型火花塞	N	铱金电极
B	半导体型火花塞	S	银电极
H	环状电极火花塞	V	V 形槽中心电极
Y	沿面放电型火花塞	U	U 形槽侧电极
F	半螺纹	X	点火间隙 1.1 mm 及以上
E	绝缘体突出型点火位置 3 mm	0	加强的中心电极
L	绝缘体突出型点火位置 4 mm	1	细电极
K	绝缘体突出型点火位置 5 mm	2	快热结构
Z	绝缘体突出型点火位置 7 min	3	瓷绝缘体涂硅胶
T	绝缘体突出型点火位置 3 mm 以下	4	整体接线螺杆
D	双侧极	5	—
J	三侧极	6	—
Q	四侧极	7	—
C	Ni-Cu 复合电极	8	—
P	铂金电极	9	—
G	钇金电极	—	—

2)检测与维修

火花塞常见故障有过热、积碳、电极烧蚀、绝缘体破裂、侧电极开裂等,如图 8.10 所示。

(a)积碳　　　　　　(b)电极烧损　　　　　　(c)提前点火和过热　　　　　　(d)爆震

图 8.10　火花塞积碳图

①火花塞的清洁。清洁火花塞主要包括清理螺纹积垢、清洗火花塞表面和清除火花塞积

碳等。清除火花塞积碳的正规做法应在火花塞清洁试验器上进行。

②火花塞电极间隙的检查。火花塞电极间隙应采用如图8.11所示的圆形量规测量,不宜使用厚薄规测量,因为当侧电极上制有凹坑时,厚薄规不能测量出真实间隙值。火花塞间隙不当时,应用特制的调整测量工具弯曲侧电极进行调整,如图8.11所示。

(4)传感器

1)原理

计算机控制点火系统又一重要的元件是传感器,传感器负责采集发动机或者汽车当前的运行参数,并把该参数以电压、电流或者电磁形式传给ECU。传感器是汽车计算机系统的输入装置,它把汽车运行中各种工况信息,如车速、各种介质的温度、发动机运转工况等,转化成电讯信号输给计算机,以便发动机处于最佳工作状态。

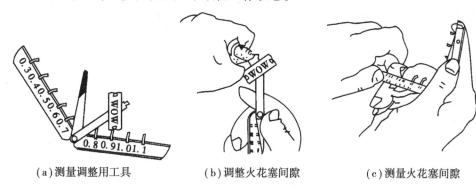

(a)测量调整用工具　　　(b)调整火花塞间隙　　　(c)测量火花塞间隙

图8.11 火花塞检测图

发动机微机点火系统常用的传感器有以下几种:

进气压力传感器:反映进气歧管内的绝对压力大小的变化,是向ECU(发动机电控单元)提供计算喷油持续时间的基准信号。

空气流量计:测量发动机吸入的空气量,提供给ECU作为喷油时间的基准信号。

节气门位置传感器:测量节气门打开的角度,提供给ECU作为断油、控制燃油/空气比、点火提前角修正的基准信号。

曲轴位置传感器:检测曲轴及发动机转速,提供给ECU作为确定点火正时及工作顺序的基准信号。

氧传感器:检测排气中的氧浓度,提供给ECU作为控制燃油/空气比在最佳值(理论值)附近的基准信号。

进气温度传感器:检测进气温度,提供给ECU作为计算空气质量的依据。

冷却液温度传感器:检测冷却液的温度,向ECU提供发动机温度信息。

爆震传感器:安装在缸体上专门检测发动机的爆燃状况,提供给ECU根据信号调整点火提前角。

【扩展知识8.1】

双火花塞点火系统

自2003年初,德国宝马公司在新型R1100S、R1150GS、R1150R、R1150RS和R1150RT等双缸摩托车上都应用了"双火花塞点火"新技术。宝马公司称,这种"双火花塞点火"技术可以进一步改善尾气排放、增强车的稳定性,并且在发动机的大范围运转过程中,使燃烧趋于一致。

这次改进是为新的排放标准作准备,包括欧Ⅱ、欧Ⅲ标准,同时,这一技术还使提高发动机的效率成为可能,主要表现在燃料消耗量的减少上。

扩展图8.1 双火花塞的基本结构图

(1)双火塞点火系统的基本结构

扩展图如图8.1所示,双火花塞点火系统是在半球形燃烧室两侧对称布置两个同型号火花塞,这两个火花塞与燃烧室中心的距离相等,发动机急速或低速运行时仍采用单火花塞点火;正常工作后,两个火花塞同时点火,不仅火焰传播距离缩短了一半,而且两个火花塞同时着火爆炸燃烧,急速形成较强烈的涡流,大幅度加快了火焰的传播速度。宝马公司采用这种缩短燃烧室火焰传播距离的方法进行燃烧,也称为"双火花塞点火急速燃烧法"。

现有摩托车发动机90%以上采用半球形燃烧室、平顶活塞、中央单火花塞燃烧系统。燃烧时,火焰从燃烧室中央火花塞点火,火核一直向燃烧室边缘传播,火焰传播距离较短,可以使缸内迅速燃烧,这种燃烧室面容比最小,缸壁出现淬冷的机会较少,C_xH_y 排放较低。这种燃烧室无疑是均匀燃烧概念中最成熟可靠的方案,燃烧室的加工也是容易的。但就是因为均匀燃烧的局限,在使用同种燃油时无法达到更高的压缩比,混合气的均匀性也大大影响了燃烧性能,因为事实上,燃烧室是得不到理想的均匀混合气的。这种燃烧系统要求混合气空燃比(A/F)约14.8∶1,瞬间工况还要低得多,燃油根本无法完全燃烧,热效率较低,排气污染物也多。因此,这种燃烧系统已无法适应新时代的要求。新型双火花塞点火燃烧系统抛弃了均匀燃烧概念,而追求速燃和稀燃,使混合气形成得更合理。

(2)双火花塞点火的突出优点

使用双火花塞点火系统后,有以下突出优点:

①根据能量转化的原理,混合气在压缩到上止点时点火,并瞬间燃烧干净,热量利用率最高。采用双火花塞点火后,两个火花塞同时点火使混合气爆炸燃烧,急速形成较强烈的涡流,大幅度加快了火焰的传播速度,同时火焰传播距离缩短1/2,燃烧所用的时间也相应缩短,大幅度提高了热量利用率。

②由于燃烧时间缩短,最大扭矩的点火提高角可以显著推迟,因此,点火时,燃烧室混合气的温度和压力都较高,有利于着火和速燃。

③混合气在燃烧室内无论在空间和时间上都是不均匀的,因此存在电火花点火的着火概率问题,而两个火花塞同时点火,可使着火概率提高一倍。在稀燃发动机中,利用双火花塞的高能点火也是有利的。

④可实现稳定燃烧。

上述4个优点带来的结果,会使发动机的油耗和排放大幅度地降低。

(3)双火花塞与排气再循环戒烟点火

近年来,随着环保法规的日益加严,以及石油资源紧缺的日益突出,节约能源、降低排放已成为全世界关注的焦点。始终领导世界科技新潮流的宝马公司,率先将双火花塞点火新技术与排气再循环联姻应用到宝马系列摩托车上。

扩展图如图8.2所示是双火花塞与废气再循环联姻点火示意图。当活塞1上升上止点,将新鲜可燃混合气压缩至终点后,两个火花塞2同时点火,使混合气急速爆炸燃烧,推动活塞1下行做功,待排气门打开后,一小部分高温高压排放废气从排气管4上的开口高速流入排气再循环控制阀5,排气再循环控制阀5根据摩托车行驶速度、负荷等不同的工况,控制废气排放率,即控制废气引入量,然后通过进气管3上的开口进入汽缸,人为地将一小部分排放的废气的引入燃烧室。

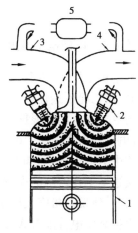

扩展图8.2　双火花塞与废气再循环联姻点火示意图

1—活塞;2—火花塞;3—进气管;4—排气管;5—废气再循环控制阀

采用排气再循环装置原本就是当今世界上降低废气排放的有效措施之一,特别有利于大幅度减少很难处理的NO_x的排放量,而双火花塞点火新技术与排气再循环(EGR)联姻后,不但NO_x排放量可大幅度降低(40% ~ 70%),而且更有利于节油。因为它可以减少节流损失,可以降低燃烧温度而减少冷却损失,可以使参与燃烧过程的气体数量增加,使工况质量组成发生变化,改变工况质量的绝热指数,使热效率提高。双火花塞点火,不仅增进排气再循环的节油作用,同时,还加快燃烧速度,缩短燃烧时间,提高等容度。因此,使用双火花塞点火新技术后可使废气再循环率大幅度提高15% ~ 20%,在燃烧稀混合气的情况下,实现大幅度节油。试验结果表明,把点火时刻调节到最佳扭矩,最小点火提前角,最低NO_2排放量时,双火花塞点火与常规发动机比较,比油耗可大幅度降低10%以上。

扩展图如图8.3所示是双火花塞与排气再循环联姻点火系统简图,其初级低压电路由蓄电池、点火开关和两个点火线圈组成。两个点火线圈的次级高压线分别接分电器的两个输入端。该分电器与一般分电器不同,具有一个凸轮轴和两套触点。控制电器的作用是当车子挂挡而车速低于40 km/h,进气管真空度达到某规定值时,根据变速器开关和真空开关送来的信号,断开废气再循环控制阀电源,停止废气再循环,防止低速、低负荷行驶时继续引入排放废气,使燃烧恶化;与此同时断开排气门一侧火花塞点火线圈的低压电源,使该火花塞停止点火(低速低负荷运行时,排气再循环系统不工作,浓混合气容易着火燃烧,为防止爆燃和节省电能,必须关闭),这时发动机变为一个火花塞点火运行。

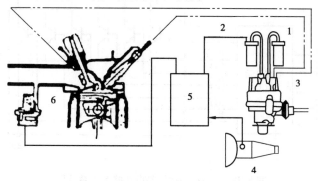

扩展图8.3　双火花塞与排气再循环联姻点火系统简图

1—点火线圈;2—高压线;3—分电器;4—变速器开关

当车子正常行驶,车速高于40 km/h时,根据变速器开关和真空开关送来的信号,接通废气再循环控制阀电源,使系统重新工作;同时接通排气门一侧火花塞点火线圈的低压电源,两个火花塞同时工作。

情境2　电控电子点火系统的控制原理

发动机工作时,ECU 根据接收到的各传感器信号,按存储器中存储的有关程序和相关数据,确定该工况下最佳点火提前角和点火线圈初级电路闭合角(通电时间),并以此向点火器发出指令。点火器则根据 ECU 的指令,控制点火线圈初级电路的导通和截止。当电路导通时,有电流从点火线圈中的初级电路通过,点火线圈将点火能量以磁场的形式储存起来。当初级电路中的电流被切断时,在其次级线圈中将产生很高的感应电动势(15～30 kV),经分电器或直接送至工作汽缸的火花塞。点火能量经火花塞瞬间释放,产生的电火花瞬间点燃汽缸内的混合气,使发动机完成做功过程。

根据高压电分配方式的不同,无分电器电控点火系统可分为点火线圈配电方式和二极管配电方式两种类型。

(1)点火线圈配电方式

无分电器电控点火系统是将来自点火线圈的高压电直接分配给各缸火花塞。点火线圈配电方式又分为独立点火方式和同时点火方式两种类型。

1)独立点火方式

独立点火方式如图8.12 所示。其特点是每缸一个点火线圈,即点火线圈数量与汽缸数相等。

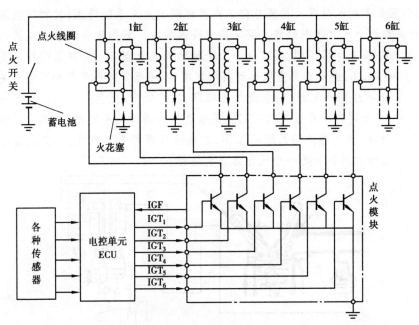

图 8.12　独立点火方式的电控点火系统图

因为每缸都有各自独立的点火线圈,所以即便发动机的转速很高,点火线圈也有较长的通电时间(大的闭合角),可提供足够高的点火能量。与有分电器电控点火系统相比,在发动机转速和点火能量相同的情况下,单位时间内通过点火线圈初级电路的电流要小得多,点火线圈不易发热,且点火线圈的体积又可以非常小巧,一般直接将点火线圈压装在火花塞上。

独立点火方式的电控点火系统取消了分电器和高压线,所以能量传导损失、漏电损失小,分火性能较好,且各点火线圈和火花塞均由金属层包覆,对无线电干扰大大减少,但其结构和控制电路复杂。

2)同时点火方式

同时点火方式如图8.13所示。其特点是两个活塞同时到达上止点位置的汽缸(一个为压缩行程的上止点,另一个为排气行程的上止点)共用一个点火线圈,即点火线圈的数量等于汽缸数的一半。

以六缸发动机为例,1缸与6缸、2缸与5缸及3缸与4缸的活塞分别同时到达上止点,称为同步缸,两同步缸共用一个点火线圈,两个缸的火花塞与共用的点火线圈中的次级线圈串联。当点火线圈初级电路断电时,一个汽缸接近压缩行程的上止点,火花塞跳火可点燃该缸的混合气,称为有效点火;而另一个汽缸接近排气行程的上止点,火花塞跳火不起作用,称为无效点火。由于处于排气行程汽缸内的压力很低,加之废气中导电离子较多,其火花塞很容易被高压电击穿,消耗的能量就非常少,所以不会对压缩行程汽缸点火产生影响。

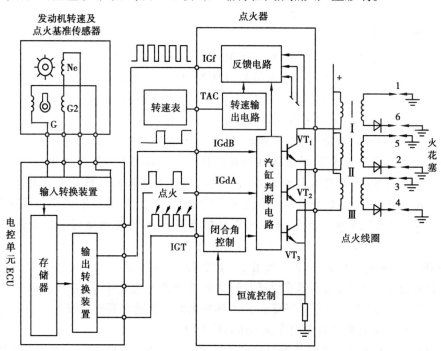

图8.13　同时点火方式的电控点火系统图

这种点火方式采用两个火花塞共用一个点火线圈且同时点火,故只能用在汽缸数为双数的发动机上。与独立点火方式相比,同时点火方式的系统结构和控制电路相对简单,所以应用也比较多。但由于系统中保留了点火线圈与火花塞之间的高压线,能量损失略大。此外,串联在高压回路中的二极管,可防止点火线圈初级电路导通的瞬间所产生的次级电压(1 000 ~ 2 000 V)加在火花塞上发生误点火。

【扩展知识8.2】

电容放电式蓄电池点火系统(CDI)

电容放电式蓄电池点火系统是电子点火系统之一,被广泛应用在摩托车、除草机、电锯、小型引擎、涡轮动力飞行器和一些汽车上。为了缩短点火线圈（高压线圈）的二次电压产生时间，让点火系统更适合用在高转速的引擎上（如小型引擎、赛车引擎和转子引擎），采用了电容器充电储存所需的电量，并在需要时一口气放出电流经过点火线圈，使其产生高压电触发火花塞点火。

电容放电式点火系统（CDI）的历史可追溯到20世纪50年代电子点火系统的萌芽时期，第一个把CDI使用在机车产品上的制造商是川崎机车。在20世纪60年代，美国政府公布了更严格的油耗与排气标准，加速了电子点火系统的发展。在20世纪70年代，许多小型引擎装置CDI取代了使用多时的接点式点火系统（使用白金接点控制点火时刻），这其中也包含在全世界热卖的本田小狼机车（Honda Cub，在中国台湾是授权三阳机车生产组装，产品名称为金旺）。

大多数的车辆是使用感应放电式点火系统（晶体管点火系统），这是以电瓶（或发电机）做电源，利用晶体管电路把电压放大，在需要点火时的瞬间切断点火线圈的一次电流导致点火线圈的磁场崩溃，让二次线圈产生高压电的方法。在CDI系统中，充电电路对电容充电，当点火触发信号传到CDI时则停止充电并使电容放电，让储存在电容的高压电流向点火线圈产生足以触发火星塞点火的高压电。

根据CDI所接的电源不同，大致可分为AC-CDI和DC-CDI两类。

AC-CDI（电容放电式磁电机点火系统），使用发电线圈（发电机或磁电机）当作CDI输入电源，这是比较传统也是市面上常见的CDI种类。一个CDI模组里包含了充电电路（整流器）、触发电路（Silicon-Controlled Rectifier，SCR）和一个主电容。首先，发电线圈输出激磁信号（交流电），然后让电流经过充电电路（整流器）将交流电转为半波直流电对主电容充电；当触发电路接收到点火正时信号后（由发电线圈发出脉冲波到触发电路），触发电路会停止充电电路的运行让电容放电（SCR连接接地线路），并迅速地让电流流向低感应系数的点火线圈，这会让一次线圈300~400 V的电压（由刚刚放电的电容提供）经过变压让二次线圈产生高达40 000 V高压电对火花塞触发点火；当点火正时信号停止后，充电电路将会重新连接（触发电路停止运作，也就是SCR断路），并再度对主电容充电。

AC-CDI点火系统结构简单、价格便宜、使用方便。但由于是发电机直接供电，电容器的电压受发电机转速影响较大，电容器在低速及高速状态下充电能量不足，导致点火能量偏弱，容易造成冷车发动困难，高速性能下降等。为了解决电容在低速及高速时充电能量不足的问题，许多中高级摩托车采用直接供电的直流CDI（DC-CDI）。

DC-CDI（在中国内地又称为电容放电式蓄电池点火系统）使用（蓄）电瓶当作CDI输入电源。如此一来，发电线圈（发电机、发动机）便会减少一组高压绕线（降低加工成本，但点火信号仍由发电机提供），且可降低磁阻造成的引擎负载达到更精准的点火正时（点火时间）；另一方面也改善点火不会因引擎转速变化造成不稳之情形。而所要增加的便是CDI模组内部线路的复杂度，模组内最主要的是多了一个小型变压器，它会将蓄电池12 V的电压升压为300 V左右的高压电向主电容器充电，这也让CDI模组的成本和体积比AC-CDI还要大。

CDI主要的优缺点：

CDI能让二次电压急升快，点火火花更稳定也更强大，让点火正时不会偏移，但是白金接点式会有接点磨耗的问题，高转时利用转速与电压成正比的特性提早触发SCR（硅控整流器）做功，达到点火提前的目的。但放电时间短，在引擎转速低或混合比较稀时，火花要持续一段时间才能确实点火；正因如此，高压线组需按引擎之特性来搭配。

学习任务 32　点火控制

情境 1　点火提前角控制

(1) 点火提前角的控制原理

在发动机控制系统中，点火控制包括点火提前角控制、通电时间控制和爆燃控制 3 个方面。与传统的触点式点火系统相比，普通无触点电子点火系统在提高点火能量、改善工作特性方面有很大优势。

汽油发动机从点火时刻起到活塞到达压缩上止点这段时间内曲轴转过的角度称为点火提前角。

混合气从点燃、燃烧到烧完有一个时间过程，最佳点火提前角的作用就是在各种不同工况下使气体膨胀趋势最大段处于活塞做功下降行程。这样效率高，震动小，温升低。影响点火提前角最大的因素是转速，随着转速的上升，转过同样角度的时间变短，只有更大的提前角才能得到相应的提前时间。

理论上最小点火提前角为 0°，但为了防止在做功行程才点燃混合气（这样会造成动力的损失），往往将点火提前角设为 5°以上，这也是启动转速所需要的角度。最大点火提前角也不能太大，一般不能超过 60°，否则震动和温升问题将凸显，效率也将下降。

点火过早，会造成爆震，活塞上行受阻，效率降低，热负荷、机械负荷、噪声和震动加剧，这是应该防止的。点火过晚，气体做功困难，油耗大，效率低，排气声大。不论点火过早或过晚，都会影响发动机的工作效率。除了发动机转速外，最佳点火角还受很多其他因素影响：

①缸温缸压越高，混合气则燃烧越快，点火提前角就越小。影响缸温缸压的因素有发动机压缩比、气温、缸温、负荷等。

②汽油辛烷值，也就是汽油标号，其标号越高表示汽油的抗爆震能力越强，相应允许更大的点火提前角。

③燃气混合比，过浓过稀的混合气，燃烧速度都比较慢，需增加点火提前角，而燃气混合比主要看节气门开度、海拔高度等。

汽车的发动机上都加装了爆震传感器，当检测到发生爆震时，发动机电脑会控制点火系统减小点火提前角。要完成相对复杂、精确地控制，靠传统的机械式点火器是难以胜任的。只有微机点火器，才能高速、精确、稳定地实现最佳点火提前角。

(2) 点火提前角的计算

在微机控制点火系统中，最佳点火提前角通常包括初始点火提前角、基本点火提前角和修正点火提前角。而各车型实际点火提前角的确定（计算）方法有所不同，目前主要有两种类型：

丰田车系：实际点火提前角 = 初始点火提前角 + 基本点火提前角 + 修正点火提前角

其他车系：实际点火提前角 = 基本点火提前角 × 点火提前角修正系数

下面以丰田车系来说明初始点火提前角、基本点火提前角和修正点火提前角。

1）初始点火提前角

初始点火提前角主要用在发动机启动时，与发动机工况无关，这是因为发动机刚启动时，其转速较低（一般认为在 500 r/min 以下），且进气流量信号或进气歧管压力信号不稳定。此时可由 ECU 根据所控制的发动机工作特性预置一个固定的点火提前角，称为初始点火提前角。也就是说，ECU 检测到发动机处于启动期间，就按预置的初始点火提前角控制各缸点火。

此时，ECU 检测的控制信号主要是发动机转速信号（Ne）和启动开关信号（STA）。初始点火提前角的设定因发动机而异，但一般为压缩行程中活塞到达上止点前 10°左右。

2）基本点火提前角

基本点火提前角是由发动机 ECU 根据发动机的转速和负荷所确定的点火提前角，是发动机运行过程中最为主要的点火提前角，如图 8.14 所示。

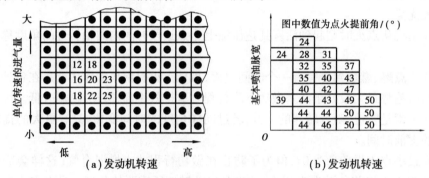

图 8.14　基本点火提前角确定图

基本点火提前角按两种情况确定：

①怠速时的基本点火提前角：怠速时 ECU 根据发动机转速和空调开关是否接通确定基本点火提前角，在空调工作时为 8°，在空调不工作时为 4°。

②正常行驶时的基本点火提前角：该基本点火提前角由电脑根据发动机的转速和负荷信号从内部存储器中选出。

发动机在各种工况下的最佳基本提前角通过大量的台架试验得出，将试验数据优化后作出了如图 8.15 所示的点火提前角控制脉谱图（MAP），并将其存储在电子控制单元的存储器中，发动机在运行过程中，ECU 通过发动机转速和负荷传感器获得发动机的工况信息，根据发动机所处的工况，从存储的数据中得出最佳的点火提前角。

基本点火提前角随发动机转速升高而增大，随进气流量（或进气歧管压力）增加而减小。在怠速工况下，节气门开度传感器怠速触点闭合，此时 ECU 根据发动机转速和空调开关是否接通确定基本点火提前角。

3）修正点火提前角

为使实际点火提前角适应发动机的运转状况，以便得到良好的动力性、经济性和排放性，必须根据相关因素（冷却液温度、进气温度、开关信号等）适当增大或减小点火提前角，即对点火提前角进行必要的修正。修正的项目如下：

①暖机修正。当发动机启动后，在冷却水温度较低时，应增大点火提前角，以使发动机尽快暖机，控制暖机修正量的主要信号有冷却水温度信号、进气流量信号和节气门开度信号。

②过热修正。发动机正常运行时，为防止发动机冷却水温过高而导致发动机过热，应减小

点火提前角。控制过热修正量的主要信号有冷却水温度信号和节气门开度信号。

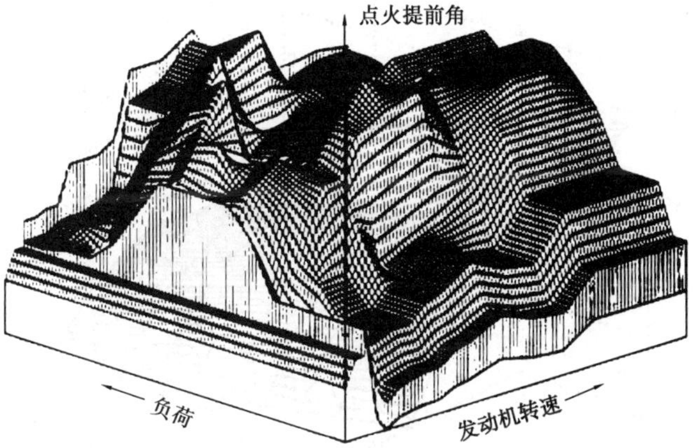

图8.15　点火提前角随负荷和发动机转速的 MAP 图

③怠速稳定性修正。发动机在怠速运行期间，由于发动机负荷变化，会引起发动机转速改变而偏离怠速下设定的目标转速。为了能保持怠速下稳定运转，就必须相应地修正点火提前角。当检测到的实际转速低于怠速目标转速时，应相应增大点火提前角。相反，当检测到的实际转速高于怠速目标转速时，应相应减小点火提前角。控制怠速稳定性修正的主要信号有发动机转速信号、节气门开度信号、车速信号、空调信号等。

④空燃比反馈修正。进行空燃比反馈控制时，根据氧传感器的反馈信号调整喷油量来达到理论空燃比，这种喷油量的变化必然引起发动机转速变化。为了稳定发动机转速，点火提前角需根据喷油量的变化进行修正。当喷油量增大时，应相应减小点火提前角；反之，当喷油量减小时，则相应增大点火提前角。

发动机每转一周，ECU 计算处理后就输出一个提前角信号。因此，当传感器检测到发动机转速、负荷、水温发生变化时，ECU 就自动调整点火提前角。

当 ECU 确定的点火提前角超过允许的最大（35°～45°）或最小（-10°～0°）时，发动机很难正常运转，此时 ECU 将以最大或最小点火提前角允许值进行控制。

情境2　通电时间控制

在传统的蓄电池点火系统中，断电器触点的开闭是由分电器轴上的凸轮控制的。分电器的凸轮决定了断电器触点的闭合角度。当发动机转速一定时，断电器触点的闭合时间，即点火线圈一次线圈的通电时间就是一定的，而且通电时间随发动机转速的提高而缩短。

现代电子点火系统中，由于不再使用断电器，分电器也基本不用，取而代之的是灵敏可靠的点火正时传感器（即曲轴位置传感器）和晶体管开关。因此，闭合角是指初级线圈的通电时间所对应曲轴的转角。通常用初级线圈的通电时间来表示。

因此，通电时间的长短可以通过 ECU 进行控制。其控制模型如图8.16所示。由图可知，闭合角是电源电压和发动机转速的函数。电源电压越高，所需的闭合时间越短；发动机转速越高，所需的闭合时间越长。

闭合角控制电路的作用是根据发动机转速和蓄电池电压调节闭合角，以保证足够的点火能量。在发动机转速上升和蓄电池电压下降时，闭合角控制电路使闭合角加大，即延长一次侧电路的通电时间，防止一次侧储能下降，确保点火能量。

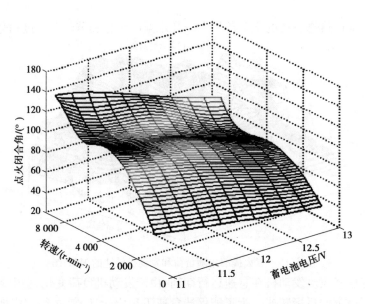

图 8.16　闭合角控制 MAP 图

当电源供电电压变化时,会影响初级绕组断开电流的大小,当电压下降时,在相同的通电时间内初级绕组电流所能达到的值会减小,此时应较早地将初级绕组电路接通,即增大通电时间(闭合角)。微机控制点火系统对闭合角进行控制时,其 ECU 的内存中储存了根据电源电压和发动机转速确定的点火闭合角三维数据表格。在发动机的实际工况中,ECU 通过查找这个表格内的数据,就可计算确定出最佳的点火闭合角。

情境 3　爆燃控制

在传统点火系统和无爆燃控制点火系统中,为防止爆燃的发生,其点火时刻的设定远离爆燃边缘。这样势必降低发动机效率,增加燃油消耗。而具有爆燃控制的点火系统,点火时刻到爆燃边缘只留一个较小的余量。或者说,就在爆燃界面上工作,既控制了爆燃的发生,又能更有效地得到发动机的输出功率。

若用发生爆震的循环次数与实际工作循环的次数之比值(爆震率)来衡量爆震强度,可以定量地把爆震分为 4 个等级:

①爆震率在 5% 以下时为微爆震。

②5% ~ 10% 为轻爆震。

③10% ~ 25% 为中爆震。

④25% 以上为重爆震。

当发动机出现 1% ~ 5% 的轻微爆震时,其动力性、经济性接近最佳值,5% 为爆燃控制的临界点。闭环控制方式即按轻微爆震来确定最佳点火提前角。

爆震传感器将发动机的爆震状况反馈给 ECU,一旦爆震程度超过规定的标准,ECU 立即发出点火系统推迟点火指令;当爆震程度低于规定的标准时,ECU 又会将点火时刻提前,循环调节点火时刻的结果,使发动机始终处于临界爆震的工作状态,如图 8.17 所示。

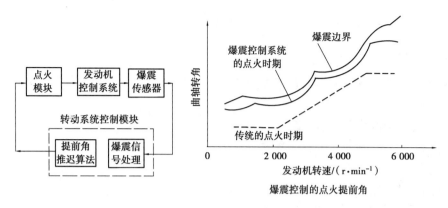

图 8.17　爆燃控制图

【扩展知识 8.3】

偏时点火系统

偏时点火系统(即无点火系统),英文为"Miss Firing System"。很多人都知道涡轮增压的车子是由引擎的废气带动涡轮把空气输入引擎增加马力。

但是因为比赛用的车辆与改装过的车辆往往是用特大号的涡轮来增加马力,但也因为涡轮质量增加的关系,造成引擎加速反应变得迟钝,因为较重的涡轮叶片须要更多时间与废气的能量来推动叶片的加速以及增压,这就是所谓的涡轮迟滞(Turbo Lag)。

一般道路上行驶的涡轮增压车,因为都是使用较小的涡轮叶片,造成涡轮迟滞的现象比较轻微,而且只要习惯就好了,但是在分秒必争的赛车场上这种现象是不允许的,三菱开发的偏时点火系统的主要目的就是减少涡轮迟滞。

其实这一系统只是在计算机上做功夫,在驾驶员松油门或是没有踩油门时,比如说,转弯或减速时,计算机会命令汽车的供油系统射入大量的汽油进入引擎,但是不会点火,直接让这些雾状的汽油在未经燃烧的情况下,经过引擎直接进入温度极高(800～900 ℃)的排气系统。

当雾状的汽油进入之后会因为碰到高温自动引爆。产生出来的压力会冲向唯一的出口推动涡轮增压器的叶片持续加速,让车子即使在减速的情况下也能维持涡轮叶片的转速(14 000～20 000 r/min),使涡轮迟滞的现象消失,让车子有涡轮增压的马力及自然进气的反应。

另外,高挥发性的汽油进入引擎及排气系统时能有效降低引擎和涡轮增压器的温度。这就是为什么涡轮增压车需要燃烧很浓的油气,虽然造成耗油但会降低涡轮增压器的高温,增加引擎耐用度。

但长时间使用对排气系统有极大损耗,非赛车用途等车不适合改装。

实践训练 15　点火系统的检测与认知

一、目的及要求

①认识点火系统的组成及各个组件的工作原理。
②掌握点火系统的作用及主要部件的名称及安装位置。

③掌握点火线圈、高压线等点火系统组件的检测方法。

二、实训设备

①整车,套装工具及汽车专用万用表,试灯等。
②汽车示教台,KT600 解码器。
③相关教具、录像片及教学挂图。

三、实训内容

①在汽车上找出点火系统各个组件的位置。
②对点火系统各组件进行检测。

四、实训步骤

①对汽车上的点火线圈、高压线、火花塞进行检测。
②根据维修手册,用汽车专用万用表测量初级线圈和次级线圈的阻值,并检测高压线的阻值,根据发动机点火系统工作原理检测相关传感器的阻值。
③检测完后,把点火系统复位,检验有无运行问题。
④3~5 人一组,把全班分成若干组,完成以上内容,针对有异议的问题讨论并请教老师协助解决。

五、实训考核

①认识点火系统各部件名称、安装位置及工作原理。
②能回答教师给出的问题。
③能按照规范操作去完成实践内容。
④填写作业单及实训报告。
⑤回答实践思考题。

实践训练 16　点火系统的示波检测

一、目的及要求

①掌握点火系统的两个线圈的波形。
②掌握点火系统初级和次级波形的检测方法。
③能根据波形判断点火系统的故障。

二、实训设备

①整车,套装工具及汽车专用万用表,试灯等。
②汽车示教台,KT600 解码器,FS740 综合分析仪。
③相关教具、录像片及教学挂图。

三、实训内容

①掌握示波器的用法和点火系统示波器的方法。
②能够区分故障波形和标准波形,并能找出故障原因。

四、实训步骤

①根据示波器的用法连接好示波器。
②运行发动机,分别采集初级点火波形和次级点火波形,并和标准波形比较。
③设置故障,采集初级和次级波形,对波形进行分析,找出故障原因。

五、实训考核

①测量初级和次级波形,并能根据故障波形分析故障原因。
②能回答教师给出的问题。
③填写作业单及实训报告。
④回答实践思考题。

习题与思考

1. 选择题

(1)转速增加,点火提前角应(　　)。

  A. 增加　　　　　　B. 减少　　　　　　C. 不变　　　　　　D. 先减少后增加

(2)火花塞裙部的自净温度为(　　)℃。

  A. 500~700　　　B. 750~850　　　C. 100~200　　　D. 200~300

(3)发动机启动时反转和加速时爆震的原因是(　　)。

  A. 点火过早　　　B. 点火过迟　　　C. 没有点火　　　D. 正常现象

(4)点火闭合角主要是通过(　　)加以控制的。

  A. 通电电流　　　B. 通电时间　　　C. 通电电压　　　D. 通电速度

(5)混合气在汽缸内燃烧,当最高压力出现在上止点(　　)左右时,发动机输出功率最大。

  A. 前10°　　　　B. 后10°　　　　C. 前5°　　　　D. 后5°

(6)传统点火系统与电子点火系统的最大区别是(　　)。

  A. 点火能量的提高　　　　　　　　B. 断电器触点被点火控制器取代

  C. 曲轴位置传感器的应用　　　　　D. 点火线圈的改进

(7)闭磁路点火线圈和开磁路点火线圈相比,其铁芯不是条形而是(　　)字形。

  A. "日"　　　　B. "田"　　　　C. "Y"　　　　D. "F"

(8)拆下火花塞观察,如为赤褐色或铁锈色,表明火花塞(　　)。

  A. 积碳　　　　B. 生锈　　　　C. 正常　　　　D. 腐蚀

(9)当发动机功率较大、转速较高、压缩比较大时,应选用(　　)火花塞。

  A. 热型   B. 中型   C. 冷型   D. 中型和热型

（10）电子控制点火系统由（ ）直接驱动点火线圈进行点火。

  A. ECU   B. 点火控制器   C. 分电器   D. 转速信号

（11）ECU 根据（ ）信号对点火提前角实行反馈控制。

  A. 水温传感器   B. 曲轴位置传感器 C. 爆燃传感器   D. 车速传感器

2. 简答题

（1）计算机控制点火系统的工作原理是什么？

（2）如何检测点火线圈？

（3）火花塞如何去除积碳？

（4）什么叫点火提前角？点火提前角是如何控制的？

（5）点火系统如何检测和维护？

模块九
启动系统

===

为了使静止的发动机进入工作状态,必须先用外力转动发动机曲轴,使活塞开始上下运动,汽缸内吸入可燃混合气,然后依次进入后续的工作循环。而依靠的这个外力系统就是启动系统。本模块首先学习启动系统的结构及其控制电路,然后学习启动系统的维修,为学习《汽车电器设备与维修》打下基础。

===

知识要点

- 启动系统的结构和组成;
- 启动系统的维修;
- 启动系统控制电路。

学习目标

- 掌握启动系统的功用及组成;
- 掌握起动机的类型与要求;
- 掌握电磁控制装置的构造及工作原理;
- 能够对启动系统的一些典型故障进行诊断并排除。

案例导入

无钥匙启动系统

无钥匙启动系统采用最先进的 RFID(无线射频识别)技术,通过车主随身携带的智能卡里的芯片感应自动开关门锁,也就是说,当你靠近车辆一定距离时,门锁会自动打开并解除防盗;当你离开车辆时,门锁会自动锁上并进入防盗状态。一般装备有无钥匙进入系统的车辆,其车门把手上有感应按钮,同时也有钥匙孔,是以防智能卡损坏或没电时,车主仍可用普通方式开启车门。当车主进入车内时,车内的检测系统会马上识别你的智能卡,经过确认后车内的电脑才会进入工作状态,这时你只需轻轻按动车内的启动按钮(或者是旋钮),就可以正常启动车辆了。也就是说,无论在车内还是车外,都可以保证系统在任何情况下能正确识别驾驶者。

无钥匙启动系统按照使用方法可分为两类:一类是按钮式,点火按钮位于中控台伸手可及之处,因此也称"一键启动",例如宝马、奔驰等;另一类是旋钮式,一般就位于原始的钥匙插口处,但是无须插车钥匙,直接拧动旋钮即可启动,例如日产、马自达等。

智能钥匙系统除了方便以外,对车辆防盗、安全性也有很大帮助:

①当你上车启动车辆后,第一脚刹车,四门将会自动落锁。城市堵车或夜晚独行时,防止抢包等意外事件发生,做到万无一失。

②当你进入车辆时,车辆能辨认出真正的车主,如果车主不在车内,车辆将无法启动并马上报警。

③完备的密码身份识别器(电子钥匙)加密系统无法复制,采用第四代的射频识别技术(RFID)芯片,完全达到了无法复制的要求。目前市面上已有的芯片式防盗器和原车配置芯片防盗器基本上是第二代或第三代芯片,并没有完全解决被复制的问题。

④整车防盗:通过对电路、油路、启动3点锁定,当防盗器被非法拆除,车辆照样无法启动。

⑤不误报警:产品采用最先进防冲突技术,极大地增强了系统的可靠性。

⑥锁车后自动关闭车窗,当车主下车后,如果忘记关闭车窗,无须重新启动发动机逐个关闭车窗,车辆安全系统会自动升起车窗,大大地提高了汽车的安全防范水平,不会因忘记关闭车窗而且发生淋雨等意外事件,智能钥匙系统让你不用每次离开车辆时总是担心忘记锁车门。

学习任务33 启动系统的认知

情境1 启动系统的组成

现代汽车发动机以电动机作为启动动力。启动系统的基本组成如图9.1所示,启动系统是由点火开关、启动继电器、起动机等组成。

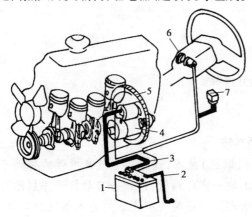

图9.1 启动系统的组成图

1—蓄电池;2—搭铁电缆;3—起动机电缆;
4—起动机;5—飞轮;6—点火开关;7—启动继电器

(1)点火开关

接通起动机电磁开关电路,以使电磁开关通电工作。汽油发动机的启动开关与点火开关组合在一起。

(2)启动继电器

由启动继电器触点(常开型)控制起动机电磁开关电路的通断,启动开关只是控制启动继电器线圈电路,从而保护了启动开关,有单联型(保护启动开关)和复合型(既保护启动开关又保护起动机)两种。

(3)起动机

电力起动机简称起动机,用起动机启动发动机几乎是现代汽车唯一的启动方式。其结构和工作原理将在下一学习任务中进行详细介绍。

情境2 启动系统的作用

发动机必须依靠外力带动曲轴旋转后,才能进入正常工作状态,通常把汽车发动机曲轴在外力作用下,从开始转动到怠速运转的全过程,称为发动机的启动。启动系统的作用就是供给发动机曲轴足够的启动转矩,以便使发动机曲轴达到必需的启动转速,使发动机进入自行运转状态。当发动机进入自行运转状态后,便结束任务立即停止工作。

发动机常用的启动方式,有人力启动、辅助汽油机启动和电力起动机启动。人力启动是用手摇或绳拉,属于最简单的一种,现代汽车上仍有部分车型将人力手摇启动作为后备方式保留,有些车型则已取消。辅助汽油机启动方式只在少数重型汽车上采用。电力起动机启动是由直流电动机通过传动机构将发动机启动,它具有操作简单,启动迅速可靠,重复启动能力强等优点。现代汽车上均采用这种方式,电力起动机简称为起动机,均安装在汽车发动机飞轮壳前端的座孔上,用螺栓紧固。

学习任务34 起动机

情境1 起动机概述

(1)起动机的组成

起动机俗称"马达",由直流电动机、传动机构和控制装置三大部分组成,如图9.2所示。

直流电动机的作用是将蓄电池输入的电能转换为机械能,产生电磁转矩。

传动机构的作用是利用驱动齿轮啮入发动机飞轮齿圈,将直流转矩传给曲轴,并及时切断曲轴与反拖电动机之间的动力传递。

控制机构的作用是接通或切断起动机与

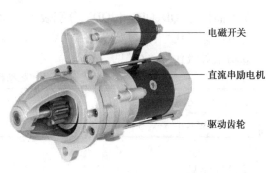

图9.2 起动机的组成图

蓄电池之间的主电路,并使驱动小齿轮进入或退出啮合。有些起动机控制机构还有副开关,能在启动时将点火线圈附加电阻短路,以增大起动机的启动电流,现在汽车已不再使用。

(2)起动机的分类

1)按主要结构特征分类

①常规起动机。电磁控制强制啮合式。磁极一般采用电磁铁,传动机构中一般只是由简单的驱动齿轮、单向离合器和拨叉等组成,无特殊结构和装置。

②永磁起动机。电动机的磁极用永磁材料制成,取消了磁场线圈,可以使结构简化、体积小、质量小。

③减速起动机。采用高速、小型、低力矩电动机,在传动机构中设有减速装置。质量和体积比普通起动机可减小30%～35%,但结构和工艺较复杂。

2）按啮合方式的不同分类

①强制啮合式。靠电磁力拨动拨杆和拨叉驱动齿轮啮入飞轮齿圈。

②电枢轴移动式。靠电磁力使电枢轴向移动，使得驱动齿轮和飞轮齿圈啮合。

③齿轮移动式。靠电磁力直接使驱动齿轮和飞轮齿圈啮合。

（3）对起动机的要求

为了完成启动任务，不论何种起动机都要满足以下要求：

①启动时应该平顺：起动机的齿轮与飞轮齿圈啮合要柔和，不应发生冲击。

②发动机启动后，起动机的小齿轮应能自动打滑或脱离啮合。

③发动机在工作中，起动机的小齿轮不能再进入啮合，防止发生冲击。

④启动系统结构应简单、工作可靠。

（4）起动机的型号

根据《汽车电气设备产品型号编制方法》（QC/T 73—1993）的规定，起动机的型号由以下 5 部分组成，如图 9.3 所示。

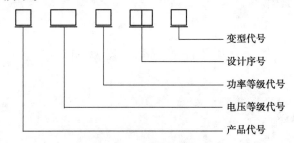

图 9.3　起动机型号组成

①产品代号：QD、QDJ 和 QDY 分别表示起动机、减速型起动机和永磁型起动机。

②电压等级代号：1～12 V；2～24 V。

③功率等级代号：含义见表 9.1。

表 9.1　起动机功率等级

功率等级代号	1	2	3	4	5	6	7	8	9
功率/kW	—	1～2	2～3	3～4	4～5	5～6	6～7	7～8	>8

④设计序号。

⑤变型代号。

例如：QD124 表示额定电压为 12 V，功率为 1～2 kW，第 4 次设计的起动机。

情境 2　直流电动机

直流电动机在直流电压的作用下，可以产生旋转力矩。接通启动开关启动发动机时，电动机轴旋转，并通过驱动齿轮和飞轮环齿驱动发动机的曲轴旋转，使发动机启动。它由磁极、电枢、换向器、机壳、端盖等组成，如图 9.4 所示。

（1）定子

定子俗称"磁极"，作用是产生磁场，分励磁式和永磁式两类。为增大转矩，汽车起动机通常采用 4 个磁极，两对磁极相对交错安装，定子与转子铁芯形成的磁力线回路。如图 9.5 所示，低碳钢板制成的机壳是磁路的一部分。

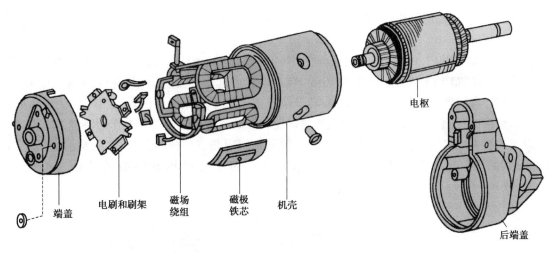

图9.4 直流电动机

1）励磁式定子

励磁式电动机定子铁芯为低碳钢,铁芯磁场要靠绕在外面的励磁绕组通电建立。为使电动机磁通能按设计要求分布,将铁芯制成如图9.6所示形状,并用埋头螺钉紧固在机壳上。励磁线圈有的是相互串联后再与电枢绕组串联(称串联式),有的则是两两相串后再并联,再与电枢绕组串联(称混联式)。励磁绕组由扁铜带(矩形截面)绕制而成,其匝数一般为6～10匝;铜带之间用绝缘纸绝缘,并用白布带以半叠包扎法包好后浸上绝缘漆烘干而成。励磁绕组与转子串联,故称串励式电动机。具体连接如图9.7所示,先将励磁绕组两两串联后并联再与电枢(转子)绕组串联。

图9.5 电动机磁路

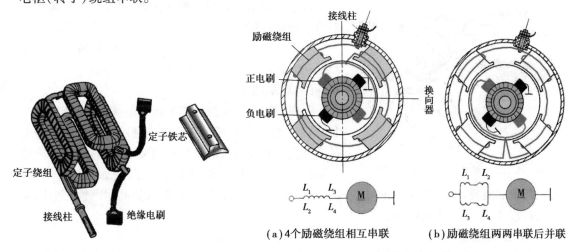

图9.6 励磁式电动机定子　　　图9.7 励磁线圈的连接方式

2）永磁式定子

永磁式电动机不需要电磁绕组,可节省材料,而且能使电动机磁极的径向尺寸减小;在输出特性相同的情况下其质量比励磁定子式电动机可减轻30%以上。条形永久磁铁可用冷黏结法粘在机壳内壁上或用片弹簧均匀地固装在起动机机壳内表面上。由于结构尺寸及永磁材料性能的限制,永磁起动机的功率一般不大于 2 kW。

(2)转子

转子俗称"电枢",由电枢轴、铁芯、电枢绕组和换向器等组成。转子的作用是产生电磁转矩。典型起动机转子结构,如图9.8所示。转子铁芯由硅钢片叠包后固定在转子轴上。铁芯外围均匀开有线槽,用以放置转子绕组;转子绕组由较大矩形截面的铜带或粗铜线绕制而成。在铁芯线槽口两侧,用轧纹将转子绕组挤紧以免转子高速旋转时由于惯性作用将绕组甩出,转子绕组的端头均匀地焊在换向片上。为防止铜制绕组短路,在铜线与铜线之间及铜线与铁芯之间用性能良好的绝缘纸隔开。减速型起动机转子速度较普通型转子转速提高了50% ~70%。

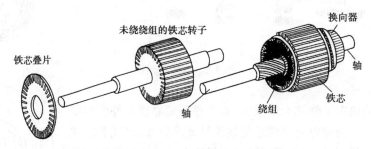

图9.8 起动机转子

换向器由钢片和云母叠压而成,压装于电枢轴前端,钢片间绝缘,铜片与轴之间也绝缘,换向片与线头采用锡焊连接。减速型起动机的换向器用塑料取代了云母,换向片与线头采用了银铜硬钎焊,耐高速又耐高温。考虑云母的耐磨性较好,当换向片磨损以后,云母片就会凸起。影响电刷与换向片的接触,因此,有些汽车使用的起动机换向片之间的云母片规定割低为0.5~0.8 mm。

图9.9 起动机用电刷及支架

转子轴驱动端制有螺旋形花键,用以套装传动机构中的单向离合器。

转子与定子铁芯气隙,普通起动机一般为0.5 ~0.8 mm,减速型起动机一般为0.4 ~0.5 mm。

(3)电刷端盖

电刷端盖一般用浇铸或冲压法制成,盖内装有4个电刷架及电刷,其中两只搭铁电刷利用与端盖相通的电刷架搭铁。另外两只电刷的电刷架则与端盖绝缘,绝缘电刷引线与励磁绕组的一个端头相连,如图9.9所示。

起动机电刷通常用铜粉(80% ~90%)和石墨粉压制而成,以减少电阻并提高耐磨性。电刷架上有盘形弹簧,用以压紧电刷。

(4)驱动端盖

驱动端盖上有拨叉座和驱动齿轮行程调整螺钉,还有支撑拨叉的轴销孔。为了避免电枢轴弯曲变形,一些起动机装有中间支撑板。端盖及中间支撑板上的轴承多用青铜石墨轴承或铁基含油轴承。轴承一般采用滑动式,以承受起动机工作时的冲击性载荷。

两端盖与机壳靠两个较长的穿心连接螺栓将起动机组装成一个整体,端盖与机壳间接合面上一般制有定位安装记号。

情境3　传动机构

（1）作用

起动机的传动机构安装在电动机电枢的延长轴上。用来在启动发动机时,将驱动齿轮与电枢轴连成一体,并使驱动齿轮沿电枢轴移出与飞轮环齿啮合,将起动机产生的电磁转矩传递给发动机的曲轴,使发动机启动;发动机启动后,飞轮的转速提高,它将带着驱动齿轮高速旋转,会使电枢轴因高速旋转而损坏。因此,在发动机启动后驱动齿轮的转速超过电枢轴的正常转速时,传动机构应使驱动齿轮与电枢轴自动脱开,防止电动机超速。为此,起动机的传动机构中必须具有超速保护装置。

（2）工作原理

车用起动机的传动机构也称为啮合机构,有3种类型:

①惯性啮合式传动机构。在接通点火开关启动发动机时,驱动齿轮靠惯性力的作用沿电枢轴移出与飞轮啮合,使发动机启动;发动机启动后,飞轮转速提高超过电枢轴转速时,驱动齿轮靠惯性力的作用退回,脱离与飞轮的啮合防止电机轴超速。

②强制啮合式传动机构。接通启动开关启动电动机,驱动齿轮靠机械机构的螺旋作用沿电枢轴移出,与飞轮环齿啮合,使发动机曲轴转动、发动机启动,驱动齿轮被带动反转而退出啮合,此时切断启动电源,外力的作用消除,驱动齿轮在回位弹簧的作用下退回原位。

③电枢移动式啮合机构。起动机不工作时,起动机的电枢与磁极错开(不对齐),接通启动开关启动电动机时,在磁极磁力的作用下,整个电枢连同驱动齿轮移动与磁极对齐的同时,驱动齿轮与飞轮环齿进入啮合。发动机启动后,切断启动电源,磁极退磁,电枢轴连同驱动齿轮退回,脱离与飞轮的啮合。

④超速保护装置。超速保护装置是起动机驱动齿轮与电枢轴之间的离合机构,也称为单向离合器。常用的单向离合器有滚柱式、弹簧式、摩擦片式等多种形式。

情境4　控制机构

起动机的控制机构也称为操纵机构。其作用是控制起动机主电路的通断以及驱动齿轮的移出与退回。起动机的控制机构分为直接操纵式和电磁操纵式两种形式。

电磁操纵式控制机构由驾驶员操纵启动开关,通过控制起动机电磁开关的电路,控制起动机主电路的通断。在起动机主电路接通的同时,起动机内的传动叉将驱动齿轮推出与飞轮啮合。发动机启动后,切断启动开关,电磁开关断电,起动机停止工作,与此同时在回位弹簧的作用下驱动齿轮回位,与飞轮环齿脱离啮合。

按起动机传动机构和控制机构的不同,车用起动机可分为惯性啮合式起动机、机械啮合式起动机、电磁啮合式起动机和电枢移动式起动机4种类型。电磁啮合式起动机结构简单、工作可靠、操作方便,在国内外的汽车上应用十分广泛。这里仅介绍电磁啮合式起动机。

电磁啮合式起动机靠电磁开关的作用,控制起动机主电路的通、断和传动叉的动作,使起动机旋转、驱动齿轮移出或退回。

（1）组成

起动机的电磁开关安装在起动机的上部,它由吸引线圈、保持线圈、黄铜套筒、固定铁芯、活动铁芯、启动开关接触盘、传动叉等组成,如图9.10所示。

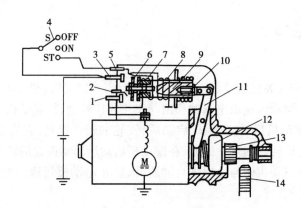

图 9.10　电磁开关的结构与工作原理图

1,3—主接线柱;2—点火线圈附加电阻短路接线柱;4—点火开关;
5—启动接线柱;6—接触盘;7—吸拉线圈;8—保持线圈;9—活动铁芯;
10—调节螺钉;11—拨叉;12—单向离合器;13—驱动齿轮;14—飞轮

吸引线圈与电动机串联,保持线圈与电动机并联,两个线圈都绕在黄铜套筒的外侧,装在套筒内的活动铁芯与传动叉相连,接触盘上的推杆可以在固定铁芯的孔中移动。起动机不工作时,接触盘在弹簧的作用下与接线柱 1、2、3 分开。

(2)工作过程

发动机不工作时,驱动齿轮不与飞轮环齿啮合。接通启动开关启动发动机时,吸引线圈和保持线圈中有电流通过并在铁芯中产生磁场。两个线圈在铁芯中的磁场及电磁吸力的方向一致,在它们的共同作用下活动铁芯向左移动,推动接触盘的推杆使接触盘左移,并带动传动叉绕其轴销转动,将驱动齿轮推出。当驱动齿轮与飞轮环齿完全进入啮合时,接触盘已将接线柱 1、2、3 连通,使起动机与蓄电池接通,起动机开始旋转,单向离合器将驱动齿轮与电枢轴连成一体,电枢轴带着驱动齿轮旋转使发动机启动。起动机主电路一接通,与起动机接线柱 1 相连的吸拉线圈 7,因两端接电源正极而被短路,吸拉线圈中电流中断磁场消失,失去对活动铁芯的吸引作用。但由于起动机主电路已接通,保持线圈产生的磁力足以维持活动铁芯 9 处于吸合位置,从而保证起动机正常工作。

发动机一旦启动,驱动齿轮转速提高,单向离合器打滑,驱动齿轮与电枢轴自动脱开防止电机超速。及时切断启动开关,电磁开关断电,在回位弹簧的作用下活动铁芯及电磁开关接触盘右移,起动机电路被切断,传动叉也在弹簧的作用下回位,驱动齿轮退出与飞轮的啮合。

电磁啮合式起动机的启动开关通常与点火开关为一体,为了减小流过点火开关的电流,防止点火开关的早期损坏,有些起动机的电路中接有继电器。

学习任务35　启动系统控制电路

常见的启动系统控制电路有开关直接控制、继电器控制和启动复合继电器控制 3 种。

情境1　开关直接控制启动系统

开关直接控制是指起动机由点火开关或启动按钮直接控制,如图 9.11 所示。启动功率较小的汽车(如长安奥拓微型轿车、天津夏利轿车)常用这种控制形式。

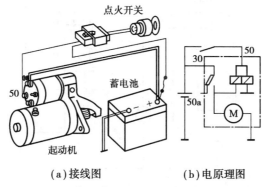

（a）接线图　　　　　（b）电原理图

图 9.11　开关直接控制启动系统电路图

情境 2　启动继电器控制启动系统

启动继电器控制是指用启动继电器触点控制起动机电磁开关的大电流,而用点火开关或启动按钮控制继电器线圈的小电流,如图 9.12 所示。启动继电器的作用就是以小电流控制大电流,保护点火开关,减少起动机电磁开关线路压降。

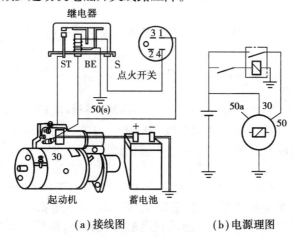

（a）接线图　　　　　（b）电源理图

图 9.12　启动继电器控制启动系统电路图

装有自动变速器的轿车,在自动变速器上装有空挡启动开关,空挡启动开关串联于启动继电器线圈搭铁端,只有自动变速器变速杆处于停车(P)挡和空(N)挡时才接通,其他挡位时均处于断开状态,有利于保护起动机和蓄电池。

情境 3　启动复合继电器控制启动系统

为了在发动机启动后,使起动机自动停转并保证不再接通起动机电路,解放 CA1092 及东风 EQ1092 等汽车采用了具有安全驱动保护功能的启动复合继电器控制启动系统。启动复合继电器由启动继电器和保护继电器两部分组成,如图 9.13 所示,启动继电器的触点是常开的,控制起动机电磁开关。保护继电器的触点是常闭的,控制充电指示灯和启动继电器线圈的搭铁。保护继电器磁化线圈一端搭铁,另一端接发电机的中性点,承受中性点电压。其工作原理如下:

251

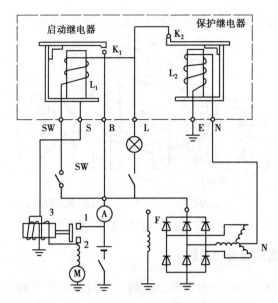

图9.13　启动复合继电器控制启动系统电路图

①启动时,将点火开关旋至启动位置,电流流经蓄电池正极、电流表、点火开关 SW 之后,分成并联的两路。

一路流经充电指示灯、L 接线柱、K_2、磁轭、搭铁到蓄电池负极。另一路流经接线柱 SW、线圈 L_1、K_2、磁轭、搭铁到蓄电池负极。线圈 L_1 产生电磁吸力,K_1 闭合,将起动机电磁开关吸拉线圈和保护线圈的电路接通。电流流经蓄电池正极、电流表、接线柱 B、K_1、磁轭接线柱 S。此后,分成并联的两条支路。

一路流经保持线圈,搭铁,蓄电池负极。另一路流经吸拉线圈,起动机磁场绕组,电枢绕组,搭铁,蓄电池负极。在吸拉线圈和保持线圈电磁吸力的共同作用下,起动机主电路(接线柱1、2)接通,启动电流流经起动机磁场绕组,电枢绕组。起动机发出电磁转矩,驱动发动机曲轴运转。

②发动机启动后,若驾驶员没有及时松开点火开关,但由于此时交流发电机电压已升高,中性点电压作用在保护继电器线圈 L_2 上使 K_2 打开,切断了充电指示灯的电路,充电指示灯熄灭。同时又将 L_1 的电路切断,K_1 打开,起动机电磁开关释放,切断了蓄电池与起动机之间的电路,使起动机自动停止工作。

③发动机正常运转过程中,在交流发电机中性点电压的作用下,K_2 一直处于打开状态,充电指示灯不亮,表示充电系统正常,即使驾驶员操作失误,将点火开关旋至启动位置,由于 L_1 中无电流 K_1 始终处于打开状态,所以起动机将不会工作,从而防止了起动机驱动齿轮被打坏的危险,起到了安全保护作用。但是,如果充电系统有故障导致发电机中性点电压过低,则启动复合继电器就起不到安全保护作用。

实践训练 17　启动系统的认知

一、目的及要求

①认识启动系统的整体结构。

②认识起动机各部分的结构。

③掌握启动系统各结构的工作原理。

二、实训设备

①启动系统(或发动机)。

②起动机。

③相关教具、录像片及教学挂图。

三、实训内容

①在发动机上确认启动系统的具体位置。

②对启动系统拆卸与装配,并掌握其工作原理。

四、实训步骤

①观察启动系统各结构的相对位置。

②观察启动系统的运行情况,并掌握其工作原理。

③观察启动系统各部分的零件结构及相互之间的运动关系。

五、实训考核

①认识启动系统各部件名称、安装位置。

②能说出启动系统各结构的工作原理。

③填写作业单及实训报告。

④回答实践思考题。

习题与思考

1. 填空题

(1)启动系统是由_____、_____、_____、_____等组成的。

(2)起动机俗称"_____",由_____、_____和_____3大部分组成。

(3)常见的启动系统控制电路有_____、_____和_____控制3种。

2. 简答题

(1)简述汽车启动系统的作用及组成。

(2)简述起动机的组成及各部分的作用。

(3)怎样正确使用起动机?

(4)简述启动系统电磁启动开关的工作原理。

参考文献

[1] 同济大学汽车学院.汽车构造(发动机分册)[M].北京:人民交通出版社,2010.

[2] 梁朝彦.汽车构造与维修(发动机部分)[M].北京:北京航空航天大学出版社,2008.

[3] 李伟.汽车典型发动机拆装实训教程[M].北京:机械工业出版社,2008.

[4] 杨益明.汽车发动机构造与维修[M].西安:西安电子科技大学出版社,2007.

[5] Time Gilles.汽车发动机诊断与大修[M].北京:机械工业出版社,2009.

[6] 王胜旭.汽车发动机构造与维修[M].北京:北京邮电大学出版社,2006.

[7] 汤定国.汽车发动机构造与维修[M].北京:人民交通出版社,2010.

[8] 张西振,韩梅.汽车发动机构造与维修[M].北京:机械工业出版社,2007.

[9] 谭本忠.汽车发动机构造与维修图解教程[M].北京:机械工业出版社,2008.

[10] 仇雅莉,钱锦武.汽车发动机构造与维修[M].北京:机械工业出版社,2008.

[11] 扶爱民.汽车发动机构造与维修[M].2版.北京:电子工业出版社,2009.